高等院校财经类专业系列教材(互联网+应用型)

网络营销实训

主　编　石　妍
副主编　王　艳　丁　阳　李　蒙

扫码申请更多资源

南京大学出版社

图书在版编目(CIP)数据

网络营销实训 / 石妍主编. — 南京：南京大学出版社，2020.7(2022.8重印)

ISBN 978-7-305-23257-2

Ⅰ. ①网… Ⅱ. ①石… Ⅲ. ①网络营销－高等学校－教材 Ⅳ. ①F713.365.2

中国版本图书馆 CIP 数据核字(2020)第 079828 号

出版发行	南京大学出版社
社　　址	南京市汉口路 22 号　　邮　编　210093
出 版 人	金鑫荣
书　　名	网络营销实训
主　　编	石　妍
责任编辑	武　坦　　　　　　　编辑热线　025-83592315
照　　排	南京南琳图文制作有限公司
印　　刷	南京人民印刷厂有限责任公司
开　　本	787×1092　1/16　印张 13.75　字数 334 千
版　　次	2020 年 7 月第 1 版　2022 年 8 月第 2 次印刷
ISBN	978-7-305-23257-2
定　　价	41.00 元

网址：http://www.njupco.com
官方微博：http://weibo.com/njupco
官方微信号：njuyuexue
销售咨询热线：(025) 83594756

* 版权所有，侵权必究
* 凡购买南大版图书，如有印装质量问题，请与所购图书销售部门联系调换

前　言

《网络营销实训》教材针对应用型本科电子商务相关专业，共分十个学习项目，主要介绍网络营销基础、搜索引擎营销、E-mail 营销、社会化营销、网络广告、社群营销、视频营销、软文营销、跨境网络营销和网络营销策划方案。

《网络营销实训》注重培养学生网络营销应用技能，以项目为学习单元，在梳理知识目标和技能目标的基础上，以案例中的特点和问题引出项目单元的学习任务，让学生在学习基础知识的前提下，以任务的形式循序渐进地完成网络营销项目任务，然后通过项目单元的关键术语和应知考核点的复习，完成项目单元实训任务，通过详细的实训步骤增加技能的提升，使得整个学习过程系统化，注重网络营销应用能力的提升。

本教材注重学生实践能力的提高，引入案例新颖，能够让学生了解网络营销的前沿发展。项目九是关于近年快速发展的跨境网络营销的认知、市场调研和营销工具的介绍；项目十针对性地对网络营销品牌、产品和活动项目进行介绍，让学生在掌握营销方法和工具的基础上，能够撰写网络营销方案。

本教材由西安培华学院石妍担任主编，王艳、丁阳、李蒙担任副主编。具体编写分工为项目一、二、三、四、五由石妍编写，项目六、七、八由王艳编写，项目九由丁阳编写，项目十由李蒙编写。

本教材适合作为高等应用型院校电子商务、市场营销等相关专业在校学生的网络营销教材，也适合企事业单位网络营销相关岗位在职人员阅读参考。

编　者
2020 年 4 月

目　录

项目一　走进网络营销 ·· 1
知识目标 ··· 1
技能目标 ··· 1
引导案例　苏宁易购网络营销战略 ··· 1
知识准备 ··· 2
任务一　发现网络营销 ··· 7
任务二　认知网络营销 ··· 9
任务三　网络营销效果分析 ··· 14
关键术语 ··· 15
应知考核 ··· 15
项目实训 ··· 15
（一）实训流程图 ·· 15
（二）实训概述 ·· 15
（三）实训素材 ·· 16
（四）实训目标 ·· 16
（五）实训内容 ·· 16
任务一　网站网络营销要素分析 ·· 16
任务二　网站营销策划 ··· 16
任务三　网络营销分析 ··· 17

项目二　搜索引擎营销 ·· 18
知识目标 ··· 18
技能目标 ··· 18
引导案例　西安培华学院官网搜索引擎优化 ··· 18
知识准备 ··· 19
任务一　站内搜索引擎优化分析 ··· 25
任务二　搜索引擎优化实施 ··· 26
任务三　SEO 效果监控与评估 ·· 37
任务四　搜索引擎营销实施 ··· 38
任务五　SEM 效果监控与分析 ··· 44
关键术语 ··· 45
应知考核 ··· 45

项目实训 ·· 45
 （一）实训流程图 ·· 45
 （二）实训概述 ·· 45
 （三）实训素材 ·· 45
 （四）实训内容 ·· 46
  任务一 SEO 实施策划与实施 ··· 46
  任务二 SEO 的效果监控和评估 ··· 46
  任务三 SEM 效果监控和分析 ··· 47

项目三 E-mail 营销

知识目标 ·· 48
技能目标 ·· 48
引导案例 H&M E-mail 营销 ··· 48
知识准备 ·· 50
任务一 E-mail 营销分析 ·· 52
任务二 E-mail 营销实施 ·· 55
任务三 效果监控与分析 ·· 61
关键术语 ·· 63
应知考核 ·· 63
项目实训 ·· 63
 （一）实训流程图 ·· 63
 （二）实训概述 ·· 63
 （三）实训素材 ·· 63
 （四）实训内容 ·· 64
  任务一 策划 E-mail 营销方案 ··· 64
  任务二 搜集整理邮件列表 ··· 64
  任务三 制作邮件内容 ·· 64
  任务四 发送邮件 ··· 64
  任务五 效果监控与评估 ··· 64

项目四 社会化营销

知识目标 ·· 66
技能目标 ·· 66
引导案例 冰桶挑战赛社会化营销 ··· 66
知识准备 ·· 67
任务一 微信营销 ·· 70
任务二 微博营销 ·· 79
任务三 论坛营销 ·· 86
关键术语 ·· 89
应知考核 ·· 89

项目实训一　微信营销实训 ··· 90
　（一）实训流程图 ··· 90
　（二）实训概述 ··· 90
　（三）实训素材 ··· 90
　（四）实训内容 ··· 91
　　任务一　策划微信营销方案 ·· 91
　　任务二　注册微信 ·· 91
　　任务三　内容编辑 ·· 91
　　任务四　发布微信 ·· 91
　　任务五　效果监控与分析 ·· 92

项目实训二　微博营销实训 ··· 92
　（一）实训流程图 ··· 92
　（二）实训概述 ··· 92
　（三）实训素材 ··· 92
　（四）实训内容 ··· 93
　　任务一　策划微博营销方案 ·· 93
　　任务二　注册微博 ·· 93
　　任务三　内容编辑 ·· 95
　　任务四　发布微博 ·· 95
　　任务五　效果监控与分析 ·· 95

项目实训三　论坛营销实训 ··· 96
　（一）实训流程图 ··· 96
　（二）实训概述 ··· 96
　（三）实训素材 ··· 96
　（四）实训内容 ··· 96
　　任务一　确定论坛营销目标 ·· 96
　　任务二　注册论坛账号 ··· 97
　　任务三　内容编辑 ·· 98
　　任务四　效果监控与分析 ·· 99

项目五　网络广告 ··· 100
知识目标 ··· 100
技能目标 ··· 100
引导案例　vivo 手机网络广告 ··· 100
知识准备 ··· 102
任务一　目标市场分析 ·· 109
任务二　网络广告营销实施 ··· 118
任务三　效果监控与分析 ·· 121
关键术语 ··· 122

应知考核 …………………………………………………………………… 122
　　项目实训 …………………………………………………………………… 123
　　　　(一) 实训流程图 ……………………………………………………… 123
　　　　(二) 实训概述 ………………………………………………………… 123
　　　　(三) 实训素材 ………………………………………………………… 123
　　　　(四) 实训内容 ………………………………………………………… 124
　　　　　　任务一　确定网络广告目标 …………………………………… 124
　　　　　　任务二　网络广告营销方案策划 ……………………………… 124
　　　　　　任务三　网络广告设计与制作 ………………………………… 125

项目六　社群营销 …………………………………………………………… 126
　　知识目标 …………………………………………………………………… 126
　　技能目标 …………………………………………………………………… 126
　　引导案例　海尔"立硬币"社群营销 …………………………………… 126
　　知识准备 …………………………………………………………………… 127
　　任务一　社群营销分析 …………………………………………………… 131
　　任务二　收集整理 QQ 群 ………………………………………………… 133
　　任务三　制作 QQ 群内容 ………………………………………………… 135
　　任务四　效果监控与评论 ………………………………………………… 139
　　关键术语 …………………………………………………………………… 139
　　应知考核 …………………………………………………………………… 139
　　项目实训 …………………………………………………………………… 140
　　　　(一) 实训流程图 ……………………………………………………… 140
　　　　(二) 实训概述 ………………………………………………………… 140
　　　　(三) 实训素材 ………………………………………………………… 140
　　　　(四) 实训目标 ………………………………………………………… 140
　　　　(五) 实训内容 ………………………………………………………… 140
　　　　　　任务一　策划 QQ 群营销方案 ………………………………… 140
　　　　　　任务二　收集整理 QQ 账号 …………………………………… 141
　　　　　　任务三　制作 QQ 群内容 ……………………………………… 141
　　　　　　任务四　效果监控与分析 ……………………………………… 141

项目七　视频营销 …………………………………………………………… 142
　　知识目标 …………………………………………………………………… 142
　　技能目标 …………………………………………………………………… 142
　　引导案例　视频网红——李子柒 ………………………………………… 142
　　知识准备 …………………………………………………………………… 144
　　任务一　策划视频营销方案 ……………………………………………… 147
　　任务二　实施视频营销活动 ……………………………………………… 152
　　任务三　播放营销视频及推广 …………………………………………… 154

任务四 营销效果监控与评估	157
关键术语	157
应知考核	157
项目实训	158
(一)实训流程图	158
(二)实训素材	158
(三)实训内容	158
任务一 确定视频营销目标	158
任务二 策划视频营销方案	159
任务三 方案讲解	159
任务四 视频拍摄与制作	159
任务五 班级内部视频互评	159

项目八 软文营销 … 160

知识目标	160
技能目标	160
引导案例 华为MATE7软文——千万不要用猫爪设置手机解锁密码	160
知识准备	162
任务一 市场背景分析	165
任务二 软文营销策划	167
任务三 软文写作	169
任务四 软文发布	171
任务五 营销效果监控与评估	173
关键术语	173
应知考核	173
项目实训	174
(一)实训流程图	174
(二)实训概述	174
(三)实训素材	174
(四)实训内容	174
任务一 确定软文营销目标	175
任务二 策划软文营销方案	175
任务三 软文写作	175
任务四 软文发布	175

项目九 跨境网络营销 … 176

知识目标	176
技能目标	176
引导案例 第三届中国跨境电商网络营销大会	176
知识准备	177

任务一　跨境网络市场调研 180
　　任务二　选择跨境网络营销工具 185
　关键术语 191
　应知考核 191
　项目实训 191
　　（一）实训流程图 191
　　（二）实训概述 192
　　（三）实训素材 192
　　（四）实训目标 192
　　（五）实训内容 192
　　　任务一　认识跨境网络营销环境 192
　　　任务二　跨境网络营销市场调研 193
　　　任务三　制定跨境网络营销方案 193

项目十　网络营销策划方案 194
　知识目标 194
　技能目标 194
　引导案例　卫龙辣条网络营销 194
　知识准备 197
　任务一　网络品牌营销方案 199
　任务二　网络产品营销方案 201
　任务三　网络活动营销方案 202
　任务四　网络营销方案实例 203
　关键术语 205
　应知考核 205
　项目实训 206
　　（一）实训流程图 206
　　（二）实训概述 206
　　（三）实训素材 206
　　（四）实训目标 206
　　（五）实训内容 206
　　　任务一　撰写网络品牌营销方案 206
　　　任务二　撰写网络产品营销方案 207
　　　任务三　撰写网络活动营销方案 207

参考文献 209

项目一　走进网络营销

知识目标

1. 了解网络营销的基本理念；
2. 掌握网络营销中常见的营销方式的特点与基本流程；
3. 明确网络营销方式分析的方法和技巧；
4. 掌握网络营销效果监控与分析的方法。

技能目标

1. 理解网络营销的理念及基本原理；
2. 能根据特点明确网络营销中各种营销方式以及其基本的操作流程；
3. 能具体对网络营销的方式展开相关的分析；
4. 能对网络营销效果做出合理客观的评价。

引导案例

苏宁易购网络营销战略

苏宁易购，是苏宁电器下新一代 B2C 网上购物平台，现已覆盖传统家电、3C 电器、日用百货等品类，如图 1—1 所示。苏宁易购依托强大的物流、售后服务及信息化支持一直保持快速的发展步伐。2020 年，苏宁易购计划实现 3 000 亿元的销售规模，成为中国领先的 B2C 平台之一。

苏宁易购的发展有三个定位。一是多元化经营的平台，即"去电器化"，产品品类得以延伸；二是把它作为苏宁营销转型变革的平台，以商品为核心，以顾客为导向，以自营为方向；三是科技转型平台，打造智慧苏宁。同类型 B2C 平台，天猫脱身于淘宝 C2C，走纯平台化的 B2C 之路；京东依靠资金驱动，自建物流，获得迅速的发展，是综合类纯电商。苏宁易购的特征是：区别天猫、京东等纯电商，苏宁易购得益于实体的大力支持，将来要与苏宁电器实体共同发展。

苏宁易购是"大苏宁"战略重要的一部分，来自传统家电零售转型。苏宁的融合战略为"(3C＋百货)×(实体店＋网购)"的新经营模式。苏宁易购的优势依旧是产品、物流和服务，尤其是强大的实体物流配送网络和售后服务网络给消费者带来的优质服务，是苏宁易购区别于传统 B2C 企业的特征和最核心的竞争力。

图 1-1 苏宁易购网站首页

知识准备

1. 网络营销定义

网络营销是利用互联网的营销形式,建立在互联网的基础上,以线上营销为导向,网络为工具,利用专业的网络营销工具,面向广大网民开展一系列营销活动的新型营销方式。网络营销也可以理解为以互联网为基础,利用数字化的信息和网络媒体的交互性来辅助营销目标实现的一种新型的市场营销方式。简单地说,网络营销就是以互联网为主要手段进行的,为达到一定营销目的的营销活动。

2. 中国电子商务行业现状

(1) 中国电子商务的快速发展

自互联网诞生以来,知识经济在全球范围得到提倡和深化,电子商务行业得到了迅猛的发展。网络应用于企业的生产经营活动,不但大大降低了企业运营成本,提高了企业的经济效益,还让企业间沟通联系快捷方便,产品推广率得到极大提高。根据中国互联网络信息中心(CNNIC)统计,截至 2019 年 6 月,中国网民规模为 8.54 亿人,互联网普及率达 61.2%,网站数量 518 万个。我国网民规模达到 8.29 亿,全年新增网民 5 663 万,互联网普及率达 59.6%,较 2017 年年底提升 3.8 个百分点,超过全球平均水平 2.6 个百分点;我国网页数量为 2 816 个,网站数量 523 万个,较 2017 年年底下降 1.9%;我国 IPv6 地址数量为338 924 544个,年增长75.3%,已位居世界第二。手机方面,2018年,中国手机市场总体出货量4.14亿部,同比下降15.6%,降幅较上年扩大3.4个百分点。上市新机型764款,同比下降27.5%。截至2018年年底,我国4G网络建设进入优化提升阶段,网络覆盖率已超全国98%的人口。此外,2018年,中国移动互联网市场规模达11.39万亿,其中移动购物占据了主导地位,规模达到8.85万亿元。

(2) 网民数量不断增加,网络购物成为人们必不可少的消费方式

随着中国网络科技高速发展,以及中国居民可支配收入稳定增长,线上购物成为中国网民不可或缺的消费渠道之一,而网购用户对于线上购物所花费的金额也越来越多。根据艾媒数据显示,2013年至2018年,中国网购交易金额从2 679亿元增长至66 610亿元,复合增长率84.6%,如图1-2所示。其次,中国网购用户规模自然也每年稳定增长。2016年6月至2019年6月,中国网购用户人数从44 772万人增加到63 882万人,网购使用率从63.1%提升至74.8%。

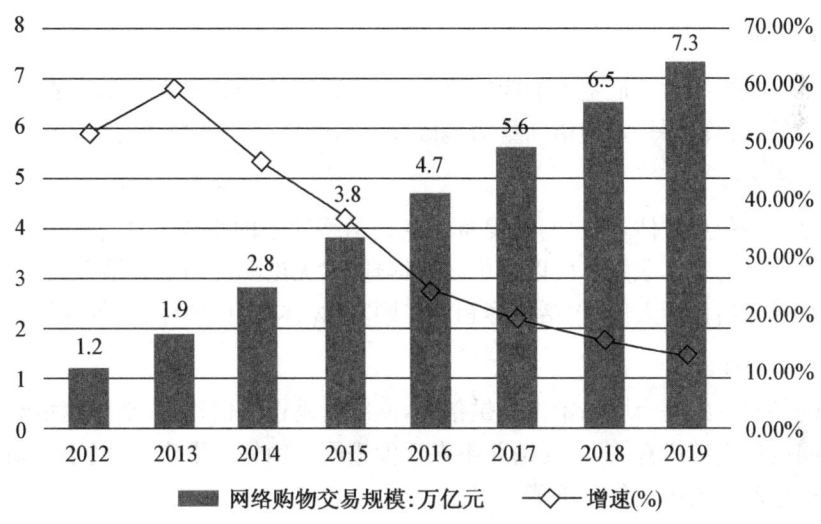

图1-2 网络购物交易规模

3. 网络营销的基本职能

网络营销的基本职能归纳为八个方面:网络品牌、网址推广、信息发布、销售促进、销售渠道、网上调研、顾客关系、顾客服务。网络营销的职能不仅表明了网络营销的作用和网络营销工作的主要内容,同时也说明了网络营销应该可以实现的效果,对网络营销职能的认识有助于全面理解网络营销的价值和网络营销的内容体系。网络营销职能关系如图1-3所示。

(1) 网络品牌

网络营销的重要任务之一就是在互联网上建立并推广企业的品牌,知名企业的网下品牌可以在网上得以延伸,一般企业则可以通过互联网快速树立品牌形象,并提升企业整体形象。

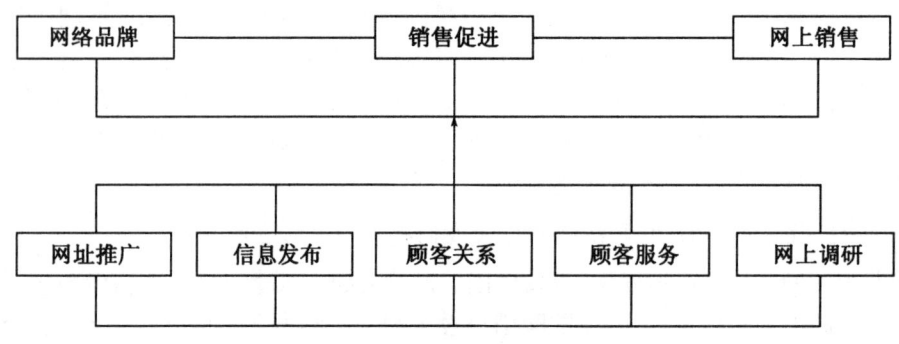

图 1-3 网络营销职能关系图

网络品牌建设是以企业网站建设为基础,通过一系列的推广措施,达到顾客和公众对企业的认知和认可。在一定程度上说,网络品牌的价值甚至高于通过网络获得的直接收益。

(2) 网址推广

网址推广是网络营销最基本的职能之一,网络营销早期的主要功能就是网址推广,网站所有功能的发挥都要一定的访问量为基础,所以,网址推广是网络营销的核心工作。

(3) 信息发布

网站是一种信息载体,通过网站发布信息是网络营销的主要方法之一,同时,信息发布也是网络营销的基本职能。所以也可以这样理解,无论哪种网络营销方式,结果都是将一定的信息传递给目标人群,包括顾客和潜在顾客、媒体、合作伙伴、竞争者等。

(4) 销售促进

营销的基本目的是为增加销售提供帮助,网络营销也不例外,大部分网络营销方法都与直接或间接促进销售有关,但促销并不限于促进网上销售。事实上,网络营销在很多情况下对于促进网下销售十分有价值。

(5) 销售渠道

一个具备网上交易功能的企业网站本身就是一个网上交易场所。网上销售是企业销售渠道在网上的延伸,网上销售渠道建设也不限于网站本身,还包括建立在综合电子商务平台上的网上商店及与其他电子商务网站不同形式的合作等。

(6) 顾客服务

互联网提供了更加方便的在线顾客服务手段,从形式最简单的 FAQ(常见问题解答),到邮件列表,以及 BBS、MSN、聊天室等各种即时通信服务,顾客服务质量对于网络营销效果具有重要影响。

(7) 顾客关系

良好的顾客关系是网络营销取得成效的必要条件,通过网站的交互性、顾客参与等方式在开展顾客服务的同时增进了顾客关系。

(8) 网上调研

通过在线调查表或者电子邮件等方式，可以完成网上市场调研。相对传统市场调研，网上调研具有高效率、低成本的特点，因此，网上调研成为网络营销的主要职能之一。开展网络营销的意义就在于充分发挥各种职能，让网上经营的整体效益最大化，因此，仅仅由于某些方面效果欠佳就否认网络营销的作用是不合适的。

网络营销的职能是通过各种网络营销方法来实现的，网络营销的各个职能之间并非相互独立的，同一个职能可能需要多种网络营销方法的共同作用，而同一种网络营销方法也可能适用于多个网络营销职能。

4. 网络营销与电子商务的关系

电子商务与网络营销是一对紧密相关又具有明显区别的概念。

比如企业建一个普通网站就认为是开展电子商务，或者将网上销售商品称为网络营销等，这些都是不确切的说法。在《网络营销基础与实践》[①]关于网络营销定义的说明中，认为"网络营销不等于电子商务"，这主要是基于下列两个方面的考虑。

(1) 网络营销与电子商务研究的范围不同

电子商务的内涵很广，其核心是电子化交易，电子商务强调的是交易方式和交易过程的各个环节，而网络营销注重的是以互联网为主要手段的营销活动。网络营销和电子商务的这种关系也表明，发生在电子交易过程中的网上支付和交易之后的商品配送等问题并不是网络营销所能包含的内容，同样，电子商务体系中所涉及的安全、法律等问题也不适合全部包括在网络营销中。

(2) 网络营销与电子商务的关注重点不同

网络营销的重点在交易前阶段的宣传和推广，电子商务的标志之一则是实现了电子化交易。网络营销的定义已经表明，网络营销是企业整体营销战略的一个组成部分，可见无论传统企业还是基于互联网开展业务的企业，也无论是否具有电子化交易的发生，都需要网络营销。但网络营销本身并不是一个完整的商业交易过程，而是为促成交易提供支持，因此是电子商务中的一个重要环节，尤其在交易发生之前，网络营销发挥着主要的信息传递作用。从这种意义上说，电子商务可以被看作是网络营销的高级阶段，一个企业在没有完全开展电子商务之前，同样可以开展不同层次的网络营销活动。

以上两个方面表明了电子商务与网络营销的关系：网络营销与电子商务研究的范围不同；网络营销与电子商务的关注重点不同。不过，电子商务与网络营销是密切相关的，网络营销是电子商务的组成部分，开展网络营销并不等于一定实现了电子商务(指实现网上交易)，但实现电子商务一定是以开展网络营销为前提，因为网上销售被认为是网络营销的职能之一。

---

① 冯英健著，《网络营销基础与实践》，2002年，清华大学出版社。

5. 网络营销系统的组成

① 互联网；
② 企业内部网络；
③ 网络营销站点；
④ 网络营销系统的运营。

6. 网络营销的特点

(1) 时域性

由于互联网能够不受时间和空间的约束来进行信息的交换，所以网络营销可以最大限度地利用时间和空间进行营销活动，使得网络营销可以脱离时空限制进行交易。

(2) 多媒体

互联网的形式是丰富多样的，可以是以传输多种媒体的信息，如文字、声音、图像等，也可以是视频、微电影等信息传递方式，可以充分发挥营销人员的创新和能动性。

(3) 交互式

互联网的双向沟通与互动，是通过展示商品图像、资料和资料库所提供的相关查询来实现的，不但如此，其还可以应用到对产品的测试与消费者满意度调查中去。互联网是为产品联合设计、信息发布，以及支持各项技术服务提供的最佳平台。

(4) 个性化

互联网的促销采取的是自愿性的一对一方式，而且具有人性化，免去许多推销员强势推销的干扰，信息提供与交互式的交谈，还可以与消费者保持长期友好的关系。

(5) 发展性

互联网快速发展，年轻一代更是互联网使用的佼佼者，而这部分群体的市场性是非常强大的，因此，网络营销是一项具有高开发潜力的市场渠道。

(6) 整合性

网络营销是一种涵盖商品信息发布、收款、售后服务的全程式营销渠道。企业可以借助互联网络将不同的传播进行统一设计规划和协调实施，以统一的传播咨询向消费者传递信息，避免不同传播中不一致性产生的消极影响。

(7) 前瞻性

互联网是一种兼具渠道、促销、电子交易、互动顾客服务以及市场信息分析的多功能营销工具，其所具备的每一项性能都符合定制营销与直复营销的未来趋势。

(8) 高效性

计算机可存储的大量信息可以替代消费者查询相关需求，且可传送的信息数量与精确度也要比其他媒体要高效，最突出的是其能很好适应市场需求或是根据市场的变动，及时更新产品或价格，满足顾客的多方面需求。

（9）经济性

互联网以信息交换代替实物交换方式进行信息的传播，不但可以减少印刷与邮递成本，可以无店面销售，无租金，低成本投资高成效收益，而且还减少了迂回多次交换带来的成本投资。

（10）技术性

网络营销要求涉及网络的各个方面，所以对网上工作者的技术要求相对一般工作者来说要更高些，目前流行的流媒体和直播平台等方面都对网络营销者提出了更高的技术要求。

7. 常用网络营销方法体系

① 搜索引擎营销；
② 许可 E-mail 营销；
③ 网络广告；
④ 网站资源合作；
⑤ "病毒"性营销；
⑥ 网络会员制营销。

8. 网络营销站点的推广方式

① 利用搜索引擎优化；
② 建立链接；
③ 发送电子邮件；
④ 发布新闻；
⑤ 提供免费服务；
⑥ 利用传统媒体。

9. 网络营销的三个营销步骤

第一步，营销定位。企业在建立自身的网络方案时要优先考虑自身的网站是否属于营销型网站，这样能将自身的企业全面快速地搬到互联网。

第二步，维护与推广。通过网络营销工具和方法对自身的企业网站进行相关的维护与推广，这一切行为的实施都要以企业网站为核心。

第三步，网站流量监控和管理。流量监测与分析系统和在线客服系统通常是用来实现网站流量监控和管理的主要方法。这些方法的应用可以增加潜在客户或意向客户的总量。

任务一　发现网络营销

苏宁易购在 B2C 电子商务上的成功运营，标志着家电零售行业电子商务时代的到来。本部分通过对苏宁易购网络营销方式的深度剖析，带领学生走进网络营销行业，了解网络营销的基本概念,分析网络营销方式中网络广告投放与制作、搜索引擎优化、E-mail邮件营销、微博微信营销等在苏宁易购中的体现,初步了解各类网络营销方法针对不同类型网站的应用。

苏宁易购电子商务平台于2009年8月上线试运营,于2010年2月1日正式上线运营,作为苏宁电器第四代电子商务平台,苏宁易购上线之后即作为苏宁电器的独立品牌进行运作,这也标志着苏宁电器打破传统消费模式,正式进军电子商务领域。自2010年上线运营以来,苏宁易购依托着自身产品、自有物流和售后服务的优势,短时间内得以快速发展,尤其以强大的实体物流配送网络和售后服务网络,给消费者带来了前所未有的一站式体验服务。同时,苏宁易购与全球数万家厂商建立了高效的供应链关系,使得苏宁易购拥有具备优良的品质、实惠的价格的产品,为网站资源、商品质量和商品品类提供了有力的保障。

苏宁易购的上线,打开了中国互联网家电零售电子商务业的大门。苏宁易购上线之前,中国互联网电子商务市场中主要企业是,淘宝、京东商城和亚马逊三大巨头。苏宁易购吸取了电子商务巨头淘宝网和京东商城营销宣传方式,上线之初,已经为互联网网络营销制定了一系列营销方案。

苏宁易购网站建设完成后,苏宁云商集团股份有限公司针对时下电子商务运营趋势,关注京东商城、易迅网等竞争对手的崛起与发展,为迎合市场需求,打入互联网络营销平台,为苏宁易购制定了一系列网络营销方案。首先依托强大的实体电器连锁商城,苏宁易购最终确定采用网络营销与线下营销并存的方式,首先,基于苏宁20多年的零售经验,苏宁易购迅速把握了网络购物用户的消费习惯,开展合适的市场推广活动,找到最精准的人群。自2010年2月份独立运营后,苏宁易购先后采用了0元抽汽车、抽旅游、抽房款活动等,以零门槛、大曝光的营销方式,在互联网电子商务网络营销中取得良好反响,迅速提升了用户数量和网站的曝光率。据苏宁易购内部数据统计,三大活动期间,注册用户参与度日最高达到300多万。

与此同时,苏宁易购自主研发了苏宁易付宝——专业的支付工具。只要加入苏宁会员,就可以通过网银或者苏宁门店对易付宝进行充值,满足线上线下方便快捷地消费使用。其目的就是最大限度地发挥现有优势,线上线下、虚实结合、高效协同,提供给顾客更方便、更快捷的支付体验。这样的营销方式让苏宁易购在短时间内获得大量会员加入,同时也为苏宁易购增加了很大数量的基础用户,为后期活动奠定了基础。

2018年,苏宁易购继续打响节日活动招牌,借助跨年、春节、"3·15"消费者权益日、清明、五一小长假等法定假日继续造势,连续推出各种针对性的打折优惠或0元抽奖活动。2018年"8·18"店庆更是将全年活动推向顶峰,商品销售收入152.16亿元,虚拟销售15亿元,红孩子销售16.2亿元,总收入达183.36亿元。截至2018年,苏宁易购已经形成以活动营销为主要营销方式,借助网络广告、微信微博、E-mail邮件宣传造势的新型营销策略,这也使得网络营销成为苏宁易购全新营销模式白热化发展的基础。

任务二　认知网络营销

1. 网络广告

关注苏宁易购 2009 年成立以来所采取的网络营销方式,可以看出网络广告在苏宁易购网络经营的营销方式中仍是首选。苏宁易购长期与新浪、网易等主流门户网站合作,借助主流门户网站的超高人气进行长期广告投放,为苏宁易购带来大量互联网曝光率,在主流门户网站的广告投放中,苏宁易购一般会以横幅广告或竖幅广告为基本广告样式(见图1-4、图1-5),占据网页主要浏览区域,力争让访客进入网站后"第一眼"就可以看到,这样的投放设定可以根本上增加相对于其他广告位更高的曝光率。同时苏宁易购随时关注各项国内乃至国际性活动,抓住网民对活动的关注以及门户网站对公众活动的高密度宣传,大面积投放活动页面广告,牢牢把握市场宣传契机。

图 1-4　苏宁易购在新浪网投放的横幅广告

图 1-5　苏宁易购在网易体育频道投放的竖幅广告

然而像这类门户网站为了保证网站质量,优质的广告位越来越少,再加上各大商业巨头相互竞争,让这些极具优势的广告位变得炙手可热。所以对于中小企业来说,可以适当选择一些地方门户或避开主流网站,不可否认的是,即使是地方门户网站,一个优秀的广告位依然可以让企业以很少的花费获得非常好的宣传效果。

2. 搜索引擎营销

(1) 搜索引擎的结果登录

搜索引擎结果登录,是指通过搜索引擎登录口提交网站信息,然后被相应收录,目前主流搜索引擎百度、Google、新浪、搜狐等均提供这类服务。它通常包括两种类型的收录,一种是普通型登录:"仅保证收录所提供的网站,不保证排名和位置"。显然,这种收录的推广效果不能保证。如果希望排名靠前,就要选择"推广型登录",在推广型登录中,网站保证排在搜索结果第一页,从而被别人看到和访问的概率大大增加。但随着网站数的增加,通常搜索引擎用的是"滚动排队"的方法,即所有排在第一页的网站,进行滚动,也就是说今天排第一,明天就是第二,后天就是第三,不断往后排,直到排到最后一名,然后再过一天,又变成第一,循环往复。

网站建设完毕后,由于链接的关联性和导入性,苏宁易购作为品牌化 B2C 平台,很快百度就进行了收录。由于苏宁易购以家电零售为主导经营业务,通过合理的网站站内关键词优化和代码优化,包括"电器"在内的关键词也获得了排名展示。以关键词"电器"为例,在百度中搜索"电器"这个关键词时,苏宁易购以绝对的优势出现在了百度搜索首页搜索结果中,如图 1-6 所示。

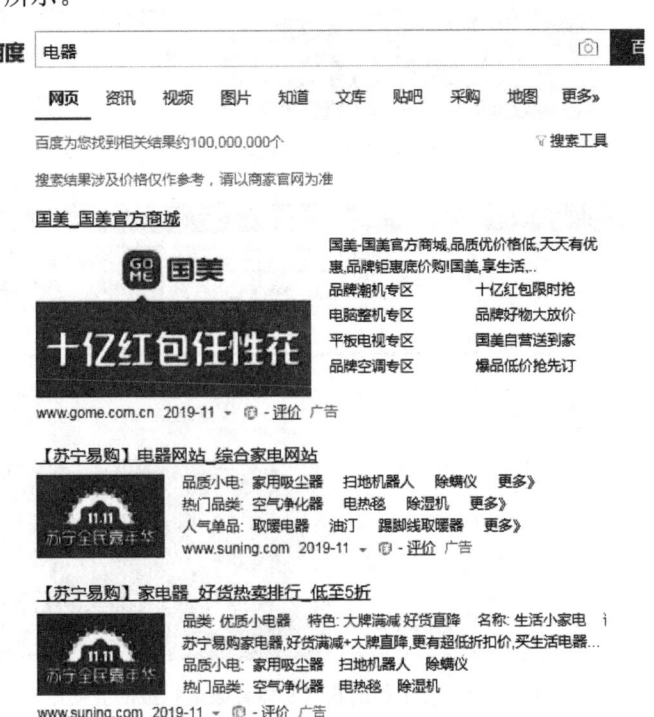

图 1-6 以"电器"为关键词时百度的搜索结果

以前普通搜索引擎结果登录需要花费一定费用,近几年由于互联网行业的迅速发展,各大搜索引擎以收录更多的网站为基础,逐渐开放了免费登录口。搜索引擎登录是通过优化网站代码和关键词取得搜索引擎排名的,以其低廉的成本、良好的效果广泛应用于中小企业的网络推广,但由于服务模式的缺陷,它的效果不稳定,并且优化周期较长,社会化节奏日益加快的影响下,搜索引擎登录并不是提高网站曝光率的最佳选择。

(2) 搜索引擎竞价排名

搜索引擎竞价排名是以"提升企业销售额"为直接目标。竞价排名是按照付费最高者排名靠前的原则,对购买了同一关键词的网站进行排名。竞价排名一般采取按效果付费的方式。竞价排名是一种收取固定费用的推广方式,可以是月费,也可以是年费,提供这类产品的服务商有百度、Google、新浪、搜狐、慧聪、阿里巴巴等。

目前,使用搜索引擎的企业持续增长。苏宁易购以百度、Google两大主流搜索引擎为关键词主要投放平台,抓住消费者想购买一件商品时的搜索习惯,以主要经营产品(如"冰箱""空调""洗衣机"等)为核心关键词,衍生出诸如"冰箱哪个牌子好"这样的长尾关键词进行长期投放,如图1-7所示,获得了高回报的宣传效果。

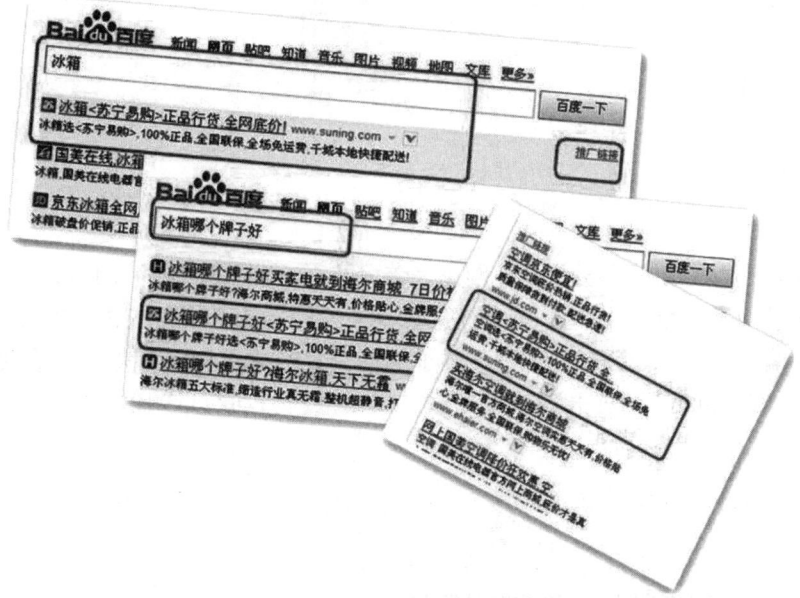

图1-7 苏宁易购在百度竞价排名中的关键词排名

3. 网上客户服务

现代客户需要的是优质的个性化服务,强大的客户群体是一个网站良好运营的基础,给予网站访客良好的用户体验会有效减少用户流失,积累基础消费。

① 忠诚用户数据库是每个网站运营公司必不可少的运营基础,建立忠诚顾客数据库可以吸收对公司产品非常了解的忠诚顾客介入公司的网络营销,他们能帮助公司解决消费者的问题,回答一些技术上的问题,同时他们还会提醒公司哪些消费者在网上发布对公司不利的信息。

② 苏宁易购网站设置网络在线客服,将消费者经常使用的购物资讯、售后服务按照产品进行分类,同时综合订单查询及常见问题,组成一组强大的在线客服系统(见图1-8),因特网的高速传播特点要求商家为客户提供快速回应。通常的承诺是24小时回复;及时发现不满意顾客,了解他们不满意的原因,及时处理,而苏宁易购利用信息分类解答提高了问题处理效率,让在线客服可以"一对一"即时解决消费者在购物中遇到的问题,这样不仅加大了售前售中售后服务力度,商品和服务中问题的处理也可以及时进行。

图1-8 苏宁易购在线客服系统

③ 苏宁易购多次通过各大调查网站发布用户有奖调查问卷活动,通过奖品吸引用户,提高问卷调查参与度,通过顾客反馈信息及有奖问卷调查了解顾客对公司产品的满意程度、消费偏好、对新产品的反应等,准确了解消费者的消费心理及决策过程,通过 E-mail 等方式与顾客建立起"一对一"的亲密关系,发送最新活动与折扣信息等,增加用户忠诚度,如图1-9、图1-10所示。

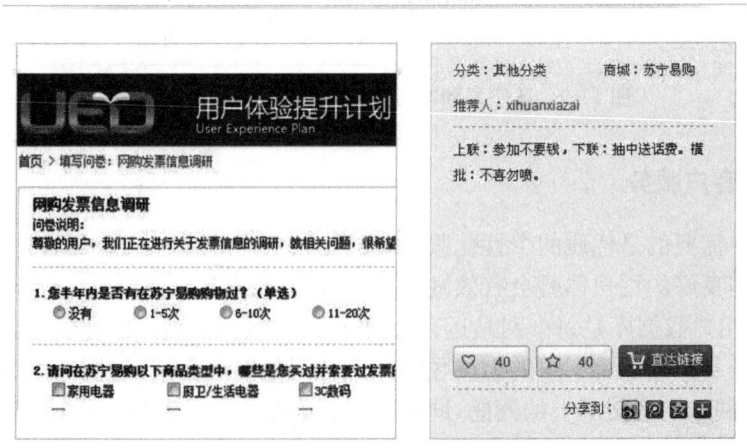

图1-9 苏宁易购有奖问卷调查

图 1-10　苏宁易购为注册会员发送的 E-mail 邮件

④ 第三方服务。

可以由第三方提供一个电子商务服务平台或交流平台，交易双方只要交纳一定的佣金费用，就可以在电子商务平台上进行交易，而平台的提供者只起中介服务的作用，并不参与交易。电子商务平台为企业提供低成本、专业化的电子商务应用服务，不仅有利于企业降低成本、提高效率、扩展市场，而且正在促进企业商务模式创新，以及商务生态的培育和再造。随着互联网交流手段的增多，微博和博客的兴起为网站提供了一个新的与互联网使用者交流的平台，尤其是微博中的注册量，使得电商运营者不得不关注起这类平台，针对微博营销和博客营销做起了文章。正是看到了微博营销和博客营销的影响力，苏宁易购在新浪、腾讯微博平台注册了官方认证微博和博客，如图 1-11 所示。苏宁易购的官方微博内容以苏宁易购网站最新活动为基础，加入家电零售行业新闻、互联网电子商务行业新闻，这样不仅能吸引苏宁易购会员的关注，还能在家电行业内吸引来大量的粉丝，再通过各类微博转发有奖等活动，有效解决了网站信息传播的即时性，提高了微博的用户关注度，扩大了苏宁易购活动受众及宣传影响力。

4. 网站会员制策略

企业可以通过为"会员"提供一定的利益来吸引更多的浏览者成为网站会员，提高网站的点击率与知名度。苏宁易购会员系统如图 1-12 所示。这些会员有"免费"的也有"收费"的，当然免费会员受到浏览者的欢迎，然而由于中国互联网正逐步走向成熟，已经不是所有网站用户都希望免费。一些博客会员希望花点钱可以享受更高层次的权限；一些求职者希望成为付费会员好得到更多有效就职机会；另一些商业用户则希望通过成为会员看到别人无法涉及的商业资源。

图1-11 苏宁易购新浪官方微博

图1-12 苏宁易购会员系统

任务三 网络营销效果分析

苏宁易购是苏宁云商集团股份有限公司于2009年上线的一个B2C网上购物平台,覆盖传统家电、3C电器、日用百货等品类商品。2009年,"苏宁电器网上商城"更名为"苏宁易购";2015年8月,苏宁易购正式入驻天猫,苏宁易购加快发展,在产品拓展、页面设计、购物体验等方面全方位推进、完善,全年实现销售收入约59亿元(含税),跻身国内电子商务行业前三名。

2019年3月,国内智慧零售企业苏宁易购(002024.SZ)发布2018年年度报告。2018年苏宁易购营业收入为2 449.57亿元,同比增长30.35%。同期,苏宁易购商品销售规模为3 367.57亿元,同比增长38.39%。2018年,苏宁易购实现归母净利润133.28亿元。2018年,苏宁易购同时聚焦物流、金融业务发展,构建全场景智慧零售生态系统,形成面向用户的核心服务能力。在线上,苏宁易购销售规模为2 083.54亿元,同比增长64.45%。苏宁易购线上销售规模占全渠道比例达到61.87%。在线下,截至2018年年底,苏宁易购合计拥有各类自营及加盟店面11 064家,新开7 819家。苏宁易购在保持规模高速增长的同时,盈利水平、经营效率也在稳步提升。

关键术语

网络营销　网络营销职能　网络营销系统　网络营销方法　网络营销定位

应知考核

1. 网络营销与电子商务之间是怎样的关系?
2. 网络营销的特点有哪些?
3. 网络营销的推广方式有哪些?

项目实训

(一) 实训流程图

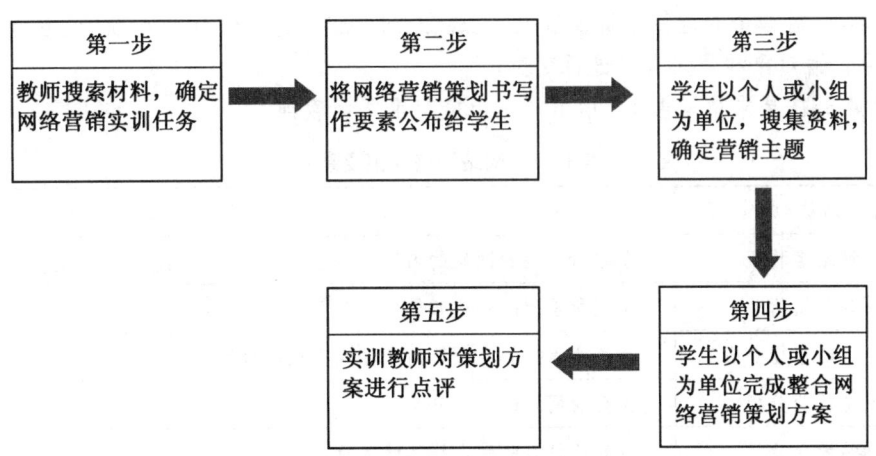

图1-13　营销活动策划实训流程图

(二) 实训概述

本实训为初步认识网络营销实训。以小组为单位,在实训教师指导下,将教师指定的网站作为本实训的主要内容,分析网站的网络营销方式。

打开苏宁易购的官方网站,观察网站中的各个方面,寻找你所发现的网络营销方式,并列举出来。在列举网络营销方式时,同时需要将以下几点也列举出来:

① 体现该网络营销方式的网址。
② 该网络营销方式的相关截图。
③ 具体属于什么类型的网络营销。
④ 这种类型的网络营销具体是怎么表现的。
⑤ 你觉得这种营销方式体现在该网站中效果如何。

(三)实训素材

国美、淘宝(淘宝天猫)、当当网、京东商城等销售类型网站。

(四)实训目标

根据教师所提供的素材,以小组为单位分析目标网站网络营销因素,包含通过互联网查找目标网站网络营销方式、分析该网站各营销方式的营销效果,并以该网站网络营销部门职员的身份为网站撰写一份《网站网络营销分析实训报告》。

(五)实训内容

任务一 网站网络营销要素分析

步骤1:以小组为单位,在实训教师指导下,通过分析网站网络营销要素,确定素材网站的经营方向;

步骤2:对该企业进行分析和研究,完成企业网站行业分析、市场分析、受众分析等内容,并为营销对象和受众人群进行定位;

步骤3:按要求填写表1-1,填写完毕提交至实训教师。

表1-1 网站网络营销要素分析

小组名称/成员	
网站名称	小组所承担的网站的名称
网站所属行业	小组所承担的企业归属的行业
网站产品市场分析	小组所承担的企业目前产品或企业的市场情况
网站行业分析	该企业网站的行业分析
网站受众分析	网站所针对的受众群体的分析
网络营销要素分析	网站已经通过哪些途径进行网络营销

任务二 网站营销策划

以小组为单位,根据任务一所完成的网站网络营销策划需求分析,完成《网站网络营销分析实训报告》。该内容可以以小组为单位分别进行填写(见表1-2)。

表 1-2 网站定位分析

小组名称/成员	
网站名称	网站叫什么名字
网站定位	网站针对谁,主要目的是什么
营销方式	对于这样一个网站,所采用的营销方式,各种营销方式的优点和缺点都是什么

任务三　网络营销分析

任务描述： 根据教师指定网站，以该网站网络营销部门职员身份，为网站撰写一份《网站网络营销分析实训报告》，内容包括项目背景（策划目的）、营销环境分析、可行性分析、目标市场分析、营销战略、营销策略、网站规划、费用预算。

任务评判标准： 实训小组针对教师给出的指定网站制作出一套完整的《网站网络营销分析实训报告》，要求能透彻地分析一个网站实施网络营销的内容、方式，并从自己的角度分析网站的网络营销方式优点、缺点；计划书内容详尽，营销方法分析合理，无抄袭。

项目二　搜索引擎营销

知识目标

1. 了解网站 SEO 各项的分析；
2. 掌握 SEO 的要点和实施流程；
3. 明确站内站外 SEO 的特点及基本流程；
4. 掌握 SEO 营销的分析与实施的流程。

技能目标

1. 能对网站的 SEO 进行相关的分析，并总结出策划的原因；
2. 能清楚分辨站内站外 SEO 的不同和其执行的基本流程；
3. 能对 SEO 进行有效的监测和做出准确的评估；
4. 能对 SEO 营销做出详细的分析并制定相关的实施流程。

引导案例

西安培华学院官网搜索引擎优化

西安培华学院是中华人民共和国教育部批准的具有学士学位授予权的民办高校。2003 年经教育部批准升格为本科高校，2007 年成为西部首家拥有学士学位授予权的民办高校，2018 年成为陕西省一流民办高校建设单位。学校建有高新、长安、郭杜 3 个校区，总占地面积 130.4 万平方米。设有 9 个二级学院，3 家附属医院，设有本、专科专业 58 个，形成了以财经、医学为主干，经济学、管理学、文学、理学、工学、艺术学、法学、教育学等多学科协调发展的办学格局。

西安培华学院网站建立于 2009 年，有走进培华、院系设置、教学科研、招生就业、国际合作、图书馆、党团建设和校友服务 8 个基本模块（见图 2-1）。

本项目以西安培华学院网站为例，从网站的 SEO 分析、策划以及实施到 SEM 的相关分析策划、实施这几个主要步骤来详细讲解搜索引擎优化与营销具体是如何工作的。

图 2-1 西安培华学院网站首页

知识准备

1. 搜索引擎优化的含义

搜索引擎优化(Search Engine Optimization，SEO)是一种利用搜索引擎的搜索规则来提高目的网站在有关搜索引擎内的排名的方式，简单理解就是靠日常的优化使自己网站的相关内容排在搜索引擎的前面。

2. SEO 的常见术语

(1) 百度权重

百度权重是很多站长工具给站长推出的一个参考值，通过预计网站关键词的排名所带给网站的流量，并不是百度自己的产品。它的等级是从 0 到 10，数字越大，等级越高，说明该网站在百度中受欢迎度越高，这样网站的流量就越大。

(2) 百度快照

每个已经收录的网页在百度中都会存有纯文本备份，这个纯文本就是百度快照。当打开一个网页的链接比较慢时可以点击百度快照快速查看它的文本内容，只不过，原本网页上的图片、视频、音乐等非文本内容的信息还是会从原网页调用。

(3) PR 值

PR 是 Page Rank 的缩写，是 Google 用来判断一个网页重要性的评判标准，等级和百度权重一样，也是以阿拉伯数字 0 到 10 为等级，等级越高说明这个页面的重要性越高。

主要影响 PR 值的因素是网站的外链数和质量,现在 PR 值对网站的排名影响不大,Google 现在把 PR 值的标准降得很低,所以站长们不必去追求高的 PR 值,可以作为友情链接时的一个参考值。

(4) 竞价排名

竞价排名实质上就是支付相应的费用做排名,即通过给搜索引擎相应的代理公司缴纳一定的费用,使得自己网站的一些关键词在搜索引擎的第一页,每个位置的价格高低不等。

(5) IP、PV 和 UV 数

IP(Internet Protocol 的缩写)即网络之间互连的协议,是指浏览网站时不同 IP 地址的总数量;PV(Page View 的缩写)即综合浏览量,是指页面浏览量或者点击量,即每个用户浏览网页的次数;UV(Unique Visitor 的缩写)即独立访客,是指独立访客数,即访问网站的客户端数,一台电脑为一个客户端即一个访客。比如,一个公司有一个 IP 地址,有五台电脑,通过路由器把一个 IP 分配到所有电脑上,电脑每天都能上网,IP 就指着一个 IP,甲用一台电脑浏览一个网站的 3 个页面,然后退出,乙也用一台电脑进入同一个网站浏览 5 个页面然后退出,那么这个网站的 IP 数是 1,PV 数是 8,UV 数是 2。

(6) 外部链接

外部链接在 SEO 术语中简称为外链,意思就是本网站以外的链接指向本网站。比如说本网站是 www.peihua.cn,如果在另一个网站上出现这个链接的超链接就属于一个外链,外链数量和质量对于一个网站来说是非常重要的。

(7) 友情链接

友情链接是指在自己的网站上放上别人网站的链接,同时,对方网站上也有自己网站的链接,这个链接必须能在网页代码中查找到,而且在浏览网页时可以显示网站的名称。友情链接,是网站推广中一种很实用的方法。现在有很多人将对方的链接放在 JS 代码或 iframe 中骗取链接,这样的链接不属于友谊链接。

(8) 网站转化率

网站转化率是访问网站的用户总量和已经购买产品或服务的用户之间的比值。对于在网上销售产品或服务的企业来说,这一点是非常重要的,如果网站的转化率很高的话,那流量的高低就无所谓了。

(9) 网站跳出率

网站跳出率是指用户进入网站就离开的次数和用户进入网站的总次数的比值,是衡量一个网站用户体验度的重要标准。跳出率高说明这个网站的用户体验度很差,所以对站长来说降低网站跳出率是非常重要的一项工作。

(10) 关键词密度

关键词密度(Keyword Density)是指一个页面中该关键词出现的次数和整个页面字数的比值。一般来说,一个页面的关键词密度为 30% 左右,这是要根据行业的大小来定的。关键词密度在搜索引擎优化中是一个重要的方面。

(11) 社区

在网上,社区和论坛很相似,是指网民围绕一个或多个主题进行讨论,发表自己的观点和其他网民分享交流。中国大型的社区有猫扑、天涯、百度贴吧、人人网等。

(12) SOM

SOM 是搜索引擎营销(SEM)和搜索引擎优化(SEO)的统称。具体内容以 SEM+SEO 为主。

(13) 链接场

在 SEO 术语中,链接场(Link Farm)是指一个充满没有实际作用的链接的页面。其只是作为链接存在,没有实际的意义,通常被体现在黑帽子技术上,用以在页面中增加大量链接,误导搜索引擎抓取方向,从而达到优化目的。

(14) 排名算法

排名算法(Ranking Algorithm)是搜索引擎用来对其索引中的列表进行评估和排名的规则。排名算法决定哪些结果是与特定查询相关的。

(15) 爬行器

爬行器(Spider)又称为 WEB 爬行榜或机器人,俗称蜘蛛。其主要是在 Web 上漫游,寻找要添加进搜索引擎索引中的列表。

(16) 垃圾技术

垃圾技术是一种欺诈性的 SEO 手段,它尝试欺骗爬行器,并利用排名算法中的漏洞来影响针对目标关键词的排名。垃圾技术表现形式多样,但"垃圾技术"最简单的定义是 Web 站点用来伪装自己并影响排名的任何技术。

3. 搜索引擎优化的分类

搜索引擎优化从整体上来看可分为内部优化与外部优化两大类。

(1) 内部优化

① META 标签优化:META 对于会 HTML 语法的人来说并不陌生,它是在 HTML 语言中 HEAD 区的一个辅助性标签,在 HTML 文档中模拟 HTTP 协议的相应头报文。在 META 标签中最主要优化的是标题(TITLE)、关键词(KEYWORDS)、描述(DESCRIPTION)等。

② 内部链接的优化,就拿网站上文章和文章之间来说,文章内部加上锚文本,这个锚链接可以指向相对应的文章页,也可以添加链接到某个栏目或者频道页,文章中的图片也可以添加链接到某个页面,还有相关性的链接(tag 标签)、各导航链接,使得网站在内部形成一个庞大的蜘蛛网,这样搜索引擎蜘蛛在爬取时会抓取很多页。

(2) 外部优化

① 外部链接类别:博客、论坛、B2B、新闻、分类信息、贴吧、知道、百科、相关信息网等,要尽量做到保持链接的多样性。

②外链运营:每天添加一定数量的外部链接,可以使关键词排名达到稳定提升的效果。

③外链选择:选择与自身网站相关性比较高、整体质量比较好的网站交换友情链接,巩固稳定关键词的排名。

4. 搜索引擎基本工作原理

(1) 全文搜索引擎工作原理

全文搜索引擎的方法有两种,一种是定期搜索,每隔一段时间搜索引擎就派出蜘蛛程序,对指定的 IP 地址范围内的互联网网站进行搜索,如果发现新网站,它就会主动将网站的信息录入自己的数据库;另一种是提交网站搜索,也就是说网站站长主动向搜索引擎提交自己的网址,搜索引擎会定向地派出蜘蛛程序对网站进行检索,扫描完后会将信息存入数据库,但提交后得等上一段时间(2 天到数月不等),蜘蛛才会抓取。

当用户在搜索框内搜索自己所要找的信息时,搜索引擎会在自己的数据库中进行搜寻,如果找到相符的内容网站,便会采取特殊的算法计算出个网页的相关度和排名等级,然后根据关键词的关联度高低按顺序将这些网站的链接返回给用户。

(2) 目录索引的工作原理

目录索引就是将网站分门别类地存放在相应的目录中,因此,用户在查询信息时可选择搜索关键词搜索,也可按照分类目录逐层查询。

目录索引完全依赖于手工操作,用户在提交网站后,目录编辑人员会亲自浏览该网站,然后根据自定义的判断标准来决定这个网站的去留。相对于目录搜索引擎来说,全文搜索引擎只要不违反搜索有关规则即可,而目录索引的要求要高很多。此外,网站被收录到目录索引的列表中时必须将网站放到一个合适的目录下。

搜索引擎中网站的有关信息都是从用户页面自动提取的,所以用户拥有更多的自主权,而目录搜索则要求必须另外手工填写网站信息,而且还有各种各样的限制。

5. 搜索引擎优化的发展现状分析与特点

近年来,由于国外的推广与发展,促起了国内搜索引擎优化的潮流,众多的国内优化爱好者通过自身的不断进步与学习,使搜索引擎优化在国内越发活跃起来。国内的网站建设运营者对搜索引擎优化的重视也日益加强,但随着搜索引擎的更近一步的发展,搜索引擎优化自身存在的问题也随之浮现了出来。

(1) SEO 效果不稳定

SEO 效果的不稳定很多时候主要原因在于搜索引擎自身,其不断变换自身的排名算法,在一定程度上增加了搜索引擎优化的难度,搜索引擎在更换算法时就会有一部分站点出现排名不见或者大量内容部不收录的情况。这样的事情,做搜索引擎的人经常会遇到,更新不久,有的会全部回来,也有回不来的,就像前段时间百度出台星火计划,大量的网站都受到了影响。

(2) 惩罚的忧患

在做 SEO 的时候,要遵循严格的规则,禁止使用不正当的手段使排名靠前。做搜索引擎优化是个长期的工作,不要想着一口吃个大胖子,当然这样的暴发户也有,但时间不会很久。如果使用不正当手段,搜索引擎一旦发现会给予降权、排名没有、不收录等严重后果。始终记住一点:用户体验度是非常重要的。

(3) 关键词排名乱收费

搜索引擎从发展至今,一直存在的问题就是关键词没有统一标准,乱收费现象成了其不好的标签,这个标签容易导致行业间的恶意竞争,引起不必要的行业混乱。欠缺一个系统的管理是这个盲点存在的主要原因。

(4) 首页排名的局限性

搜索引擎首页位置的局限性决定优化具有落差性。首页排名就 10 个位置,即假如有 11 家在同时做优化,那其中必然有一家是不管优化程度如何都会落败的。

6. 搜索引擎优化的策略

想要获得好的网站排名,有五个因素是必不可少的:网站内容、每页关键字数、关键字摆放技巧、点击率和链接数量。只有把握好这五个因素,才能做出最合理高效的 SEO 策略。搜索引擎优化策略应该包括三部分。

(1) 网站内容的编写

能在搜索引擎中排名靠前的网站,其自身一定是具有实际内容的。对于搜索引擎蜘蛛来说,它获取资源的渠道并非网站中绚丽的图片又或是有趣的 Flash 动画,其只能通过对网站内容进行判断,然后再定位网站的质量。试想,用户在查找信息时,遇到某个网站,其内容丰富又与时俱进,不单包含了自身本意的需求,还多了许多额外感兴趣的内容,那么这样一个网站就容易获得用户关注。没有充足的内容的网站想得到一个很好的优化是不现实的。让充足的内容给搜索引擎进行索引是一个成功搜索引擎优化策略的基本要求。

第一件事就是关键词调查,关键词是搜不尽、查不绝的。一般来说,调查越深入,发现的词条就越多,尽量在允许的时间内对这些词条进行进一步的分析和研究。反复此过程,最后才能确定关键词。

(2) 关键词的技巧

一个网页上的词语不计其数,如何让关键词突出,被搜索引擎所喜爱,关键词的密度和摆放位置很重要。搜索引擎是通过自身的算法去统计一个页面的字数,从中挑出那些重复次数多的词语,作为网页的关键词。而关键字数和该网页字数的比例就称为关键词密度。这就说明,想要获得好排名的方法之一就是在搜索引擎的允许范围内把关键词重复若干次。关键词的摆放位置,是吸引搜索引擎注意的又一办法。通常搜索引擎会尤为注意网页的标题、超链接文本、URL 文本和网页顶部文本这些位置。

(3) 外部链接建设

超链接是将分散的网络连成一个整体的要素之一。对于搜索引擎来说,一个网页被链接的次数和链接到网页的质量是体现网页主要性的一个非常重要的指标,故搜索引擎会认为外部链接多的网站重要性会更高。所以,外部链接的建设对 SEO 来说也是非常关键的一点。

7. 搜索引擎未来动向

搜索引擎已成为一个新的研究、开发领域。因为它要用到信息检索、人工智能、计算机网络、分布式处理、数据库、数据挖掘、数字图书馆、自然语言处理等多领域的理论和技术,所以具有综合性和挑战性。又由于搜索引擎有大量的用户,有很好的经济价值,目前搜索引擎的研究、开发十分活跃,并出现了很多值得注意的动向。

(1) 十分注意提高信息查询结果的精度,提高检索的有效性

用户在搜索引擎上进行信息查询时,并不十分关注返回结果的多少,而是看结果是否和自己的需求吻合。对于一个查询,传统的搜索引擎动辄返回几十万、几百万篇文档,用户不得不在结果中筛选。解决查询结果过多的现象目前出现了几种方法:一是通过各种方法获得用户没有在查询语句中表达出来的真正用途;二是用正文分类技术将结果分类,使用可视化技术显示分类结构,用户可以只浏览自己感兴趣的类别;三是进行站点类聚或内容类聚,减少信息的总量。

(2) 基于智能代理的信息过滤和个性化服务

信息智能代理是另外一种利用互联网信息的机制。它使用自动获得的领域模型(如 Web 知识、信息处理、与用户兴趣相关的信息资源、领域组织结构)、用户模型(如用户背景、兴趣、行为、风格)知识进行信息搜集、索引、过滤(包括兴趣过滤和不良信息过滤),并自动地将用户感兴趣的、对用户有用的信息提交给用户。

(3) 采用分布式体系结构,提高系统规模和性能

搜索引擎的实现可以采用集中式体系结构和分布式体系结构,两种方法各有千秋。但当系统规模到达一定程度(如网页数达到亿级)时,必然要采用某种分布式方法,以提高系统性能。搜索引擎的各个组成部分,除了用户接口之外,都可以进行分布:搜索器可以在多台机器上相互合作、相互分工进行信息发现,以提高信息发现和更新速度;索引器可以将索引分布在不同的机器上,以减小索引对机器的要求;检索器可以在不同的机器上进行文档的并行检索,以提高检索的速度和性能。

(4) 重视交叉语言检索的研究和开发

交叉语言信息检索是指用户用母语提交查询,搜索引擎在多种语言的数据库中进行信息检索,返回能够回答用户问题的所有语言的文档。如果再加上机器翻译,返回结果可以用母语显示。

任务一　站内搜索引擎优化分析

在开始分析搜索引擎优化的相关工作之前,需要对搜索引擎有一个基础的了解。本项目中的搜索引擎均指的是"百度"。目前有众多搜索引擎,如搜狗、谷歌、百度、360 搜索、SOSO、必应等,但是在互联网用户搜索习惯中,"百度一下"已经深入人心,并且百度搜索引擎占据了绝大多数的市场份额。2019 年度中国搜索引擎市场份额排名对外公布,百度搜索占比 76.42%,比市场第 2 名搜狗引擎占比高 65%(见图 2-2)。

2019搜索引擎市场份额

所有平台排名(含概PC端/移动端排名)

2019年中国搜索引擎市场份额						
搜索引擎	百度	搜狗	神马	360	谷歌	必应
占有率	76.42%	11.35%	4.71%	2.85%	2.4%	2.06%
统计年度	2018年7月1日-2019年7月31日					
发布日期	2019年8月1日					

图 2-2　国内搜索引擎市场份额

1. 实施原因分析

西安培华学院属于教育类官网,通过对其官网近期在搜索引擎中的排名表现,分析得出以下内容:
① 相关关键词在搜索结果中的自然排名有所下降;
② 网站页面结构较为陈旧,冗余代码较多;
③ 用户对许多位置情况需求较大。

2. 实施目标分析

教育类网站主要方便学生查询信息,对网站的需求体现在发布和更新信息及时,网站关联和排名要靠前。为此,西安培华学院官网需要制定一个 SEO 实施目标:
① 三个月内至少 3 个核心关键词 Baidu 自然排名 3 页内,Google 自然排名 3 页内;
② 半年内至少 5 个核心关键词 Baidu 自然排名首页前 3 位,Google 自然排名首页前 3 位;
③ 三个月内网站 PR 值上升至 4。

3. 实施计划

网站的 SEO 工作是比较纷杂烦琐的,一些内容是在网站建立之初就需要考虑和顾及的,除此之外均可以在网站开发完成后进行相关调优措施。为了提高工作效率,需要对相关工作内容进行具体安排与分配,如表2-1所示。在完成相关的任务安排规划后,即开始进行相关的SEO实施。

表2-1 工作安排表

序 号	工作内容	产 出
1	关键词定位分析	访客搜索行为分析、网站核心关键词、普通关键词分析、长尾关键词分析
2	网站框架优化分析	网站框架优化方案
3	网站页面优化分析	网站页面优化方案
4	优化实施	编辑实施结果
5	效果监测与分析、调整	编辑调整方案

任务二 搜索引擎优化实施

1. 关键词分析

关键词分析,就是对关键词进行定位,希望哪些关键词通过SEO操作之后能够在搜索引擎中获得排名优势。明确了这一目标,才能有针对性地完成关键词分析。

(1) 范围确定,形成关键词列表

西安培华学院网站的主要内容是宣传介绍西安培华学院开设专业、学院师资、招生就业等情况,所以着力提高开设专业的优势排名更能对学校的招生产生直接效果。

明确了上述这一点,就意味着对关键词的选择范围已经有了大概的界定。但这个界定依然模糊不清,可将每个专业名称都作为关键词,同时每个专业名称还可衍生为多个次级的关键词,毕竟很多学生是先搜寻专业名称然后才关注学校的。

(2) 明确核心关键词

如何来筛选每套产品的核心关键词?这就需要换位思考,根据用户的行为习惯来进行考虑。那么,西安培华学院网站的受众是谁?又该如何换位思考?

现在假设,某高中毕业生,为了选择理想学校和理想专业,考虑"百度一下",这时他就需要考虑使用什么样的关键词来进行搜索。下面我们就来看看如何来确定关键词汇。

① 利用工具,打开百度,输入相关内容,这里不需要输入全部字符,仅输入一部分即可,我们输入"西安培华学院",下拉框中就会列出与此相关的搜索词,根据下拉框中提供的词汇,便可进行初步的确定与筛选,如图2-3所示。每天拥有数亿人次搜索,百度会计算出与输入词最相符的内容,并通过下拉框进行提示。

图2-3 百度关键词联想

② 接下来可以通过相关的关键词工具进行检索,可以打开百度商情网、百度指数、百度中的搜索量,查看关键词的一些数据。如图2-4所示,这是关键词"西安培华学院"近一年的趋势,可以看出这一年来,网民对这个词的需求指数,在高考结束后、9月份入学前会出现搜索高峰。

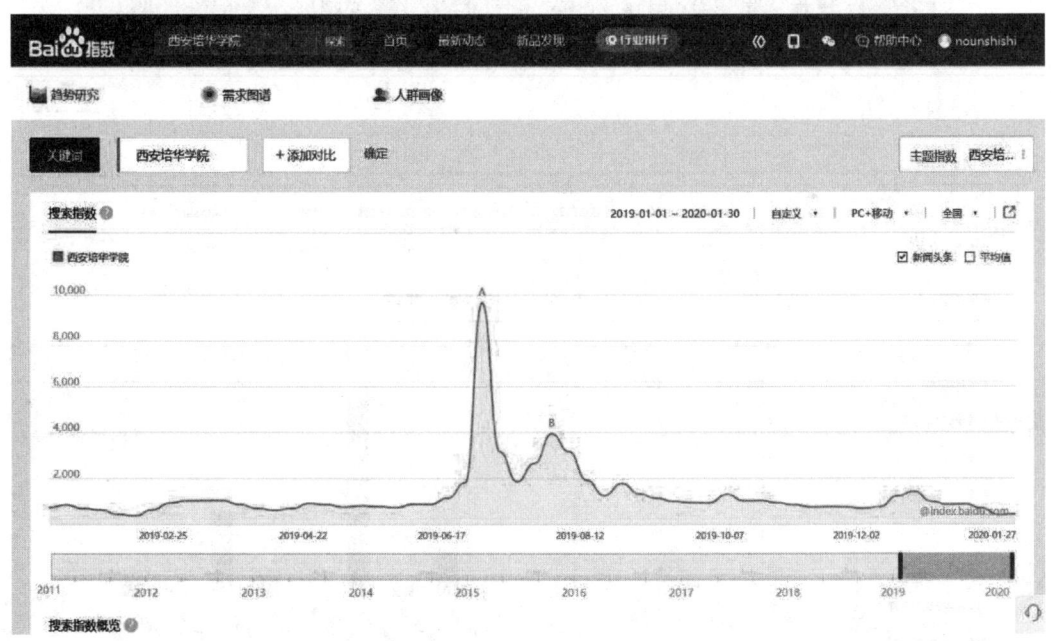

图2-4 关键词百度在线趋势图

③ 其次是百度指数,通过百度挂关键词趋势图,可以看到网友对"西安培华学院"词语搜索的次数和频率。一般情况百度指数中数值越高说明这个词汇在百度的搜索次数和频率越多,在确定关键词时当然要尽可能地选择搜索指数比较高的词语,因为这个是网站

流量的一个基础,所以要将关键词压缩。百度指数如图2-5所示,是相关搜索词,可以看到有几个关键词搜索量还是很大的,可以考虑作为核心关键词。

图2-5 百度指数热点趋势

④ 经过上述的准备,便可以确定出核心关键词了,有西安培华学院专业、民办院校、学费。

(3) 明确普通关键词

所谓普通关键词,就是相比于核心关键词来说,重要性较低的一些关键词,通常分为两种:间接关键词和长尾关键词。

对于普通关键词也不能忽视,虽然它不能直接看到效果,但它能够做到长时间保持网站优秀排名的作用。可以试想一下,如果竞争对手在搜索引擎上有两个很有优势的核心关键词,然而西安培华学院却有一个核心关键词在搜索引擎中有优秀的排名,那么用户在搜索引擎中看到西安培华学院的概率和浏览量更高,潜在用户更多。

所谓间接关键词就是核心关键词的拆分和重组。以西安培华学院网站为例,它的核心关键词是"西安培华学院、西安培华学院学费、西安培华学院专业、西安培华学院师资",可以拆分为四个词汇:培华、艺考、大学、就业。

那么,长尾关键词是如何来确定的呢?

长尾关键词的稳定性和延伸性都非常高,相对于竞争激烈和不稳定的核心关键词来说,其优势是非常明显的。举个例子来说,有个交友网站现在需要制定关键词,通过以上学习我们肯定会想到"网上交友""同城交友"等,但当我们在使用百度和谷歌分析工具对这个词进行分析后,结果会让我们大失所望,这些关键词的竞争度太高,就"同城交友"这个关键词百度竞价排名有六个。因此,我们可以利用搜索引擎联想出其他短语,比如说网站是面向一个城市的就可以使用地名+主要关键词,如"北京同城交友""北京网上交友"等,这些关键词的竞争度较低,搜索量也比较高,它们就可以作为核心关键词之外的长尾关键词。

西安培华学院网站除核心关键词外的间接关键词是,"西安培华学院怎么样,西安培华学院住宿,西安培华学院是几本,西安培华学院地址",根据这些关键词又可以演变出哪些词呢?学生作为用户会检索些什么?可能会有论坛、活动、社团等。如此一来,西安培华学院网站的长尾关键词会有很多,如民办院校、收费标准、特色专业等。

2. 站内 SEO 相关元素分析

做好站内主要部分的定位与部署对于一个网站来说是非常重要的,下面就来详细分析站内的主要部分。

(1) 关键词部署分析

上面已经说过关键词(Keywords)的分析方法和思路,但是在确定关键词时一定要基于页面本身,不能出现网站做的是教学软件,确定核心关键词时却成为"软件开发",所以不能只知道关键词的分析方法和思路,而且要搞清楚所做网站的对象。

一个企业不可能光有产品介绍,还会有很多辅助页面,因此,整个网站的其他常规页面的关键词也要使用同样的方法将其定义出来。也就是说,如果一个网站页面分为首页、频道页、栏目页、列表页、内容页等多个层级的话,那么关键词就要分析到每个常规页面,页面的关键词一旦规定成型,后期只需要根据关键词的排名进行适当调整。

现在就以西安培华学院网站为例,首先打开网站 www.peihua.cn,右击查看源代码,然后会出现如图2-6所示文件,可以在文件中看到它的关键词(Keywords)、标题(Title)、描述(Description)等。关键词就是在搜索引擎中所要填写的词汇,可以是任何词汇。标题,简单理解就像是写作文时的标题,描述就像是写作文开始时对文章总的阐述。

```
<!DOCTYPE html>
<html xmlns="http://www.w3.org/1999/xhtml">
<head>
    <script id="allmobilize" charset="utf-8" src="http://a.yunshipei.com/bf3d8504c7aba7c13962dcc0f18878a5/allmobilize.min.js"></script>
    <meta http-equiv="Cache-Control" content="no-siteapp" /><link rel="alternate" media="handheld" href="#" />

<title>西安培华学院-首家走向百年的民办大学</title>
<meta http-equiv="Content-Type" content="text/html; charset=gb2312" />
<meta content="西安培华学院坐落于华夏文明的发祥地,风景秀丽的十三朝古都--西安。学校是经国家教育部批准成立的西部十二省市区首家民办本科普通高等学校, 同时也是西部首家拥有学士学位授予权的民办高校。" name="description" />
<meta name="keywords" content="培华,艺考,艺术类,大学,教育,招生,本科高校,本科,专科,民办,就业,历史名校" />
<meta http-equiv="X-UA-Compatible" content="IE=7" />
<meta http-equiv="X-UA-Compatible" content="IE=EmulateIE7" />
<meta http-equiv="X-UA-Compatible" content="IE=8;FF=3;fr40therUA=4" />
<link rel="Shortcut Icon" href="favicon.ico" />
<link rel="Bookmark" href="favicon.ico" />
<script charset="utf-8" src="https://wpa.b.qq.com/cgi/wpa.php"></script>
<title>
西安培华学院
</title><meta http-equiv="Content-Type" content="text/html; charset=utf-8" /><link href="css/layout.css" rel="stylesheet" type="text/css" /><link rel="stylesheet" href="css/nav.css" /><link rel="icon" type="image/png" href="images/favicon.ico" /><link rel="stylesheet" href="css/style.css" media="screen" /><link rel="stylesheet" href="sliders/elastslider/elastic.css" media="screen" />
<!-- HTML5 Shiv + detect touch events -->
<script src="js/modernizr.custom.js"></script>
<style type="text/css">
body,td,th { font-family: "Droid Serif", serif; color: #C93; }
body{
font: normal 100% 'Arial','Helvetica','Verdana',sans-serif;
color: #333;
```

图2-6 网页源代码

由图2-6可知,西安培华学院网的首页关键词就是"培华、艺考、艺术类、大学、教育、招生、本科高校、本科、专科、民办、就业、历史名校"。

首页关键词为什么要这样设置呢?关键词设置前后是有区别的,对于排在前面的关键词,搜索引擎会给予更高的重视。当然首页是前提,搜索引擎大部分情况下都是通过首页来到网站的,所以首页的关键词就显得尤为重要,这样不但有利于关键词的排名,而且能让用户在搜索相关信息时更好地找到匹配的关键词。网站所有的内容都会围绕主关键词进行,就像西安培华学院网站主要宣传的就是艺术类、本科高校、专科专业,后面的就业、历史名校等相对于主关键词来说都属于长尾关键词,整个网站的内容也是围绕本科高校和本科专业进行宣传的。

(2)标题定位与部署分析

确定好关键词后,后面会基于这些关键词展开两项工作。其中一项就是标题,标题和关键词相类似,使用短语描述页面的主要内容。由于搜索引擎的蜘蛛在对页面进行抓取时第一个便是标题,因此,标题在SEO中占据的位置也是很重要的。那么,标题是如何来确定的呢?

首先,当所有常规页面的关键词确定后,标题的范围也就有了大致的确定,比如说西安培华学院网站西安培华学院官网的核心关键词是"培华""艺术类",那么,它的标题就会围绕这两个关键词展开。

其次,把已经选好的关键词放在前面,后面使用"_"(下划线)连接起品牌名和网站名称。使用这个方法可以定义除首页外所有页面的标题。那为什么这样设定呢？因为在搜索引擎中对于标题的前十四个字节（也可以理解为前七个汉字）会给予更高的权重。

在打开西安培华学院官网时，可以看到它的标题是"西安培华学院—首家走向百年的民办大学"，不管点开这个网站的哪个页面，它的标题上都会出现"培华"这个关键词，这是对核心关键词在标题中的"加重"处理。但这时有人就会问，这样的方式算不算作弊呢？不算，有两方面的原因：一方面，搜索引擎对于标题限制在 255 个字符以内，只要不超过即可；另一方面，在 255 个字符以内去优化标题，只要标题和内容密切联系，不出现没有关系的词语就行。

此外，一定要将标题连接处的"_"（下划线）和"—"（横杠）区别开。横杠在英文词汇中是一些词语的分隔符，这种在谷歌或国外网站较为常见，如果所做的网站是针对国外用户，使用它是不错的。但在中国常用的搜索引擎（百度、腾讯等）都是以下划线来作为词汇的分割线，所以跟这些顶级网站保持一致是没错的。还有些网站是以竖杠"|"来做分割的，在实际应用中表现并不理想，如"教育软件|教学系统"，从感官上来说，这样分割的关键词看上去比较紧凑，用户体验度不理想，更重要的是会造成搜索引擎在切词时出现问题，因而不推荐使用。

最后，标题在保持一个页面一个标题的同时还应避免以下三个方面：

① 避免标题过长。虽然标题可以长达 255 个字符，但在搜索的结果中标题显示的长度是有限的，如果超出这个长度，会被以省略号代替，这样虽然用户能搜到网站，但因标题主要内容没有第一时间完全显示而不被用户点击链接。

② 标题一定要和内容相关且不同，绝不能出现页面和页面的标题完全相同的情况，或者网页标题处于空白或者自定义状态。即使优化做得再好，如果页面和页面的标题相同的话，搜索引擎的蜘蛛在爬行时会认是重复内容并且当作垃圾内容处理，那么这样的内容在搜索引擎排名会靠后。

③ 标题不要轻易或频繁更改。如果频繁更改标题，搜索引擎会认为网站作弊或者认为网站频繁更换内容，就会对网站失去兴趣。所以标题在前期网站设计时就定好，最好不要改动，除非网站必须进行一次大规模的改版，比如说网站布局不符合用户的搜索习惯。

（3）描述定义与部署分析

确定好关键词后，后面会基于这些关键词展开两项工作，第二项就是和描述（Description）有关的工作。描述就是使用简短的语言对整个页面进行说明，在搜索引擎中表现，描述在网站后台可以自定义，它的作用是在提升搜索引擎的排名和对用户眼球的吸引上。

现在以西安培华学院官网为例，如图 2-7 所示，就是使用一段完整的话将西安培华学院所有的产品清晰地描述出来。可以看到划出来的都是这个页面的关键词，描述中关键词出现的概率不要太高，但一定得有，这样有利于搜索引擎的抓取。

```
<meta content="西安培华学院坐落于华夏文明的发祥地,风景秀丽的十三朝古都—西安。学校是经国家教育部批准成立的西部十二省市区首家民办本科普通高等学校,同时也是西部首家拥有学士学位授予权的民办高校。" name="description" />
<meta name="keywords" content="培华,艺考,艺术类,大学,教育,招生,本科直接,本科,专科,民办,就业,历年分数线" />
```

图 2-7 描述中的关键词

此外，描述和关键词、标题一样，每个页面都要具有独立的描述，不可重复，以下几点是在写描述时应该注意的地方：

① 描述一定要做到原创，不可复制别人的，网站权重不高的网页，搜索引擎会以为是盗用别人的。

② 描述一定要简洁，突出重点。

③ 描述不要过长，搜索引擎对描述的展现是有一定限制的，就像标题不宜过长一样，后面长出的部分会被省略号代替。

④ 描述部分不要堆积关键词。如果描述部分堆积关键词，搜索引擎在对页面进行抓取时会认为这是在作弊，从而给予相应的处罚，如不再抓取、降权等。

以上所说的关键词、标题、描述是站内 SEO 中 Meta 标签的三大元素，如果要做站内优化，这三个就是重点。

对于整个网站的其他页面来说道理都是一样的，一个子页面只要确定好它的核心内容就可以，比如产品页面主要是以产品为主，那就要先突出产品，不管是关键词、标题还是描述。

(4) 网站代码分析与策划

人们所浏览的网页就是由一连串的代码组成的，IE 浏览器或者服务器对这些代码进行解析后翻译成我们看到的页面，而搜索引擎的蜘蛛抓取的只是这一连串的代码而已。代码在网站开发过程中就应该形成有效的积累，当然我们也可以在网站正式上线后做调整，但对于代码的优化最好在前期就做好，如果网站正式上线就不宜大部分修改。

网站代码最好能做到符合 SEO 的代码规范，现以西安培华学院网站为例，它在网站代码上做到了以下几个方面：

① 代码在书写过程中尽量减少不必要的代码，如空格、默认属性代码、空语句等，加强代码与代码之间的连接性，节省空间，这样做的目的是让搜索引擎的蜘蛛抓取更方便、更快捷。

② 控制好页面的大小，页面越小越好，再大也不能超过 100 KB(但不能小于 5 KB)。因为在同样网速下，50 KB 的页面相对于 100 KB 的页面来说打开速度要更快一些。当一个网页打开速度很快的话，它的用户体验度就提高了一半。对于搜索引擎来说也是同样的道理。页面小还有一个好处就是可以促使网站形成一个巨大的内部链接网。

③ 确保代码闭合完整，注意在代码中文字颜色和属性的设置，以确保蜘蛛爬取时能爬取到完整的页面。

④ 尽量少使用 JS 封装，搜索引擎不喜欢 JS，影响网站的友好程度，不要使用 Frame。

注：JS 封装就是把具有一定特殊功能的 JS 函数封装成一个可调用的函数，Frame 在网站代码中属于一种框架结构。如果一个网站使用 Frame 框架，不仅会影响网页的加载速度，还会影响搜索引起的抓取。

⑤ 深层次地套用 H 标签，像 H1、H2、H3……，使搜索引擎更清楚地知道哪些是主要的，哪些是次要的。如图 2-8 所示，H1 中就是主要内容，H4 中就是比较次要的内容。

```
48 <h1><a href="http://www.bodao.org.cn/2012.html">首页</a> > 大会新闻</h1>
   </div>
49 <div class="detail">
50 <h1 style="text-align:center;padding-top:20px;">陈禹：通力协作 把网络营销提升
   到新的水平</h1>
51 <h4 style="text-align:center; font-size:13px; font-weight:normal;padding-
   top:6px;">来源：本站   时间：2012-07-23</h4>
```

图 2-8　H 标签

⑥ 在代码中不要有隐藏代码和覆盖代码，尽量减少弹出窗口的代码和隐藏的滚动条。

⑦ 把网站上 CSS 文件封装到外部调用文件里，不要让它分散在 HTML 标记中，如果 CSS 出现在 HTML 标记里，搜索引擎爬虫就要分散注意力去关注这些对优化没有任何意义的东西。

注：CSS(Cascading Style Sheets)是层叠样式表，也可以叫作风格样式表，它是对网页的风格(比如说网页中文字的颜色字体、网页背景等)进行设计。

⑧ 保持代码和内容在 3 层以内，因为搜索引擎对于 3 层以上的网页抓取时存在困难。

⑨ 采用 div+css 布局网站页面。div+css 布局能使搜索引擎爬虫更顺利、更快、更友好地爬完页面；div+css 布局的另一个优点是可以缩减网页大小，使得代码更简洁、流畅，更容易放置更多内容。

(5) 网站框架分析与布局

网站框架的优化可以分为两个部分，一是针对搜索引擎目录结构的优化，二是既针对搜索引擎又针对用户的布局优化。现在我们针对这两部分进行详细分析。

① 目录结构的优化。

在目录结构优化中又分为三个部分，即目录深度、目录命名和页面属性。目录深度、目录结构可以简单地理解为输入框中的地址，它的表现形式是 URL(Uniform Resource Locator)。URL 就像家里门牌地址一样，有了地址朋友才能找到你，如果说 URL 更换的话，搜索引擎就找不到相应的页面，那么之前做的排名就等于白做，所以这个工作在网站上线以前就要做好。

以西安培华学院官网为例，在浏览器中打开 http://www.peihua.cn，其中.cn 之前就是域名，之后是首页或者根目录，URL 的结构是层层递进的，总体来说分为三部分：域名+目录+内容页。当然也可以在中间的部分加上多个层，但最多不能超过四层，目录深度越复杂，被搜索引擎快速抓取的概率就越小。

目录的命名，如果网站优化的关键词和竞争对手的关键词完全相同，目录命名就显得尤为重要，这可能是我们胜利的法宝。很多网站在做目录命名时都会以英文、汉语拼音或拼音首字母等的形式展现，像 www.peihua.cn/template/yuanxi/cmxy/default.aspx，中间的部分就是"传媒学院"这几个汉字拼音的首写字母。

在对目录命名时，最好能使 URL 和关键词联系密切，这样搜索引擎会格外照顾，如图 2-9 所示。

图 2-9 目录命名

目录命名的具体表现形式有很多种,除上面说过的英文、汉语拼音或拼音首字母以外,还会出现中文和无规则表现形式。

中文是最普通的表现形式,从直观上来看它是最符合搜索引擎的。近几年来,搜索引擎对中文命名的 URL 在解释上不断在改进,百度在 2009 年时,对于中文的 URL 还当乱码处理,不过现在已经好很多,很多网站在选用中文进行命名时,在搜索引擎中都有不错的排名。但就目前而言,还是建议使用其他方式,因为不是所有的搜索引擎对中文 URL 的解析都像百度那样,还有中文 URL 解析出来的代码会很长,而且会是以 q=％CE％F7％B0％B2♯q=％E8％A5％BF％E5 这样的结构呈现,一些编辑器支持的问题会造成错误链接地址或错误的 URL 识别、分割,甚至有些网站会产生状态为 404 的引用指向。

其次来看英文形式,如果要做的网站是面向国外用户或者说是比较专业的内容、产品并且优先选择的搜索引擎是 Google,那英文是首选。

无规则形式,简单的理解就是在 URL 中看不出来这个栏目是什么,这样的方式不建议使用,因为不能直观显示我们要表达的内容,对于搜索引擎和用户来说不太会引起注意。

拼音形式,现在绝大多数搜索引擎都支持拼音形式的 URL。也就是说搜索引擎可以识别拼音形式的关键字。因此,我们也可以利用关键字的拼音形式对 URL 各组成部分进行命名,这对于提高中文页面的相关性方面起着非常重要的作用。

总之,在对目录命名时要符合网站的主要内容,URL 尽量简短,能体现出我们的产品或者关键词。

页面属性,页面的后缀名有很多种,如 inde＊.HTML、inde＊.htm、inde＊.php、inde＊.asp、inde＊.jsp、inde＊.asp 等,这样不但反映出网页的属性,同时可以看到网站开发时使用的语言。可以发现大多数是以 HTML 或 htm 结尾,这是为什么呢?因为不是所有属性的页面,搜索引擎都会抓取,它比较偏向于 HTML 或 htm 这样的静态页面。谷歌就曾经明确表示过这一点,这也是为什么很多企业对自己网站做静态化处理的原因。

② 布局优化。

布局优化就是要将建站过程中所有使用到的全部细节从用户和搜索引擎的角度予以确定,主要是针对用户,具体从网站整体的布局、布局模块的分布、字体、字体颜色的搭配等多方面入手。

在针对用户方面,一个好的布局可以让用户很快找到他所需要的东西,大大提高用户体验度。布局要符合用户操作习惯,比如说,我们现在看什么都是从左边开始,所以很多网站的 Logo 都会放在网页的左上角这个重要位置,这种方式已经被用户和搜索引擎认可,如果要强行放到其他位置就显得特别别扭。

而针对搜索引擎,它能让蜘蛛花最短的时间抓取到更多和更有价值的内容,布局的调整要保证网站的核心模块处于页面布局中最重要的位置,能让蜘蛛很快抓取到。

3. 站外 SEO 相关设置

站外 SEO 的相关设置有很多,如友情链接、论坛、微博、微信、问答平台、软文发布等,可以大致分为两类,信息发布和友情链接。

(1) 信息发布

对信息发布字面意思的理解就是在网上的各大开放平台发布关于自己产品的直接或者间接信息,使目标用户能很快注意并做到深入了解,以达到产品的宣传效果,加深市场认知度,说白了就是在做网络营销。就像上边所说的论坛、微博、微信、问题平台等,现在主要以论坛为例做简单介绍。

① 论坛信息发布。

在论坛中发布信息主要是以软文、提问问题、回复、信息等形式展现,在文章中加入网站的链接,以添加网站的外链数(外链是指从别人的网站链接到自己网站上)。现在很多企业利用论坛这样一个开放平台传播自己的品牌和产品。

论坛中的内容可分为原创、伪原创、转载三种,而在论坛中能起到很好效果的内容则是原创软文,可以说论坛是宣传渠道,软文等内容就是本质。软文是相对于硬性广告而言的,它没有像硬性广告那样直接对产品进行宣传,而是将广告信息巧妙地融入文章中去,将广告信息无形地灌输到用户脑海。一个高质量的软文能快速引起搜索引擎的注意,有个不错的排名,从而带来大量的客户资源,可以说是投资最低、效果最明显的推广方法。

② 微博信息发布。

从 SEO 的角度来说,微博中的链接提高的是页面外链广泛度,其实很多大型网站对微博这一部分来的链接都做了 nofollow 处理,因为很多微博上的链接都是 301 或 302 定向跳转(在打开一个网站时会出现像 404、502 等这样的代码数字,每组数字都代表着一个页面状态,301 和 302 就是一种),而且也只是临时的,百度的工作人员在 2010 年一次搜索引擎大会上也承认暂时不索引社会化媒体中的结果,也就是说,微博中的链接在 SEO 中没有起到多大的价值。

注: nofollow 是一个 HTML 标签的属性值,它会告诉搜索引擎"不要追踪此网页上

的链接"或"不要追踪此特定链接",这个链接不是经过作者信任的,所以这个链接不是一个信任票。

微博作为一个营销平台目前还不太完善,还有待进一步的发展,微博上的用户对于微博上信息的信任度还是蛮高的,所以说微博具有较大的潜在营销价值。

(2)友情链接

友情链接,通俗一点理解就像是朋友和朋友之间互相存储联系方式一样,姓名就相当于网站名,如西安培华学院(中文)网站或者网站的核心关键词、Logo 图片。和另外一个网站互相交换链接时一定要加上超级链接,也就是说点开网站名或关键词时能够进入对方网站。一般友情链接都会放在整个网站的底部,如图 2-10 所示。友情链接是每一个 SEO 人必做的事情。

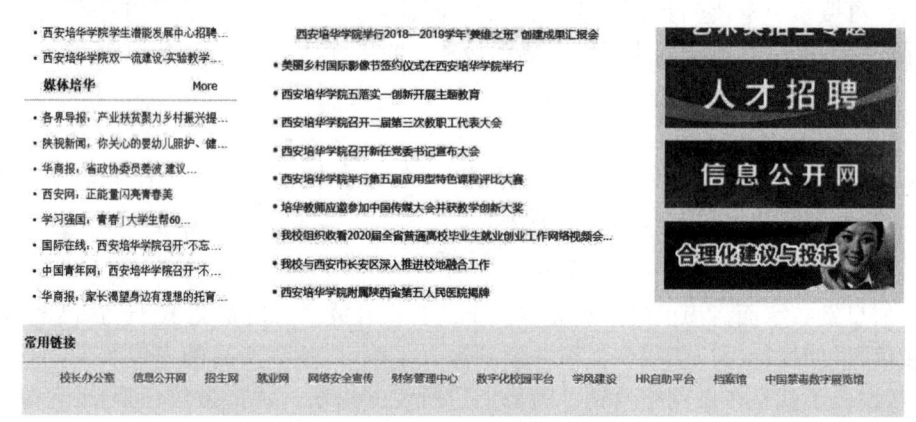

图 2-10 友情链接

那为什么要做友情链接呢?

首先,友情链接不但可以直接增加网站的外部链接,如果链接名是网站的关键词还可有效提升关键词的排名。

其次,有助于提高网站的 PR,可以说我们链接到的网站 PR 值越高,对我们的网站越好。举个简单的例子,班级里竞选班长,某人自告奋勇,说自己能力很强,可以胜任班长一职,没人会相信,如果说他的校长向他的班主任推荐他,那成功率会提高几倍。当然,前提是他确实很有能力。PR 值就像每个人手中的投票权一样,我们有权投给任何人,当然 PR 值越高,手里的票越有说服力。例如,可以通过 SEO 查询工具查到 www.peihua.cn 网站的 PR 值(见图 2-11)。

再次,有些网站会经常更新,所以它的快照也是最新的,和这样的网站做友情链接,蜘蛛在每天爬取网站的时候,也会通过链接来到我们的站点,这样可以增加更新站点的快照频率。

最后,友情链接的作用是提高网站的权重,友情链接越多说明有很多站长对你的网站都表示认同,那么搜索引擎给予的权重也就越高。一般站长在做链接时都会链接到首页,所以几乎所有的网站首页的权重是最好的。

注: 这里所说的权重是指百度权重,是指百度对一个网站的评级,也就是说对我们网

站实力的一个评价,但百度权重不是百度官方所出,是站长工具给各位站长的一个参考值。

图 2-11　PR 值查询

任务三　SEO 效果监控与评估

1. 在电脑上建立一个以月为单位的数据监控和分析汇总文档

在工作盘中建立 SEO 数据监控和分析文件夹,如图 2-12 所示。

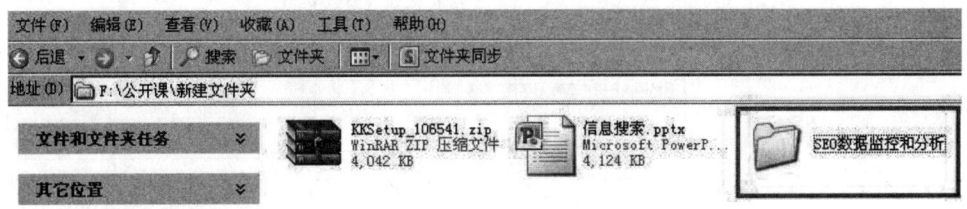

图 2-12　建立数据文件夹

文件夹中按月份分别建立 Excel 表格,表格中包括以下内容:
① 网站上核心关键词、普通关键词和长尾关键词在搜索引擎中的排名,在这里搜索引擎以百度为主。
② 网站在百度和 Google 上的收录情况。
③ 网站友情链接的数量和对象。
④ 网站上的反向链接数和质量。
⑤ 统计网站每天的访问量、IP/PV 及流量深度等。

2. 评估汇总文档

一个星期对数据进行分析一次,查看哪些关键词排名上去,哪些排名下降,幅度是多少,查看百度收录、快照是否正常,外链是否正常,有没有被挂上不健康的内容等,查看这些数据是否正常,有没有达到我们预期的效果,如果说哪个数据变化较大就要深入了解之前做过什么或者百度算法是否变化。如果没有起到效果,又该如何进行下一步工作,以达到网站整体的提升。

任务四　搜索引擎营销实施

以西安培华学院网站为例,对这个网站进行搜索引擎营销部署,在具体实施之前我们首先要做的是在百度中注册百度推广账号,按照图 2-13 顺序操作,填写相关信息。

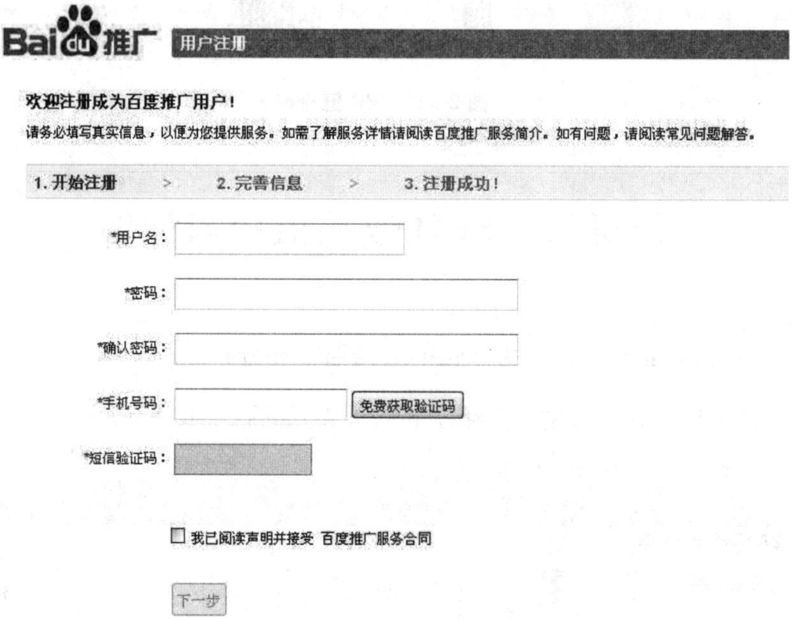

图 2-13　百度推广注册

接下来是给账号充值,使用刚注册的用户名进入登录页面,如图 2-14 所示。

在首次登录时,密码处需要安装控件,点击安装控件会弹出对话框,点击运行后刷新页面,再次登录,如图 2-15 所示。

首次登录界面会很干净,点击充值会进入财务界面,如图 2-16 所示,系统将会根据账户信息,调取出符合账户需要的当地百度代理商,通过电话联系代理商就充值事宜进行沟通,包括资金金额、服务合同签订、发票提供等。

充值成功后首页就会显示充值金额,如图 2-17 所示。

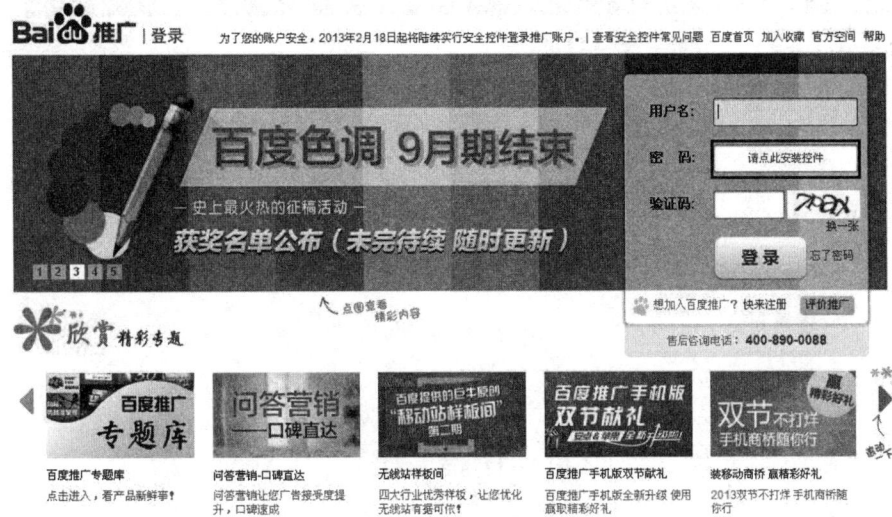

图2-14 百度推广账号登录一

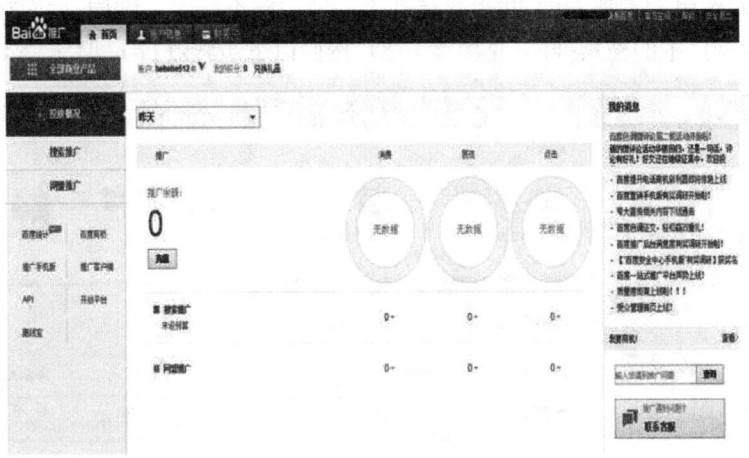

图2-15 百度推广账号登录二

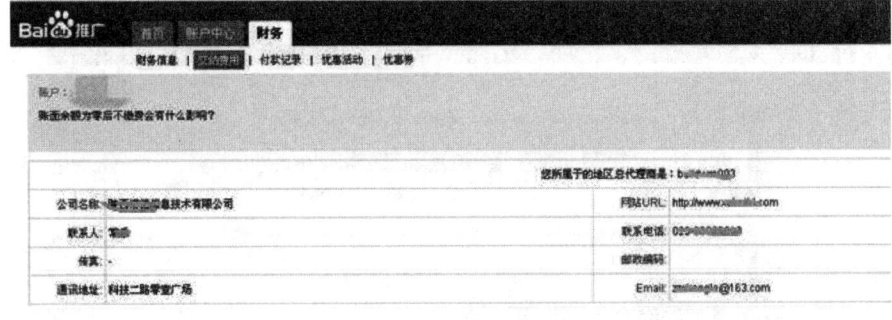

图2-16 财务界面

图 2-17 百度推广

充值成功后要做三项工作：编辑设置搜索词、设置相关关键词定价和设置关键词创意。

首先来看编辑设置搜索词，找出自己在上一节中归类好的关键词，后面在填写时要用到，打开百度推广中的搜索推广（见图 2-18），按照以下步骤进行：

图 2-18 搜索推广界面

第一步，打开这个页面中的推广管理，如图 2-19 所示。

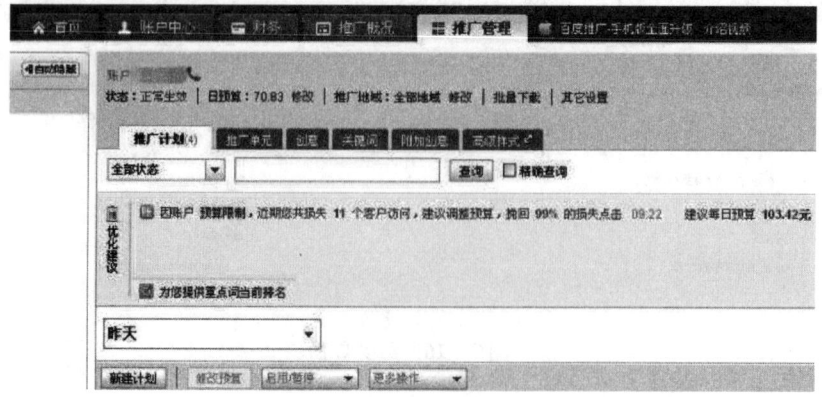

图 2-19 推广管理界面

在这个界面中我们可以看到有推广计划、推广单元、创意、关键词、附加创意、高级样式。

第二步,打开这个界面中的新建计划,如图 2-20 所示。

填写好计划名称,这里的名称可以是我们之前在对关键词归类时所取的名称,如西安培华学院将它的关键词分为西安培华学院专业、西安培华学院学费,还可以简单取名,如计划 1、计划 3 等。这里的创意展现方式和推广地域可以为默认。填好名称后点击"确定并新建单元",填写单元名称、单元出价(见图 2-21),这里的单元出价是指在这个单元中每个关键词的默认价格,后面在对关键词定价时是根据关键词的热度进行定价的。

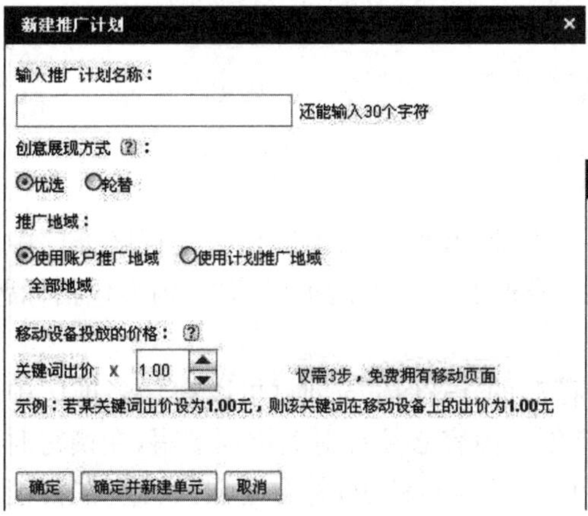

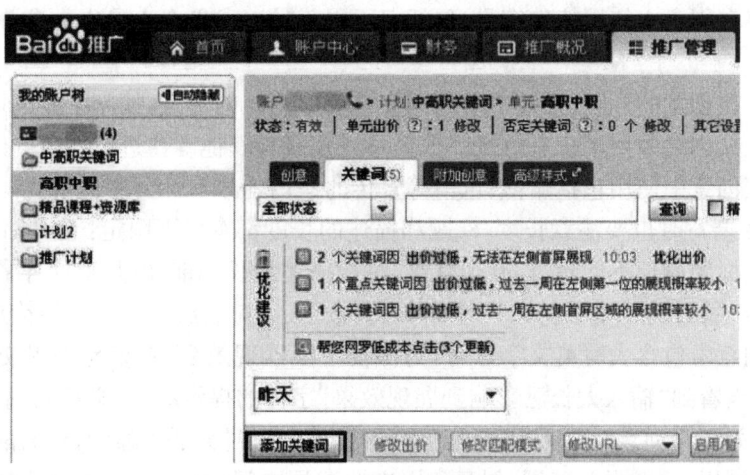

图 2-20 新建推广计划 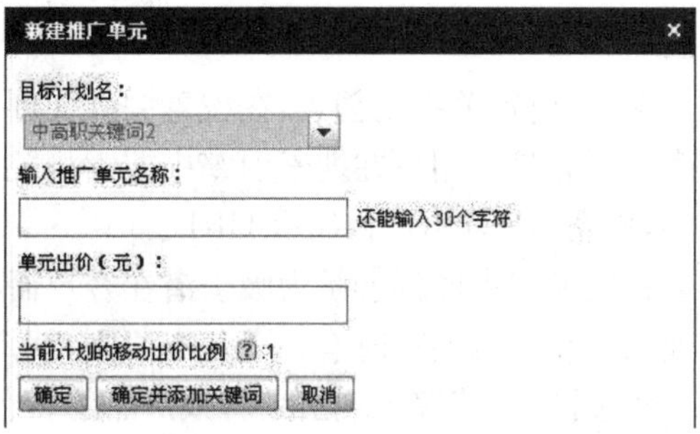   图 2-21 新建推广单元

第三步,点开我们所创建的推广单元,在这里设置我们要推广的关键词,点击界面中的"添加关键词",如图 2-22 所示。

图 2-22 添加关键词

从这个界面中我们可以看到很多信息,右下角是系统给我们提供的关键词,在这里我们可以作为参考,在右上部的搜索框内填写之前确定的搜索词,下面就出现和这个词相近的词;其次,设置相关关键词定价,在关键词列表中就有出价一列;鼠标放在出价单元格中会出现一支笔,点击这支笔填写我们预先定好的价格,点击"保存",按照这个顺序填写完其他关键词的出价,如图 2-23 所示。

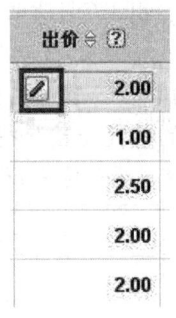
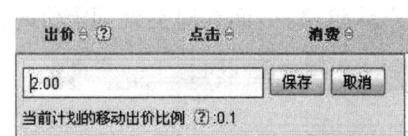

图 2-23 关键词出价

最后,设置关键词创意,在设置关键词创意之前,我们先来了解什么是百度推广中的创意。创意是指用户在搜索引擎中搜索相关信息时触发我们的推广结果,内容包括标题、描述,以及访问 URL 和显示 URL。

百度推广中的创意是为吸引潜在客户而存在的,一个好的创意可以在众多推广中脱颖而出。在创意撰写时有一个基本原则,就是创意内容必须针对关键词撰写,在撰写时最好包含关键词,能够表现出品牌或产品的特色,并且语句精短,符合逻辑。百度在营销帮助学习中特别提出以下撰写要求:

① 客观、真实,不要夸大实际或包含虚假信息。

② 使用有意义的符号、数字、字母、空格符。例如,产品型号中必须包含的符号、数字或字母。

③ 避免在创意中使用特殊符号,包括但不限于【】「」○●△▲◎☆★◇◆□■▽▼⊙¤等。

④ 避免在创意的标题、描述中使用网址或类似网址的形式,如 www.dídída.com 等。

⑤ 避免在创意中使用含有贬低其他客户或直接与其他客户进行比较的用语。

⑥ 勿在创意中使用包括赌博、色情等宣传非法内容或有悖公序良俗的词汇。

另外,在撰写时也要注意长度,标题和描述的长度都有以下限定:

① 创意标题最长不能超过 50 个字符,每行描述最长不能超过 80 个字符(**注**:1 个半角英文、数字、符号为 1 个字符,1 个全角英文、数字、字符或汉字为 2 个字符);

② 当创意中包含大写英文字母时,为保证上线展现效果,系统允许提交的字符数将有所减少。当看到"输入太长已影响到展现效果"字样的提示时,务必控制创意长度。

在设置关键词创意时就不得不提到通配符,在创建时会插入通配符,通配符是在创意中加入关键词用的,增强关键词、创意和用户搜索词之间的相关性,使用通配符插进去的关键词会在搜索结果中显红色,如图 2-24 所示。

了解清楚创意后,进入百度推广后台进行操作,在推广管理界面点开创意按钮,在这个界面中新建创意,如图 2-25 所示。

图2-24 通配符表现

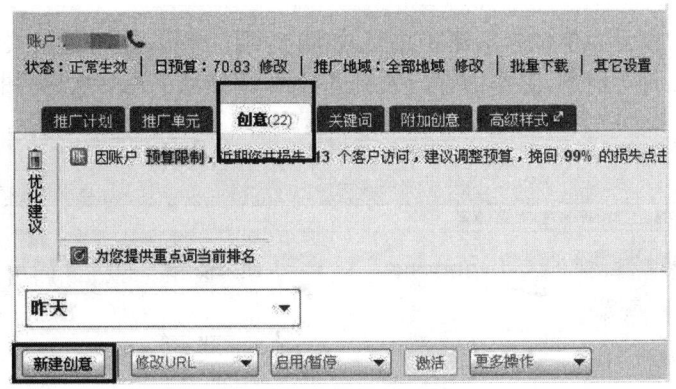

图2-25 关键词创意一

点开"新建创意"会弹出如图2-26所示界面,在这里填写我们要创意的关键词。

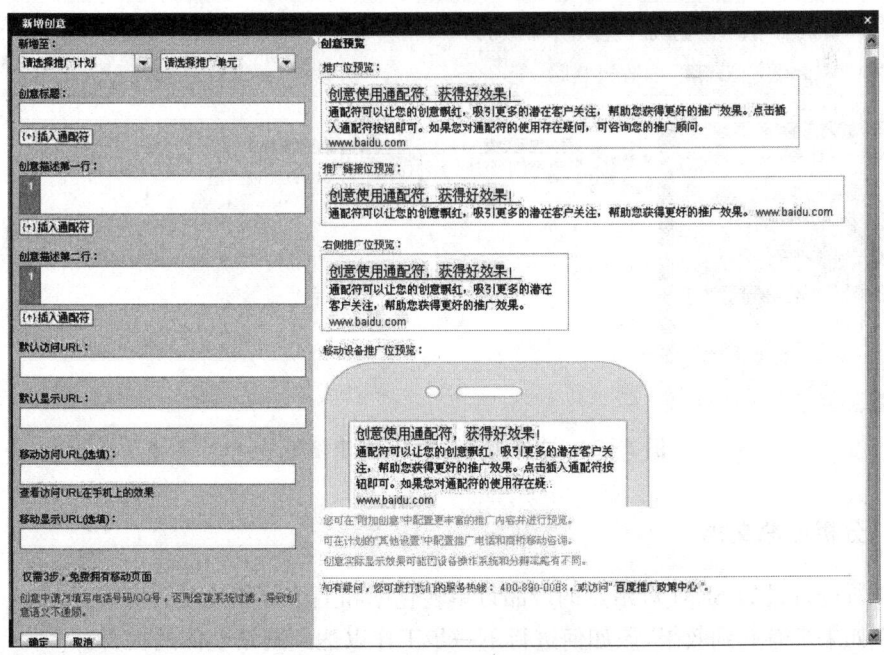

图2-26 关键词创意二

首先选择创意的地方,也就是前面已经创建好的推广计划,比如在创意标题中填写创意标题,如"专注提供{市场营销实训}解决方案",这里可以看到{}括起来的词汇,这就是插入的通配符。鼠标放在要插入的位置即会出现{},往里填写词汇就可以,重点是这个词要和前后连接起来是一个通顺的句子,描述部分也是一样的。

任务五　SEM 效果监控与分析

1. 在电脑上建立一个以月为单位的数据监控和分析汇总文档

在文件夹中以月为单位分别建立文档,如图 2-27 所示,随时观察关键词的展现量、点击量、状态、出价等信息,工作由专门人员进行,每周结束汇总一次(见图 2-28)。

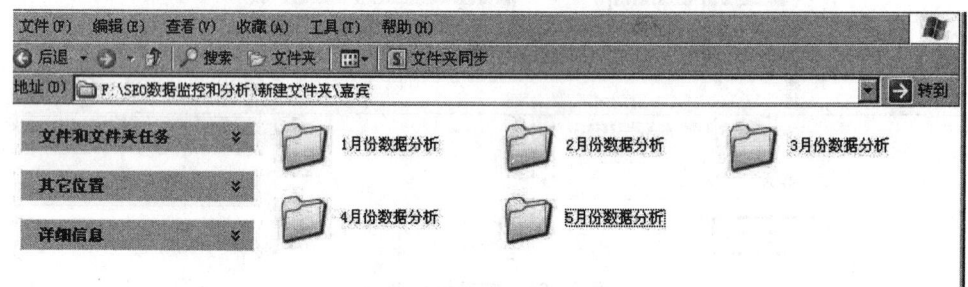

图 2-27　按月份建立

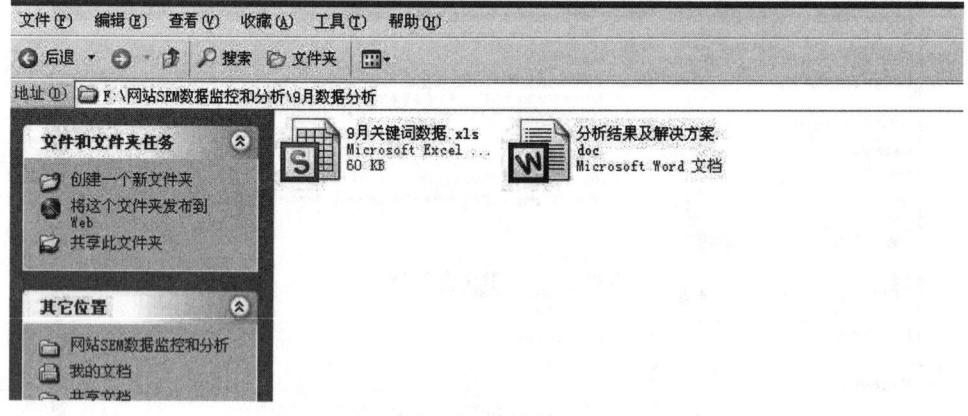

图 2-28　文件夹中建立 Excel 表格和 Word

2. 分析汇总文档

① 所进行过的 SEM 对站点的产品订单转化率和上个月相比是否有提升。
② 如果没有起到效果,该如何进行下一步工作以达到网站整体的提升。

关键术语

搜索引擎优化　百度权重　PR 值　竞价排名　关键词密度 SOM

应知考核

1. 目录索引的工作原理是什么?
2. 搜索引擎优化的分类有哪些?
3. IP、PV 和 UV 数之间有什么区别和联系?
4. 关键词制定的技巧有哪些?

项目实训

(一) 实训流程图

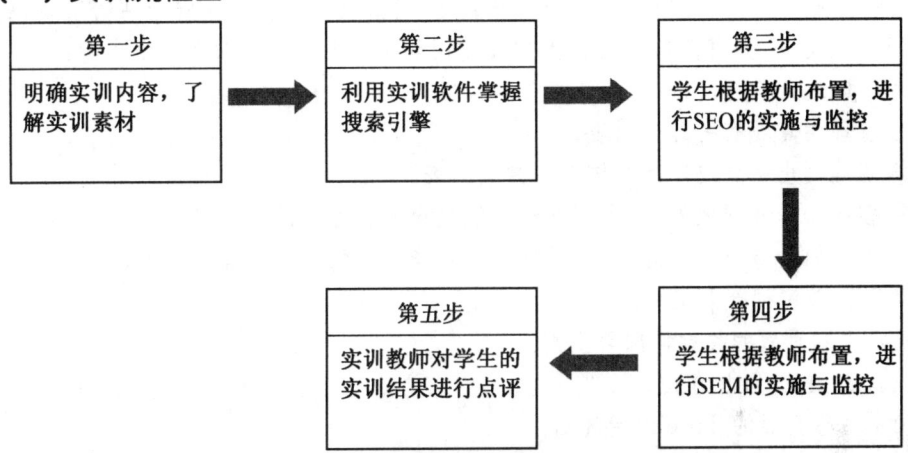

图 2-29　搜索引擎营销实训流程图

(二) 实训概述

以"西安培华学院官方网站"作为 SEO 的主要对象及内容,利用站长之家工具和百度统计工具进行 SEO 和 SEM 相关元素的分析、策划、实施及效果监控等一系列操作。

(三) 实训素材

1. 实训素材

西安培华学院官方网站;
网站网址:http://www.peihua.cn/。

2. 实训工具

① 百度近期收录查询:http://tool.chinaz.com/baidu/。

② 搜索引擎收录查询：http://tool.chinaz.com/Seos/Sites.asp*。
③ 关键词排名查询：http://seo.seowhy.com/keywords/。
④ 关键词密度查询：http://hot.kongruan.com/。
⑤ 页面Meta信息检测：http://tool.chinaz.com/Tools/Density.asp*。
⑥ 死链检测：http://www.gongju.com/links/。
⑦ PR值查询：http://pr.chinaz.com/。
⑧ SEO关键词查询工具：http://www.flashplayer.cn/keywords/。
⑨ SEO站长工具：http://tool.chinaz.com/。

（四）实训内容

任务一　SEO实施策划与实施

根据教师提供的网站首页网址或相关信息，对其进行分析。了解网站的用途、展示目的、受众人群等信息，并为其策划初步的关键词优化方案。进行以下几个步骤：

步骤1：定义关键词。
① 整理站点现有关键词列表；
② 明确列出站点或产品的核心关键词列表；
③ 在核心关键词之外，明确站点还可能包含的普通关键词列表；
④ 确定核心与普通关键词后，明确站点可能包含的长尾关键词列表。

步骤2：关键词部署策划。
确定内容页面的关键词部署规则。

步骤3：页面Title策划。
确定内容页面的Title设定规则。

步骤4：页面Description策划。
确定页面的Description内容。

步骤5：形成必要的META文档，列出能够写明的页面的标题、关键词和描述。

步骤6：按照策划的方案，完成网页META的编写，点击"提交页面"，查看当前页面在搜索引擎中的排名，更改后可"再次提交"查看排名的变化。

任务二　SEO的效果监控和评估

步骤1：以月为单位，在月底形成数据监控与分析的汇总文档，包含如下内容：
① 网站核心关键词、普通关键词与长尾关键词在百度中的排名；
② 网站在百度和Google中的收录量；
③ 网站的反向链接数量与质量；
④ 网站友情链接的数量与对象；
⑤ 从网站统计代码汇总网站访问量、日IP/PV及浏览深度等。

步骤2：思考并分析汇总文档。
① 所进行过的SEO对站点的关键词排名、收录与访问量有何种影响；

② 如果没有,又需要做何种尝试来提升排名。

任务三　SEM 效果监控和分析

步骤1:在电脑上建立以月为单位的数据监控和分析汇总文档。
① 关键词在竞价排名中的展现量、点击量、消费情况、点击率、平均点击价格等;
② 每个时间段内点击数和消费的趋势图。
步骤2:分析汇总文档。
① 所进行过的 SEM 对站点的产品订单转化率和上个月相比是否有提升;
② 如果没有起到效果,该如何进行下一步工作以达到网站整体的提升。

项目三　E-mail 营销

知识目标

1. 了解 E-mail 营销的定义；
2. 掌握 E-mail 营销的分析；
3. 把握 E-mail 营销的实施步骤；
4. 掌握 E-mail 营销的监测与评估方式。

技能目标

1. 掌握 E-mail 的制作、发送等基本流程；
2. 理解 E-mail 营销的定义并对其进行分析整合；
3. 掌握 E-mail 营销的实施步骤、方法；
4. 把握 E-mail 营销的监测方法和评估技巧。

引导案例

H&M E-mail 营销

　　H&M 在欧洲市场发展成熟，近年来在我国也有一定的发展。H&M 是追求时尚的年轻人，尤其是年轻的女性消费者最为熟悉的，以销售量为衡量标准，是欧洲最大的服饰零售商，即使在经济萧条的情况下，业绩仍持续上升。H&M 之所以能横扫欧洲街头，得力于公司兼顾流行、品质及价格的三合一经营哲学。H&M 的经营策略是让 H&M 店中的产品多元（图 3-1 为 H&M 官网首页），提供男女消费者以及儿童流行的基本服饰，同时贩卖化妆品，以扩大影响。H&M 在经营上主张平价策略，销售让消费者负担得起的商品。而这种策略最能吸引 16 到 30 岁希望随时都能追上流行的女性消费者。

　　H&M 在经营上主打流行牌策略，为了做好流行产品，必须时时保持它的时尚，公司力求将存货降到最低，而且让新货源源不绝，这就需要新的创意或点子必须迅速被转化为服饰，让消费者能够快速买下上架的衣服，上街去展示新鲜的时髦服饰。为了达到这种效率，H&M 的所有服饰都由公司的八十名设计师设计，同时公司与供应商间密切合作，严格控制整个过程，H&M 扮演进口商、批发商和零售商的角色，尽可能减少产品经手的人数，让过程更简洁。H&M 把衣服从设计到上架的时间压缩，最短只需三个星期，其速度在业界数一数二。例如，当年 H&M 在纽约的旗舰店开幕时，因为人潮过于拥挤，公司甚至可以配合需求,在每个小时进货。美国《商业周刊》评论,H&M"重新定义了平价流行",印证了 H&M 的价格、流行、品质三者合一能够同时存在的可能性。

图 3-1　H&M 官网首页

H&M 的成功,首先是因为它借助"互联网+"的思维,变革了快速服装行业的经济模式。它的经济效应得益于"快速、少量、多款"的"互联网+"的经营理念。对于以"时效性"著称的服装业界,"流行性"和"季节性"构成了服装商品的显著特征,而服装企业要做到"信息反馈高效、市场反应灵敏"一个重要方面就是要充分利用互联网收集大数据,和互联网营销有机结合。只有如此,才能在日趋激烈的市场竞争中立稳脚跟。

其次是 H&M 借助"互联网+",有效实现了各种网络营销方式的整合。利用网络广告、邮件营销(图 3-2 为 H&M 邮件首页),准确地进行销售预测与分析,从而及时准确地做出营销决策是 H&M 成功的关键。在"快而准"的背后则离不开适时有效的互联网下大数据分析和高效物

图 3-2　H&M 邮件首页

流系统的支持。

知识准备

1. E-mail 营销简介

E-mail 营销简称 EDM，即 E-mail Direct Marketing 的缩写，是在用户事先许可的前提下，通过电子邮件的方式向目标用户传递价值信息的一种网络营销手段，是利用电子邮件与受众客户进行商业交流的一种直销方式。

2. E-mail 营销基本要素

用户许可、电子邮件传递信息、信息对用户有价值是 E-mail 营销的三个基本要素，三个要素缺少一个，都不能称之为有效的 E-mail 营销。

3. E-mail 营销的分类

① 按用户意愿分类：许可 E-mail 营销和未经许可的 E-mail 营销。

② 按 E-mail 地址资源的所有权分类：内部 E-mail 营销和外部 E-mail 营销。

③ 按营销计划分类：临时性的 E-mail 营销和长期 E-mail 营销。

④ 按功能分类：顾客关系 E-mail 营销、顾客服务 E-mail 营销、在线调查 E-mail 营销、产品促销 E-mail 营销等。

⑤ 按应用方式分类：经营型 E-mail 营销和非经营型 E-mail 营销。

4. E-mail 营销的目标

① 增加销售额（特别是有网上商城的）；

② 维护构建良好的客户关系；

③ 增加网站的流量；

④ 加强企业品牌意识和产品意识；

⑤ 方便与售后服务进行相关的针对性沟通。

5. E-mail 营销开展的一般过程

E-mail 营销开展的过程即通过 E-mail 把相关的营销信息传递到目标用户的 E-mail 邮箱的过程。为了确保这一过程的实现，首先要树立用户的分类观念，知道应该向哪些用户发送什么样的营销信息，以及发送消息时的步骤。

① 分析现拥有的 E-mail 营销资源，制订 E-mail 营销计划。

② 选择是否利用外部列表投放 E-mail 广告，然后再选择合适的外部列表服务商。

③ 邮件的内容要根据内部或外部邮件的性质来设计。

④ 根据计划向潜在用户发送 E-mail 信息。

⑤ 每隔一段时间，对 E-mail 营销活动的效果进行分析总结。

6. E-mail 营销的技巧要点

（1）切忌轰炸机式地乱发

在进行 E-mail 群发的时候要先进行测试，得出在哪个时间段 E-mail 被点击率是最高的，然后就按照这样的时间段发送 E-mail，从而使营销效果在一定程度上有基本的保障。

（2）有针对性地发送

从以往的 E-mail 发送经验中整理出用户的一些基本资料，把这些资料分类，根据这些资料适当地调整 E-mail 营销策略，使 E-mail 的发送具有针对性。

（3）20%黄金用户法则

理论上用户的分类越细致对 E-mail 营销越有利，但随之而来的一个问题是，分得越细要求付出的精力也就越多，而且还会存在着大的工作量。所以，从实际的角度出发，可以从中挑出 20%的黄金用户，这部分的用户通常都会对定制的邮件有着相对更高的敏感度，针对这部分的用户来做出下一步营销的策略。

（4）做好充分准备

E-mail 营销的主要载体就是 E-mail，所以 E-mail 的设计要简单明了，主题鲜明，而且要对将发出的 E-mail 进行仔细的检查测试，要确保各方面都在完好的状态下发出。

（5）邮件到达率要确保

反垃圾邮件的趋势在全球广泛散开，为了达到 E-mail 营销的效果，可以与业界领先的 E-mail 服务商合作，这样能更好地确保 E-mail 的到达率。

7. E-mail 营销内容的选择

（1）新店开张通知邮件

在向客户发送新店开张通知邮件时可以告知客户"我们的在线商店已经开业，欢迎来访问！"接着在邮件中介绍店铺中产品的主要分类，并告知客户可以提供专属订阅服务，让客户知道成为他们的订阅用户是有益处的；其次，附上高分辨率的店铺介绍图片可以吸引更多客户。

（2）简单明了的折扣通知

关于店铺折扣通知邮件的创建，可以选择一张漂亮干净的图片，在图片上写明活动信息，然后添加一个链接按钮，方便客户点击跳转到推荐的网页中。

（3）在邮件中突出季节元素

用户可能会根据季节添置不同的新品，每次添加新品都需要向客户发送一封通知邮件。在创建这类邮件时，可以突出强调产品的季节性，再配上和季节相关的图片来推荐和介绍新款产品。

（4）发现式的邮件

在推送邮件时候，可以在邮件中跟订阅用户玩一些小游戏，如"刮刮乐"，将信息以图片的形式发送,图片中的主要信息遮住,设置成点击查看的形式,让用户点击图片中间的"click to scratch",来挖掘我们发送的新消息并参加我们的抽奖活动。好奇心将大幅提高邮件的点击率和转化率。

(5) 宣布特殊活动

每个国家都有一些独特的节日,这些节日不仅是电商卖家非常期待,同时也备受买家瞩目,因为电商卖家会在这些节日提供折扣,从而获得销售额增长。

(6) 突出畅销产品

为了吸引客户的眼球,可以在邮件中特别强调各个类别销量突出的产品。可以将产品按照销量列出一个排行榜,发送给卖家。如果决定给订阅用户或者潜在客户提供优惠价,在邮件最顶端就将消息展示出来,将最主要的信息——优惠码放在最前面,这样打开邮件的客户第一眼就能看到。

8. E-mail 营销效果评价指标

① 获取和保护用户资源阶段的评价指标:通过对有效用户总数、用户增长率、用户退出率等指标的获取,并对每次发送的邮件列表进行统计,获取相关数据。

② 邮件信息传递评价指标:E-mail 营销过程中,信息传递的指标分为"送达率"和"退信率"两种。为了保证信息正确无误地发送到客户手上,需要在每次邮件发送后,对发送的情况进行分析、跟踪,对退信的情况需要技术的处理。

③ 用户对信息接收过程的指标:用户对信息接收过程是以用户在接收 E-mail 后的开信率、阅读率与删除率等指标来衡量的。

④ 用户回应评价指标:用户的表现反应将代表 E-mail 营销的最终结果,用户的回应指标主要包含直接收益、点击率、转化率、转信率等指标。

任务一 E-mail 营销分析

1. 营销群体分析

中国互联网的快速发展,使得通过互联网购物的网民越来越多,从最初的资深互联网人士到现在普通白领、学生,甚至很多中年人都加入了网购行列。但是回归到 E-mail 营销中,不难发现,并非每位网购用户都会频繁使用 E-mail,所以,需要对营销的面向群体进行分析定位。以下以 H&M 为例对营销群体进行分析。

首先,H&M 是网上服装销售平台,网站本身所面向的对象是互联网用户中的网购群体,大体的目标群体可以划分如下。

(1) 普通互联网用户

普通的互联网用户,即对于网络购物并不热衷,或者没有网购经历的人群。这一类人群属于待开发目标群体。这一部分用户属于没有网购经验,或者没有使用过 H&M 购物的人群,需要通过引导来进行购物活动的群体。

(2) 具有网购经历的互联网用户群

该人群具有网购经历,并且热衷于网络购物,同时也在各种网购平台有过购物经历。这一类人群属于营销目标群体。该组群体属于具有网购经验,并且在多个电子商务平台中购物过的用户,熟知网络购物的流程,但不是H&M的会员,此类用户是需要通过相关的营销方式进行引导其进入H&M购物的。

(3) H&M网站内的会员

网站的会员是宝贵的用户资源,这一类人群在H&M购物过,网站具有用户的相关喜好资料,营销目标匹配度极高,属于维护型目标群体。该组群体属于在H&M注册并进行购物的用户。由于当前网络购物平台相当纷杂,就需要通过一定的营销手段来留住已注册的用户,那么这一类用户群体就显得十分重要。同时,因为网站掌握了用户的E-mail信息以及相关的购物偏好,所以可以更加有针对性地进行营销,使得营销工作成果更高。

通过对以上三种用户群体的分析,便可以得出一个结论,即维护型目标群体是此次E-mail营销的主要针对群体。

2. 内容策划

目标群体既已确定,接下来就要针对目标群体进行E-mail营销内容的策划。邮件的内容需要能体现出H&M产品的特色,同时还需要表现出其价值,根据受众的不同时期不同需求,对邮件内容做到有的放矢。

H&M网站是服装销售性质的电子商务网站,同类型的商品网站还有很多,H&M官网销售商品就要突出服装的流行性和折扣。在对邮件内容的规划中,首先需要确定营销的产品类别,H&M的主要商品类别如图3-3所示。

图3-3 H&M的主要商品类别

根据上图可以看出,H&M网站的产品类别分为男士、女士、儿童和折扣等。在通过邮件向目标群体发送营销内容时,自然是不能全部发送,就需要进行一定的分析和筛选。

首先,确定网站的主打方向,H&M网站主打的是男装、女装和童装销售,同时,网站会员在各个产品类别中的购买比例也大幅偏向于此类商品,所以在选择方向的时候,应该将重点放在流行女装和童装这部分。与此同时,不重点推荐家居用品,可以和蘑菇街、聚美优品等同类网上商城形成差异,避免了用户的选择与思考,使得营销精准度进一步提升。

在确定了主要的方向为流行女装之后,就需要进行进一步的筛选工作。根据网站的相关统计数据,对用户青睐的产品进行精准定位。

根据H&M对产品销售情况的数据,将每个产品类别进行统计,并将详细的数据规划为指标,其中将访问量、购买量以及再次来访指标较高的几个类别归纳为表3-1。

表3-1 产品各项指标

产品类别	访问指标	购买指标	再次来访指标
职业女装	272	397	321
流行女装	156	355	346
男装	149	323	180
童装	98	179	121
运动装	92	201	37
家居用品	70	197	40

上表中的各项指标可以理解为千分比,是通过详细数据和网站总数据对比产生的。

由上表可以看出,访问指标最高的是"职业女装"这一类别,同时购买指标也是最高的,这就可以说明具有大量的访客会去访问这一类别的产品。高购买指标表明在浏览产品之后,购买率是非常高的,这就反映出这类访客的购买目标十分明确。通过再次来访指标可以看出购买该类产品后仍会有高达30%左右的用户选择再次访问该类别的产品,那么就需要标记出这类用户,他们是需要重点营销的目标之一。

通过分析再次来访指标,可以看出最高的是"流行女装"这一类别,结合消费者的购物习惯,在购买职业女装的同时会考虑到购买流行女装,所以日常的需求更替会较为平稳且频繁,所以在进行邮件营销活动中,对于此类产品的推广营销也是必不可少的。

最后,"运动装和家居用品"这两个类别的访问指标低于其他类别,但是其购买指标却并不是很低,这就说明了访问该类目的一部分会员具有较高的目的性,同时也表明了这一类会员知道H&M具有此类商品。另外,根据上表可以看出此类商品的再次来访指标数值较低,这可以说明此类商品的购买持续力较低。同样,这些商品并非持续性消耗品,网民不会周期性、持续性地购买,此类产品在E-mail营销中虽然不及其他产品那么重点营销,但是通过E-mail让更多的网民了解知晓H&M的产品也是很有必要的。

根据上述分析,并结合网站的受众目标、营业重点可以确定在E-mail营销中应该将男装、女装和童装列为重点营销对象。

通过分析网民日常购物习惯(见图3-4),可以发现一个特点,即节假日前的购物需求更大。

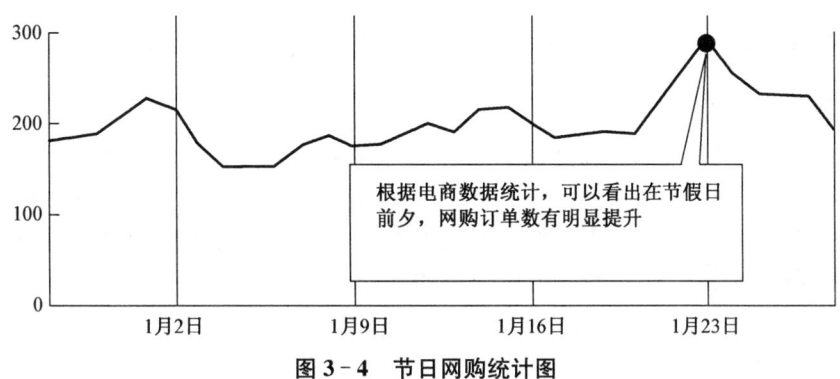

图 3-4 节日网购统计图

所以,在做 E-mail 营销活动的时候,就需要考虑到近期的节假日,并根据相应的节假日推荐对应的产品,这样一来,网站访客的相关需求就更加精准,营销效果也会更好。例如,春节前夕可以推出春节特供的流行潮品,圣诞节进行装饰品、家居促销优惠等。

在确定了需要营销推广的主要产品类别、节日搭配之后,还需要再次确定邮件的其他营销内容。根据 E-mail 营销的目标可以得知,此次营销的主要人群是网站会员,这一类人群具有网购经验及相关购物意向,通过推荐其他产品,也可以向他们发出一个信号,即"网站不仅有实体店销售的所有潮品",可以在一定程度上提升网站产品的潜在销售量。

在确定产品类别的大范围之后,还需要选择具体的营销产品。对于营销产品的选择,不仅需要和节假日相匹配,还需要考虑产品的具体优势。在选择具体产品时,要考虑以下几个因素。

(1) 价格对比

在选择具体的营销产品时,需要考虑该产品是否具有价格优势,也就是说该产品的网购价格和市场价的对比,需要具有较大的优势。

(2) 活动推荐

网购网站会经常举办相关的优惠活动,在活动期间,会有很多商品具有优惠价格、赠送礼品或者其他返利、优惠活动,通过推荐此类活动产品,可以抓住购物者的"实惠优先"心理。

那么,根据上述分析,可以发现需要进行 E-mail 营销的产品非常丰富,但是实际电子邮件的篇幅会有限制,无法展示所有的产品,那么就需要对产品做出一个营销比重分析,对比分析出哪些商品需要重点营销推广,哪些不是重点推荐。

任务二 E-mail 营销实施

在确定了需要营销的产品之后,接下来就需要开始着手制作具体的邮件页面。电子邮件的呈现方式多种多样,但是其实现的方式还是通过 HTML 语言进行编辑,所以在编辑营销邮件时,还需要通过相关的 HTML 编辑器进行设计,最常用的 HTML 编辑器是 Adobe Dreamweaver。

1. 制作邮件内容

(1) 邮件布局规划

根据上述的分析,可以得知此次 E-mail 营销的内容以潮流女装为主,并且包含节日信息,那么在邮件的布局中就需要做到既能体现出节日的优惠力度,同时还要兼顾普通推广产品的展示效果。对于此类需求,通常采用通栏 banner 的方式展现节日主题,再使用小橱窗展现的方式展示普通推广产品,简单的布局效果如图 3-5 所示。

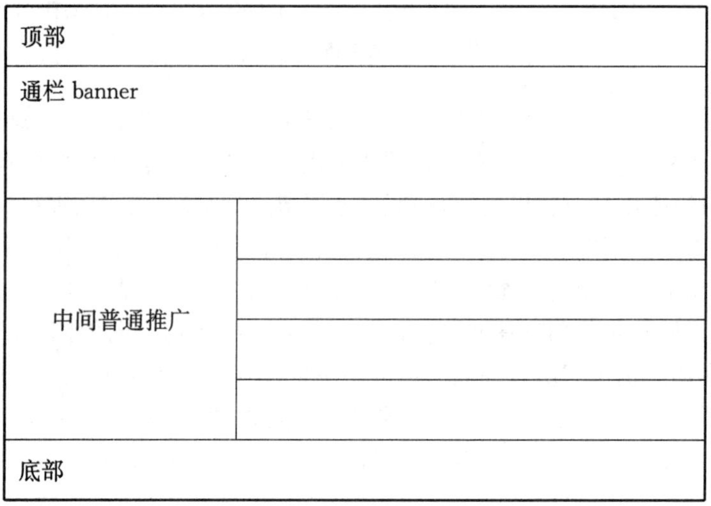

顶部
通栏 banner
中间普通推广
底部

图 3-5 营销邮件布局框架

根据上图的结构规划可以看出,除去顶部和底部,目前页面的结构可以分为上下两大部分,其中上部的通栏 banner 可以很有力度地展现出需要营销的类别,大面积的 banner 可以对阅读邮件的人造成很大的视觉冲击;中间普通推广商品展示区的面积有限,不能通栏展示一个内容,就需要将其进行分割,使其可以在有限的空间内展示更多的内容以及尽可能丰富的产品细节。对中间部分的框架进一步分割如图 3-6 所示。

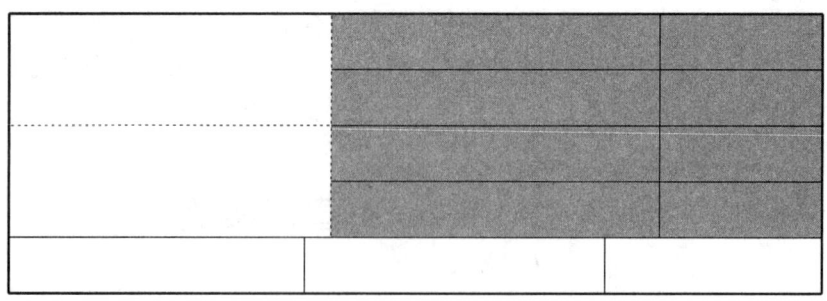

图 3-6 中部框架二次划分

经过对框架的再次划分,可以看出新的框架图在原有的基础上更加细致了,但是一个通栏 banner 无法将其全部包容并良好展现,那么就需要开辟新的位置来展示这些活动。

参考上图,图中两处虚线框处可以用来展示活动推荐的相关内容;灰色框中正好可以将之前暂定的产品全部显示,并且预留的空间可以同时展示产品的名称、缩略图以及价格;最下方三个白色实线框体可以用来展示网站近期热门的活动、折扣等信息。

（2）营销邮件的制作

在确定了邮件的布局之后,就需要根据相关的布局来展开详细规划与制作,可以借助智能化邮件营销服务平台来完成邮件的制作,如图3-7展示了不同主题风格的邮件。

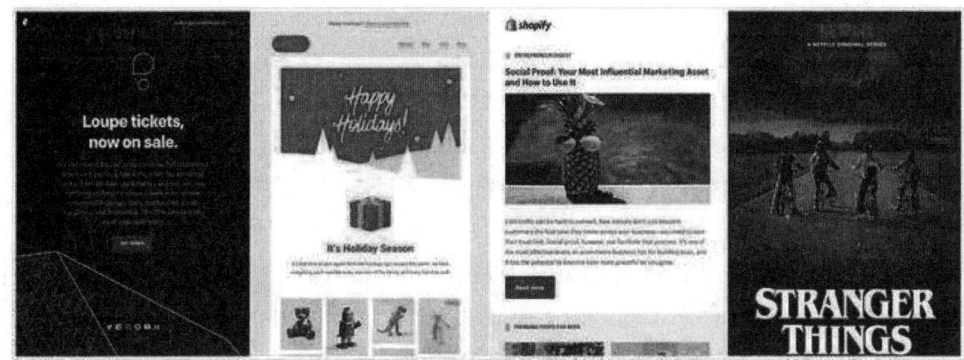

图3-7　不同主题风格营销邮件

在利用邮件编辑软件制作邮件时,首先是填写标题和发件人名称。这对于开展邮件营销的企业来说很重要,选定一个发件人名称,就不要轻易的更换,让用户能够轻松识别。然后是主题,保证邮件主题的精简而有吸引力,通常在前十个字,突出邮件重点。

其次,添加Logo和图片。把企业的logo放在顶部,突出企业品牌,提升用户对品牌的认知度;添加一个醒目的图片,加强对用户的吸引,引导用户阅读,但是图片不要太多,通常1~3张图片的效果最佳。

再次,填写主题部分。标题一定要吸引人,可以根据图片的内容来确定标题的位置。接下来要写清楚几个问题,并回答:你能提供什么,你能帮用户解决什么,用户应该如何做。不需要太多内容,要言简意赅,平均而言,少于10行的文字更能获取关注。

最后,创建CTA(call to action)按钮。给用户一个明确的行动指引,把CTA放在一个合适位置,尽量不要让用户拖动鼠标才能看见。最后在邮件下方需要放置关于你的联系方式、网站、电话、邮箱等,让用户可以及时找到你,或者进一步了解你的公司。

（3）邮件顶部

通常情况下,邮件的顶部需要展示出网站的相关信息,即网站Logo。这样当网民打开邮件时,可以立刻看到网站的名称。

（4）中间部分

根据上文中设计的营销邮件的框架,其中间部分可以再细分为两部分——通栏banner和中间普通推广商品展示区。目前已经确定的,需要进行营销推广的产品共有12个,相关活动推荐为2个,以及底部活动推荐3个。

在确定了中间部分的框架后,就需要开始对营销内容进行填充,通过表格的方式将需要展现在中间部分的商品及活动促销列举出来,这样可以直观地对营销内容进行进一步审查。

(5)邮件底部

在上文的邮件底部规划中,没有提到其中的具体内容,根据中间部分的内容,底部可以做一个内容的延展,即将中间部分未提到的产品或产品类别进行简单介绍,让邮件查阅者有更多的选择。

(6)邮件框架制作

在 Dreamweaver 中,插入表格,行数列数的选择在后期可以自由增删,前期先定出大体的框架,暂定为 5 行 1 列,因为之前将邮件的宽度设定为 650p*,所以在选择表格宽度的时候就需要将其设置为 650 像素,如图 3-8 所示。

表格创建完成后,先从顶部开始处理,根据上文中的规划,顶部需要放置网站 Logo,为了美观及规范起见,对第一行再次进行拆分单元格,将 Logo 图片单独放在一个单元格内,这样可以更好地进行调整。

顶部完成之后,通过拆分单元格(见图 3-9)的方式将中间部分同样进行拆分,完成拆分之后的效果图如图 3-10 所示。

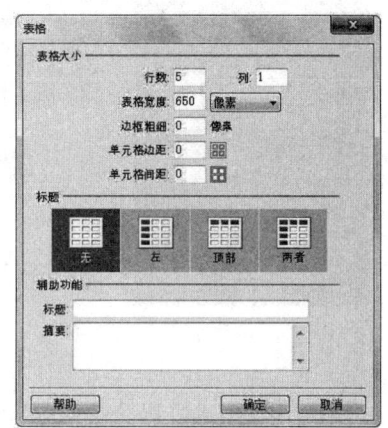

图 3-8 插入表格

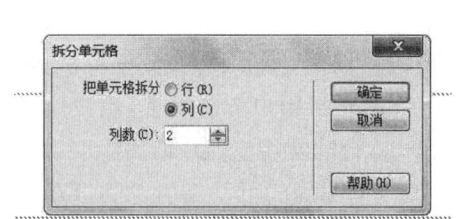

图 3-9 拆分单元格

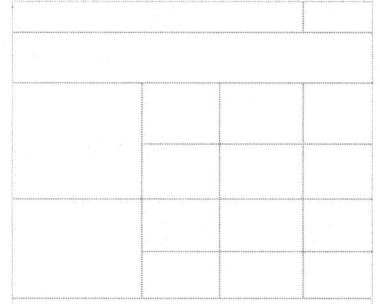

图 3-10 拆分框架

从图中可以看出,中间右侧的 12 个小方格正好可以对应 12 个产品,同时左侧的两个较大的单元格可以对应活动推荐的内容。使用同样的方法,对底部表格进行拆分,与顶部相同,将底部 Logo 置于其中。在表格框架搭建完成后,使用设计部分提供的图片,并结合产品文字对内容进行填充。

(7)营销邮件细节优化

此次邮件营销的针对目标是网站的注册会员,配合网站注册协议,此次邮件营销已经满足了"需要获取用户的订阅确认"这一条件,为了满足"退订"的要求,就需要在邮件中加入"退订邮件"的按钮。

通常情况下,营销邮件的退订按钮均被放置在邮件的最底部,这样做的目的是让邮件阅读者最晚发现"退订",以此来提高邮件的被阅读概率以及降低退订率。

除此之外,还需要考虑到邮件接收者的邮箱过滤设置,所以需要在邮件中给用户提示,推荐用户将发件账号添加为联系人,这样可以避免营销邮件被部分邮件提供商过滤为垃圾邮件,以此来提高邮件送达率。

在进行邮件营销行为中,还需要做出发件声明,让邮件阅读者明白邮件的发送原因,即声明"之所以收到这封邮件,是因为您曾经注册成为 H&M 的用户。保证仅向您发送关于 H&M 的产品、促销优惠以及服务的电子邮件"。

最后,由于产品受市场价格、网站活动等因素的影响,价格会有一定的变动,所以需要在邮件中进行声明,实际的价格需要以网站中的为准,以免造成不必要的纠纷。

综合以上内容,就需要在邮件的底部加入如下段落用以声明:

① 为确保我们的信息不被当作垃圾邮件处理,请把 4inlook@4inlook.com 添加为您的联系人。

② 您之所以收到这封邮件,是因为您曾经注册成为 H&M 的用户。我们保证仅向您发送关于 H&M 的产品、促销优惠以及服务的电子邮件。H&M 尊重并保护您的隐私。

③ 商品价格或促销内容如有调整,以 H&M 上最终页面为准。任何问题欢迎您致电或邮件联系 H&M 客服中心:400-114-8880。如有问题也请访问帮助中心。

④ 您如果不愿收到邮件,请点击这里退订邮件。

仅有一个 Logo 的顶部显然是不够的,还需要对顶部的内容进行完善和填充。

首先考虑到一个问题,即很多电子邮件提供商会屏蔽邮件中的图片,所以在邮件的开篇部分,就需要向邮件阅读者提供一个按钮——"如果邮件没有显示,请点击此处"引导用户在新页面打开邮件的内容。

除此之外,还需要在顶部加入一些网站的链接,方便用户通过邮件直接进入网站。由于该营销邮件的发送目标是网站注册用户,所以出于用户体验考虑,不仅加入网站的链接、帮助内容,同时提供"购物车"的链接,方便用户的操作。更新之后的顶部、底部,分别如图 3-11、图 3-12 所示。

图 3-11 更新后的顶部

至此,一封完整的营销邮件页面就制作完成了。

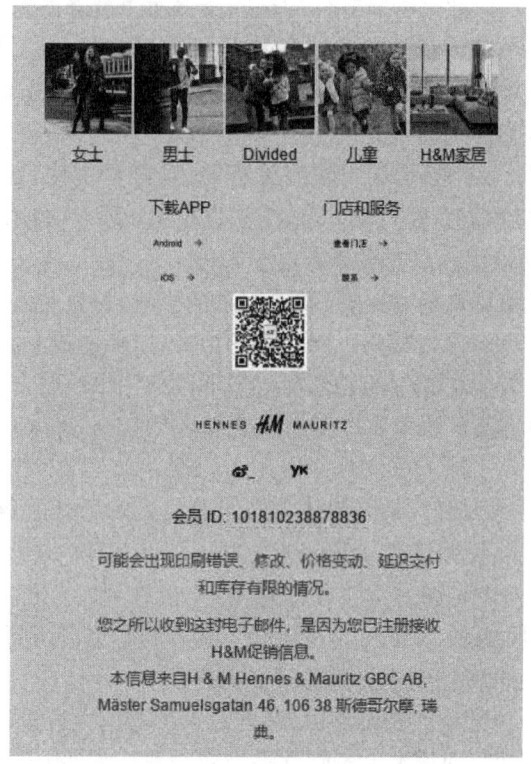

图 3-12 更新后的底部

2. 发送邮件

上文中讲述了完整的邮件制作过程,但是在 Dreamweaver 中制作的,若要发送给用户,还需要将其内容复制到邮件的编辑框中。但是由于在制作页面的时候加入了 HTML 代码,为了保证邮件内容的完整性,需要在邮件编辑框中点击<HTML>按钮,进入高级模式进行编辑,如图 3-13 所示。

图 3-13 邮件高级模式

与此同时,在 Dreamweaver 中,将窗口模式转换为<代码>,将 Dreamweaver 中的代码全选复制并粘贴到邮件编辑框中,即可完成邮件内容的制作。

营销邮件的标题至关重要,要做到一目了然的同时还需要能够吸引阅读者的购物欲望,如图 3-14 所示。

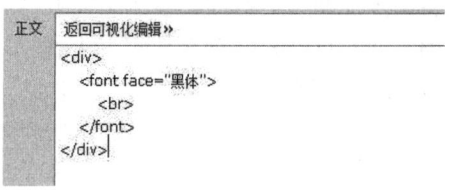

图 3-14 邮件标题

由于网站主打潮流服装类商品的销售,所以网站会员的需求和访问取向也更加偏向服装类别,首先提到"女孩",能够更好地吸引邮件阅读者注意;之后再提及"新品上市",以此来呼应邮件内容,同时也通过较大的折扣来吸引用户。所以,标题设置为"女孩儿们,欢迎来到芝麻街"的引导阅读效果最佳。

由于目标用户的数量极大,使用常规的选择收件人的方式显然不合适,一般情况下,在发送营销邮件时均采用的是批量发送。但是,网站会员的邮箱通常是该会员的登录ID,一般是具有高度活跃度的邮件地址。另外,网站有义务为用户保密隐私,所以即使是营销人员也无法完全看到完整的收件人邮箱。只能通过图3-15所示方式来选择收件人范围。

```
收件人
    选择收件人范围 - 网站会员 | 人工导入邮件列表
```

图3-15 收件人范围选择

通过邮件营销系统内置的"网站会员"按钮,可以在不展示用户邮件信息的情况下发送电子邮件,最大限度地保证了网站会员的隐私。

在完成了邮件内容编辑、标题编辑、收件人选择后,就该发送营销邮件了。但是结合邮件的特性可以发现,发送时间较早的邮件被积压在邮件列表的后方,如果网民的邮箱每天有大量邮件,营销邮件发送时间不当的话就容易使用户无法看到营销邮件,从而影响邮件的展示率。

所以,选择合适的发送时间对于E-mail营销也是至关重要的,首先了解一下网民上网时间,网民的平均上网时段分布在15:00到17:00以及20:00到22:00这两个时段。在网民上网时间最频繁的时间段中发送邮件,其接收及打开的概率会非常高。

此外,结合网站的性质以及受众人群,再分析下午和晚上这两个黄金时间段,可以发现,通常情况下,上班族在下午上网的概率更高,并且网站的用户目标也是该人群占多数,同时夜间上网的人通常不会打开邮箱查看,通常会将邮件堆积到第二天。

所以,邮件的发送时间应该选择在15:00到16:30之间,也就是临近下班时间为佳。

任务三 效果监控与分析

此次E-mail营销的总体有效持续时间为两周(2018年9月5日—2018年9月19日),也就是说邮件中提到的促销活动最长持续时间为两周。在营销周期结束后,需要进行相关的数据统计。

在营销数据统计中,需要进行数据对比,将E-mail营销活动执行前的相关数据与营销活动执行之后的数据进行对比,从中观察营销效果。详细的E-mail营销效果评价指标及具体数据如表3-2所示。

表 3-2 营销效果对比表

获取和保持用户资源	产品页平均访问量(IP)		产品页平均访问量(PV)		产品订单量		关键词搜索量(Baidu)	
	前	后	前	后	前	后	前	后
	日均 451 k	日均 974 k	日均 3 654 k	日均 8 570 k	日均 8 507	日均 12 750	日均 56 076	日均 110 765
邮件信息传递	发送邮件总量 2 796 530				送达总率 87%		失败总率 13%	
用户信息接收	发送邮件总量 2 796 530				邮件阅读率 73%			

由上表可以看出,营销邮件发送前后网站、产品页的访问量明显上升,从之前的日均 IP 451 k 到之后的 974 k,产品页平均访问量 PV 从营销之前的 3 654 k 增长到了 8 570 k,说明产品页面的展示次数提高了至少一倍,并且营销商品的订单量的大幅提升,都说明了此次 E-mail 营销的效果是较为理想的。

通过关键词搜索量的监控可以发现,在 E-mail 营销工作进行之后,关键词搜索量几乎翻了一番,这也间接说明了此次 E-mail 营销使得 H&M 的知名度以及网络影响力得到了较大的提升。

此次 E-mail 营销的面向对象是在 H&M 注册的会员,其中 87% 邮件送达率可以说明覆盖面积相对全面,因为互联网平台化之后,会有一少部分用户通过第三方平台登录,如 QQ、微博等,为了用户购物体验的便利,此类用户在购物时不需要进行验证邮箱也可以进行购物,所以难免有部分用户填写无效的邮箱地址。此外,也会有一些过滤规则极为严格的邮箱服务商对邮件进行拦截。

通过观察上表中的邮件阅读率可以发现,邮件阅读率达到 73%,对于产品推荐类的营销邮件,通常阅读率不足 50%,但是此次 E-mail 营销的邮件阅读率达到 73% 可以说明面向的受众是具有购物需求并且是在 H&M 注册过的,所以通常不会将邮件误认为是骚扰而直接删除,加之此次邮件内容中具有节日优惠内容,用户的潜在需求更容易被激发,所以也间接提升了邮件的阅读率。

根据上述分析,可以发现,提高 E-mail 营销效率的主要方法如下。

1. 明确目标受众

对具有一定需求的用户发起邮件营销,可以有效提高邮件的针对性。

2. 抓住时事热点

利用节日、公众事件等热点话题来激发用户的需求欲以及求知欲,引导用户阅读邮件。

在此次邮件营销活动中,用户回应主要表现在营销商品及活动商品的访问量、订单数提高、关键词搜索量的提升。在提高了销售额的基础上也提高了 H&M 网站的知名度,达到了 E-mail 营销的效果。

关键术语

EDM　送达率　退信率　20%黄金用户法则

应知考核

1. E-mail 营销的基本要素有哪些?
2. E-mail 营销的目标是什么?
3. 简述 E-mail 营销开展的一般过程。

项目实训

(一) 实训流程图

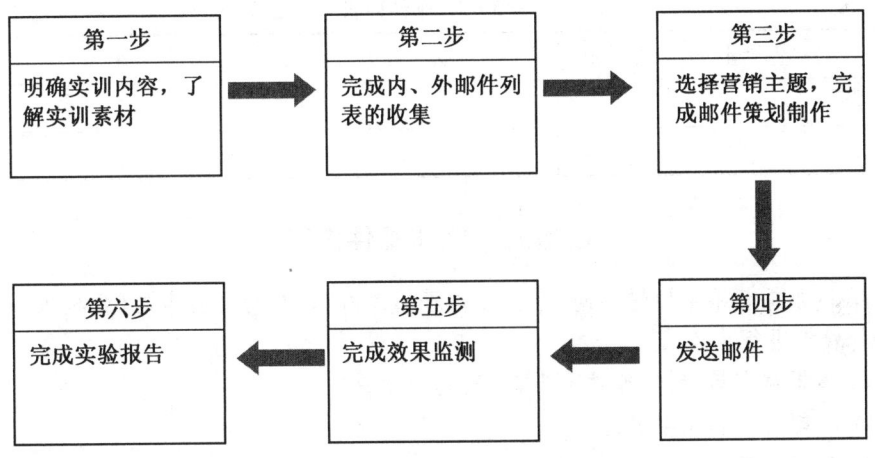

图 3-16　E-mail 营销实训流程图

(二) 实训概述

将淘宝网的产品作为 E-mail 营销的主要内容,以小组团队的形式,通过策划 E-mail 营销方案、搜集 E-mail 营销列表、设计制作 E-mail 内容、使用网络营销教学实验系统、实施邮件发送、效果监控等一系列操作,掌握 E-mail 营销的相关方法和技巧。

(三) 实训素材

网络营销教学实验系统邮件群发服务器软件。

(四) 实训内容

任务一　策划 E-mail 营销方案

步骤1：小组成员根据此次 E-mail 营销实训的要求进行 E-mail 营销分析,熟悉实训所提供的相关素材,确定目标受众群体、营销目标和营销方案。

步骤2：根据 E-mail 营销目标效果以及受众群体的利益关注点,针对邮件内容呈现、表现形式、实施过程等方面进行详细的策划。

步骤3：制定进度计划书,明确工作内容与人员分工。

任务二　搜集整理邮件列表

按照 E-mail 营销分析得出的目标受众群体搜集邮件列表。

步骤1：邮件列表。收集周围同学的 E-mail 地址,作为邮件列表。

步骤2：汇集成表。列出邮件地址、用户身份及选择其作为邮件受众的原因,填入表3-3。

表3-3　邮件列表

序　号	邮件地址	身　份	原　因	备　注

任务三　制作邮件内容

步骤1：依据营销主题的不同,分析并构思邮件内容,勾勒页面布局(或根据实训软件中提供的模板进行修改);

步骤2：根据布局,制作邮件 HTML 静态页面;

步骤3：邮件内容文字描述;

步骤4：设计邮件标题;

步骤5：保存制作完成的 HTML 静态页面。

任务四　发送邮件

步骤1：导入邮件列表;

步骤2：填入邮件标题;

步骤3：导入邮件内容;

步骤4：选择发送模式与编码;

步骤5：发送。

任务五　效果监控与评估

效果监控与评估主要完成以下工作：

步骤1:查看邮件发送状况;
步骤2:统计邮件发送情况;
步骤3:形成邮件发送Excel统计表;
步骤4:对统计结果进行分析。

Excel统计表的统计内容通常包含:
步骤1:实际的发送数量;
步骤2:在收件箱和已删除中统计出的发送E-mail失败的次数;
步骤3:失败数量/发送数量;
步骤4:E-mail内容图片的调用次数;
步骤5:图片调用次数/邮件发送数量;
步骤6:E-mail内容的链接点击的次数;
步骤7:链接点击次数/发送数量;
步骤8:失败数量及原因。

项目四 社会化营销

知识目标

1. 掌握微信营销的流程、要点、策划过程及分析方法；
2. 掌握微博营销的编辑技巧、发布方式、实施流程及分析方法；
3. 掌握论坛营销的流程策划、技巧和分析方法。

技能目标

1. 能利用微信平台公众号完成相关的微信营销推广；
2. 能利用微博平台制作出相应的营销方案，能利用微博进行营销推广；
3. 能利用论坛平台完成一系列的论坛营销推广。

引导案例

冰桶挑战赛社会化营销

2014年有一个在国内国外都掀起风潮的活动——冰桶挑战（见图4-1），全称为"ALS冰桶挑战赛"（ALS Ice Bucket Challenge），要求参与者在网络上发布自己被冰水浇遍全身的视频内容，然后该参与者便可以要求其他人来参与这一活动。活动规定，被邀请者要么在24小时内接受挑战，要么就选择为对抗"肌肉萎缩性侧索硬化症"捐出100美元。该活动旨在是让更多人知道被称为"渐冻人"的罕见疾病，同时也达到募款帮助治疗的目的。

图4-1 冰桶挑战赛图片

冰桶挑战掀起的风潮让我们看到了社会化营销的无限可能性。ALS冰桶挑战可以说是2014年夏天的大赢家，它由国外传入，并经国内最大的社交平台微博不断发酵。率先接受挑战的，是科技界类似于雷军、李彦宏这样的大佬们。随后，娱乐圈的各路明星也纷纷加入这项活动，使之持续升温。随着社会关注度的提高，政府方面对此的态度也很不错，并且建议活动的组织者更加注重活动的实效，避免娱乐化、商业化的倾向。

据可查询资料，截至2014年8月20日下午4时许，国内的获捐方"瓷娃娃"罕见病关爱中心已收到捐款近140万元，其中，有100万元来自万达集团董事长之子王思聪，其余近40万是公众零星捐款。截止到2014年8月21日16：00，70余名IT界名人、娱乐明星、体育明星参与。冰桶挑战共获得11 709位爱心人士支持，筹集善款2 284 323元。一直到2014年8月29日募集善款总额累计超过1亿美元。这项从政要富商、演艺名人到平头百姓都参与的慈善捐助活动开始一个月以来，筹集的善款总额远超2013年同期的280万美元，将用于渐冻症治疗研究。

"冰桶挑战"活动的参与者中虽然不乏许多作秀炒作的人，但是随着这个活动的影响扩大，社会上的普通人也从中了解到了部分罕见病患者的理念和相关的医疗知识，起到了很好的效果。ALS冰桶挑战是一次公益与营销十分有效的结合，不少品牌也纷纷依靠此活动借势营销，较有名的就是三星向苹果发起了"冰桶挑战"。而且事实上，这种大范围的公众人物参与活动可以算是社会化营销历史上的第一次。

本项目的工作任务是知晓微信、微博及论坛营销最基本的理论知识，通过经典案例的分析深入学习并通过实训进一步掌握社会化营销中微信、微博及论坛营销的方法和技巧。

知识准备

1. 社会化营销的含义

社会化营销简称SMM，是通过论坛、微博、博客、SNS社区、图片和视频分享等途径，把握不同人群在不同社群的行为特点，进行作品的创意化设计，以达到传播产品的品牌、提高用户忠诚度、提升产品牌知名度和促进销量的营销方式。

2. 社会化营销的策略

（1）精准定位

企业首先应该要了解企业产品的定位和目标群体，要清楚不同的社交平台里不同的用户群的特征，然后根据自身定位和客户群特征来判断并选择适合自身的社交平台，做到定点抓取，重点发展。

（2）全面的策略

社交媒体的营销仅从建个账号、发发新闻这些措施来执行是远不够完善的。想要有一个完整性的、成功的社交媒体营销，就必须从账号矩阵的建立、内容的规划、互动反馈机制的建立以及危机公关等各方面都做好相应的准备，而这一切都需要企业进行详细的分析和规划，建立起全面的营销策略，并进行一个长期的维护过程。

(3) 数据监测和报告

要想让社会化营销给企业带来更好更长远的发展,在实行过程中,就要进行必须性的实时监控和定期数据分析。一套完善的监控机制就是企业最好的帮手,通过监控机制可以及时找到相关的问题和相关的人物。比如,在哪些社交网络上被客户提到过?客户们对品牌的评价与反应如何?哪些客户经常关注自己,是否存有消费的需求?这些都是企业需要加以留意与回馈的内容与工作。与此同时,定期的报告和总结也是推动企业社会化营销的关键。

3. 社会化营销的核心与要素

在日新月异的互联网快速消费时代,各式的社群媒体应运而生,吸引消费者关注的手段也是五花八门。好的内容就是社会化营销成功的关键,也是创造市场价值的重要元素之一。一份好的内容可以看作是品牌加深消费者对自己认知的最完美的解说词,无论是通过影片、游戏又或者是心理测试等方式,只要是能够具有话题性和讨论性的、便于流通的、能引起消费者共鸣的、满足消费者好奇心的,就为成功的社会化营销打下了坚实的基础。以下是成功的社会化营销内容所具备的要素。

(1) 关联性

从市场的角度来说,营销者要把自己当成是消费者,从消费者的角度去考虑问题。因此社会化营销的内容最好能够达到并满足三分之二消费者所提出的问题:

"什么内容是和我的生活密切相关的呢?"

"什么样的内容能引起我最大的兴趣?"

"你的内容能为我做什么,带来什么样的影响?"

"对我们的生活来说又是什么样的关联?"

这些问题都非常重要。

(2) 共鸣

共鸣是人类拉近距离的最强法宝,当品牌在与外界沟通的时候,自身的理念、产品或是服务等并不是主要的,主要的是品牌想要沟通的事必须要和消费者相关,了解消费者的特性,比如他们会喜欢什么,他们会在意什么。经过这样的思考,产出的内容就会较容易引起消费者的共鸣,也能够驱使消费者去创造自己的内容。

(3) 创意

在市场中,经常可以看到,在同一时间内上百万条的内容都在互相竞争,使出浑身解数去吸引消费者的目光。这时候,怎样能脱颖而出,就是关键。现今的消费者早已被这个新奇的时代宠坏,不够新鲜、不够独一无二的事物,未必能让消费者买单。因此要保证自己不被消费者丢下、抛弃,就应该从独特的角度去诠释我们的产品,去创造新的属于自己的个性。

(4) 娱乐

好玩又新奇的事物往往是最令人向往的,也是让人最没有抵抗力的。因此,如何让我们的内容变得有趣、好玩或是让人惊讶不已,也是营销成功的一个重要的决定因素。成功的内容可以给予人一种实实在在的享受,人们都在寻找那稍纵即逝的快乐、那种没有约束的感觉。

(5) 弹性

好的内容应该要具备因地制宜的特性,不同环境、不同背景的消费者的需求、想法都是不一样的。就像这个世界没有相同的两片树叶一样,每一位消费者都是独一无二的,社群上的内容就应该做到有相应的针对性。

4. 社会化营销中的三大主流

(1) 微博营销

微博诞生以来,其用户群体在不断扩大,微博营销就是企业对微博潜在商机的挖掘。微博营销是通过微博发布与讨论的方式,进行对自身产品的宣传,利用自身的博客更新引起用户的关注,从而达到营销的目的。

微博营销的优点就在于其操作简单,信息发布便捷,互动性强,成本低以及针对性强。一条微博的发布,可以随心所想,简单利落,不需要过于复杂的一些构架,并且能及时与粉丝沟通互动,获取用户的回馈,不需要高成本的投资,就能轻松掌握消费者概况,发掘潜在客户,从而进行精准的营销。但因为微博的便捷性和互动性,导致了微博营销的自身也存在着相应的缺点,如只有在有足够的粉丝的情况下才可以达到传播的效果,而且微博新内容更新的速度很快,容易被海量信息埋没,还有传播力有限等。事物的两面性是必然存在的,只要企业自身能把握好相宜的方针,微博营销中的缺点是可以克服的。

每一个微博用户后面,都是一位消费者。微博平台已经成为企业猎取品牌形象与产品销售的重要通道。点击微博营销,引领行业标准,经过不断的摸索和实践,业界提出了企业微博整合营销理论——PRAC法则。

PRAC法则涵盖微博运营体系中的四个核心板块,分别是 Platform(平台管理)、Relationship(关系管理)、Action(行为管理)、Crisis(风险管理)。

在平台管理层面,PRAC法则倡导"2+N微博矩阵模式",即以品牌微博、客户微博为主平台,补充添加运营领导员工微博、粉丝团微博、产品微博及活动微博;针对企业做微博时一直困惑的用户关系处理问题,PARC则梳理出粉丝关注者、媒体圈、意见领袖为主的"3G关系管理"群体;而对于行为管理,PARC系统介绍了引起注意、品牌推介等七类典型营销行为。

(2) 微信营销

微信是腾讯公司推出的一款通过网络快速发送语音短信、视频、图片和文字,支持多人群聊的手机聊天软件。虽然在传播效果方面稍逊色于微博,但其重新定义了品牌与用户之间的交流方式,紧密性强。这样的特质使微信得到了越来越多的企业关注。微信营销就是伴随着微信的火热而诞生的一种网络营销模式。

微信营销主导权是基于用户自身的,是由用户主动通过扫描企业二维码或输入企业账号添加的,否则是不会收到相关企业的微信信息的。这样的特点就成就了微信粉丝质量要相比其他营销高的好处。而且,只要发送频次不要太高,方式的内容得当,想要获得忠诚的客户也不是难事。

(3) 论坛营销

论坛具有交互性强、内容丰富且及时的特点，论坛营销就是论坛发展下的产物，其是企业利用论坛作为平台，通过文字、图片、视频等方式发布企业的产品和服务的信息，从而让目标客户更加深刻地了解企业的产品和服务，最终达到品牌宣传的目的、加深市场认知度的效果。

企业可以利用论坛的人气进行营销的传播，由于论坛话题开放的特点，几乎所有的企业营销需求都可以通过论坛的传播来达到有效的实现。要发布的帖子可以先通过专业的论坛帖子策划来提供高效的传播，如撰写、发放、监测、汇报一系列的流程，还包括各种置顶帖、普通帖、连环贴等方式。利用论坛作为平台，举办各种踩楼、贴图、视频等活动，调动网友与品牌之间的互动性，充分发挥论坛的凝聚力。

任务一　微信营销

1. 微信营销实施背景

在互联网竞争白热化的今天，每个企业都在寻求最为有效的网络营销方式和方法。作为新兴媒体的微信，无疑是最受宠爱的平台之一。微信，以其强大的免费即时通信功能及公众平台等功能，成为移动端最大的赢家。招商银行信用卡中心作为国内最标准独立运作的信用卡卡中心，以其敏锐的市场嗅觉及洞察力，在把握良好的市场先机，对于微信平台的营销，更是必然的强势选择。

在结合自身市场的发展需求和目标客户的使用习惯后，招商银行信用卡中心以微信作为此次线下移动客户端营销的平台。微信在移动客户端的用户数量已经达到 11 亿多，其强大的用户基础和功能支持，使得众多企业纷纷转移营销目标。经过多次磋商和密切的沟通后，招商银行以招商银行信用卡为公众号登录公众平台，为了平台功能的完美实现和满足用户的体验效果，微信专门为招行信用卡公众号开辟了其他账户无法企及的权限。招行信用卡微信服务的上线，以其独具创新的模式使用漂流瓶来和用户直接互动，内容亲切而且爱心十足，不仅得到了用户的支持和关注，而且体现了企业善尽爱心公益的责任。招行信用卡微信公众号和招行信用卡的每个持卡人的个人信息一对一绑定，用户在平台上不仅可以查询账单、积分、额度，还可以设置还款等。与以往的短信提醒不同的是，用户每一次刷卡后都会收到微信推送的提醒，信息内容更加丰富，图文并茂。微信消息界面首页不再直接出现，而是收拢成一叠，用户要点进去才能看到具体的内容，这样大大减少了对用户造成的打扰。为了进一步推广其公众账号，招行信用卡在自己的官方网站上放置了微信广告，并且在持卡人的账单邮件、消费邮件等地方附带推广其账号，短短两个月，招行信用卡微信服务号关注用户数量超过 100 万。

招行信用卡的总持卡人数量还在不断增加，而这次成功的微信营销大大拉近了它与消费者的距离，更让招行服务"因您而变"的理念更加深入人心。招行信用卡的迅速成功使其成为微信中被人们研究最多的企业微信账号之一，而且还被微信公众平台放在首页作为官方推荐的成功案例之一。

2. 微信营销实施方案

为了进一步与招行信用卡用户形成互动和掌握用户体验信息等市场需求,招行在分析了自身品牌信用卡的消费人群及用户年龄等因素后,决定以微信作为此次点对点互动及了解消费者体验需求的平台。

(1) 目标客户的分析

招商银行信用卡中心,作为国内首家真正意义上完全按照国际标准独立运作的信用卡中心,以其专业的态度和诚挚的服务赢得了消费者的青睐。招行信用卡的使用人数在日益剧增,而无论消费金额的大小还是使用频率都以青年人为主。

从支付环节来讲,传统的支付方式都是以连接电脑客户端来完成,而青年人的支付方式较为丰富,他们除了在电脑客户端的支付外,更倾向于手机支付,因为手机支付减少了错综复杂的中间环节和时间,更减少了可遇而不可求的购买心理。手机客户端,在智能手机发展迅速的今天,青年人对手机的依赖不再是基于通话、短信等功能的运用,而是更多生活化的智能服务。

招行信用卡中心经过细心的分析,发现手机和支付能完美结合在一起的平台,唯有微信做得最好。它有着强大的用户群体及优秀的技术支持,使得它的发展瞬间成为众多企业关注的焦点。

(2) 微信公众平台的注册

① 注册公众平台账号。

微信平台的登录可以通过选择 QQ、E-mail、手机号码的绑定或是平台的注册,在微信平台上注册账号,分为个人账号和公众账号两种。前者更注重的是私人拥有的,注册个人账户需要电话号码的验证来完成,验证成功后就可以进去,进一步填写账号信息,如图4-2所示。

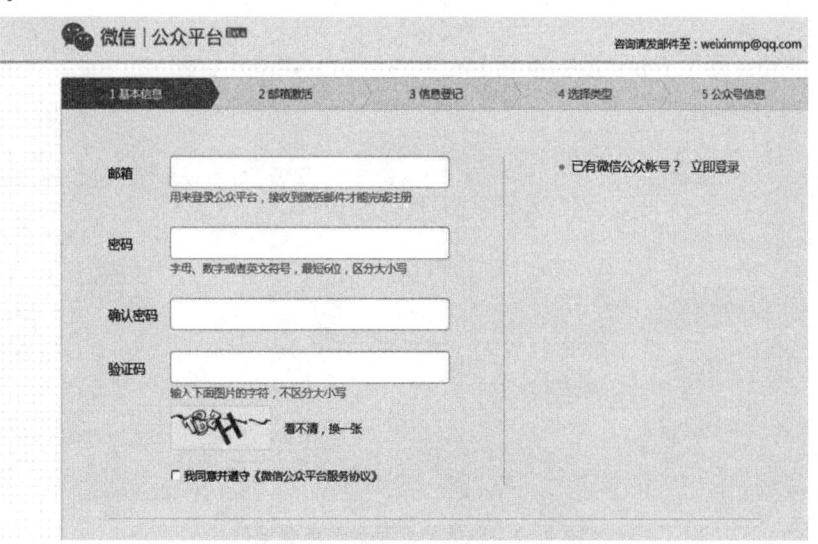

图4-2 微信公众平台注册基本信息

这里要强调的是账号名称的选择,名称可以是自己的姓名,也可以是自己的兴趣爱好,这样填写方便相同兴趣的朋友查找,更可以推广自身或是网店等。

公众账号的申请就较为严格,首先在基本信息中需要邮箱来验证激活,之后信息的完善中,要确定自身运营主体是组织还是个人,组织包括政府、媒体、企业和其他组织,组织的资料都是一样,需要提供企业名称、企业邮箱、营业执照注册号、公司成立日期、经营范围等资料,缺一不可,如图4-3~图4-5所示。在所有信息补充完整之后,会出现订阅号和服务号两种类型供选择,服务号更多的是给企业和组织提供强大的业务服务与用户管理能力,它能帮助企业快速实现全新的公众号服务平台;而订阅号是为媒体和个人提供一种新的信息传递方式,构建与读者之间更好的沟通与管理的模式。两者的不同之处就在于企业自身的性质,无论选择哪一种类型都是不可以更改的。

② 微信基本设置。

注册完账号信息后,进入公众平台界面,对企业的信息进行设置,包括头像的图片、公司名称、登录邮箱、功能介绍等。在这里要说的是名称和头像图片两个部分,企业需要对公众账户的名称把关,名称可以选择公司名也可以选择公司的某一个产品,这样的选择最大的好处就是在消费者搜索过程中可以一目了然地知道公司的属性,而且有助于搜索引擎的友好搜索。

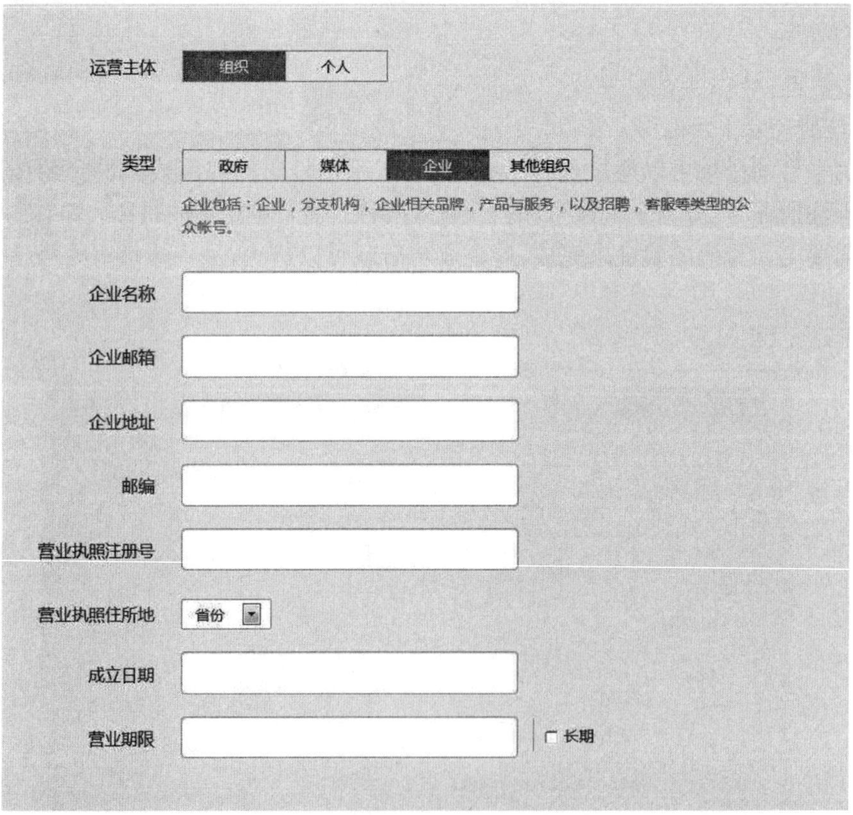

图4-3 微信公众平台信息登记(1)

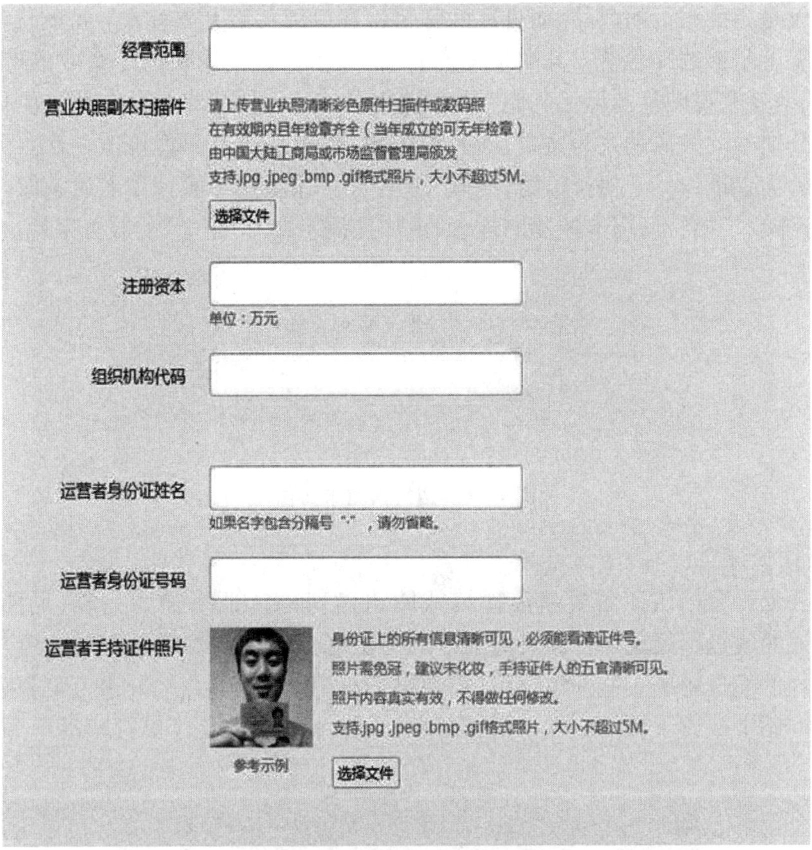

图 4-4　微信公众平台信息登记(2)

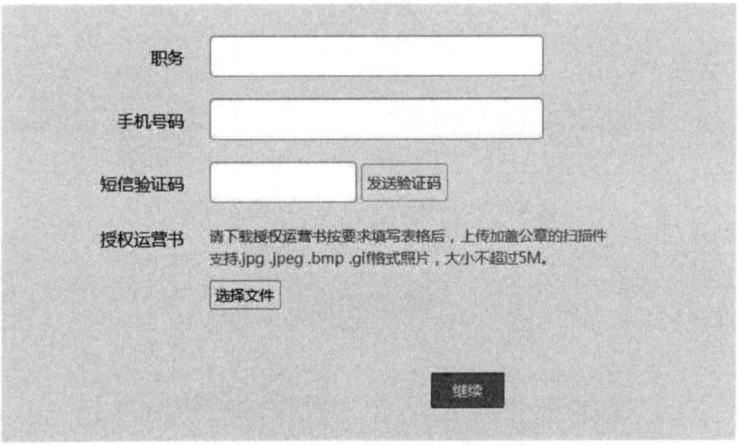

图 4-5　微信公众平台信息登记(3)

招行信用卡作为此次微信营销的重点，选择它作为公众号的名称就成为不争的事实，因为它不仅是招商银行的产品，而且在品牌营销和口碑营销上占有主导型的优势，在消费者中已经有了足够的知名度。其次是头像的图片，图片直接反映的是企业的产品或是名称，对于消费者来说图片的记忆和储存都是感性的，而且在口碑上也有一定的传播作用，因此微信公众号的头像就尤为重要，而且要慎重，因为一个月只能修改一次，图片最好选择产品或是企业的Logo。招行信用卡中心，选用了一个女生手拿信用卡的头像，如图4-6所示，充分体现了招行信用卡便捷的理念，更加强调了"用户至上"的服务宗旨。

图4-6 招行信用卡头像

③ 微信认证。

微信公众平台的认证需要新浪微博或腾讯微博的认证来辅助完成（见图4-7、图4-8），认证的通过不仅在平台的交流上增加了更多更为用户喜欢的双向交流功能，而且增加了内容的发送频率。这种情况下，招商银行信用卡结合传统营销和互联网营销，在自己的官方网站上放置了微信广告，并且在持卡人的账单消费及订单打印等地方附带推广其账号。

图4-7 申请认证的入口在设置页面

图4-8 认证方式的选择

邮箱登录时一旦注册了某一个邮箱,是不能修改的。企业在选择了运营主体后,微信公众平台为企业提供两种账号类型,一种是服务号,旨在为客户提供服务,一般银行和企业做客户服务用得比较多;另一种是订阅号为客户提供服务信息和资讯,一般媒体用得比较多。而招商银行作为金融服务企业,选择服务号就便于以后的实际操作和把控。服务号可以申请自定义菜单,使用QQ登录公众账号,可以升级为邮箱登录;使用邮箱登录的用户可以修改自己的邮箱。这样减少了因为使用邮箱登录的备忘,而且方便随时修改,给企业减少了不必要的工作程序。此外,还可以在编辑图文消息的同时填写作者的署名,来帮忙企业更好地宣传品牌,群发消息可以同步到腾讯微博上,大大增加了企业双重营销的概率和管理。

(3) 微信公众号内容的设置

微信公众平台包括实时交流和消息发送两个板块。实时交流趋于内容的编辑和制作,形式主要有以下几种:

① 纯文字内容。微信内容以纯文字形式呈现,语言简练、高度精密,字数限制在600字以内,对于文字功底要求较高,一般较好的文字内容发布于此,如图4-9所示。

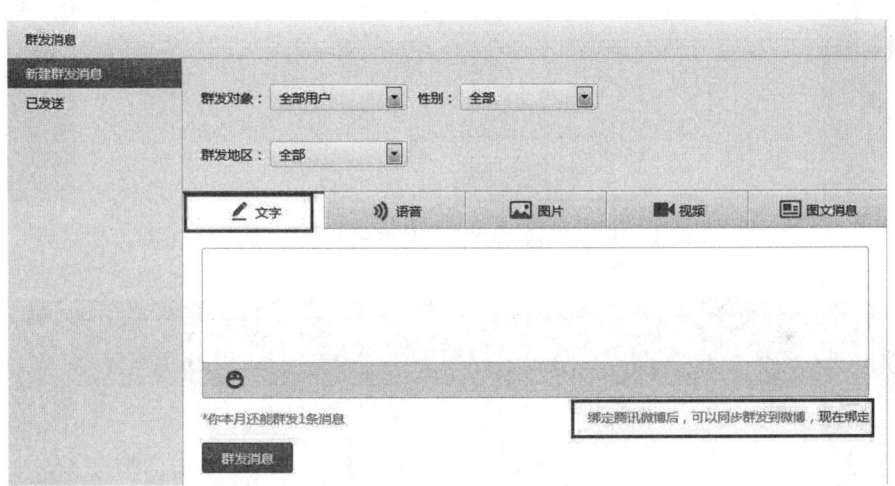

图4-9 微信公众账号的内容编写(文字形式)

② 语音内容。亲切,真实,带给用户的存在感极强,而且容易被用户群体接受,拉近彼此之间的距离,如图4-10所示。

③ 图片内容。图片展示的效果很直观,直接带给用户的是视觉的记忆,因此内容上也就要求具有独特的视角和创新,如图4-11所示。

④ 视频内容。生动,真切,用户群体不仅可以欣赏图片,还可以身临其境地去感受所表达的内容,导向性营销很好,对于宣传企业的品牌、产品和文化等内容有着极大的作用,如图4-12所示。

⑤ 图文内容。图文并茂,这种形式最常使用,也被更多用户群体青睐和接受,高质量的内容很有视觉刺激的效果。

在内容编辑过程中,可以针对不同营销目标对粉丝进行分组管理,可以精准化地达到营销效果。微信公众菜单实时交流的设计,更多的是为满足不同用户群体对于内容的多样化需求,而对于用户来说,较好的内容展示形式极大地提升了阅读浏览和体验。对于招商银行来说,这样的设计极大地丰富了展示的形态,使得实现服务多样化、产品化的可能性增强。

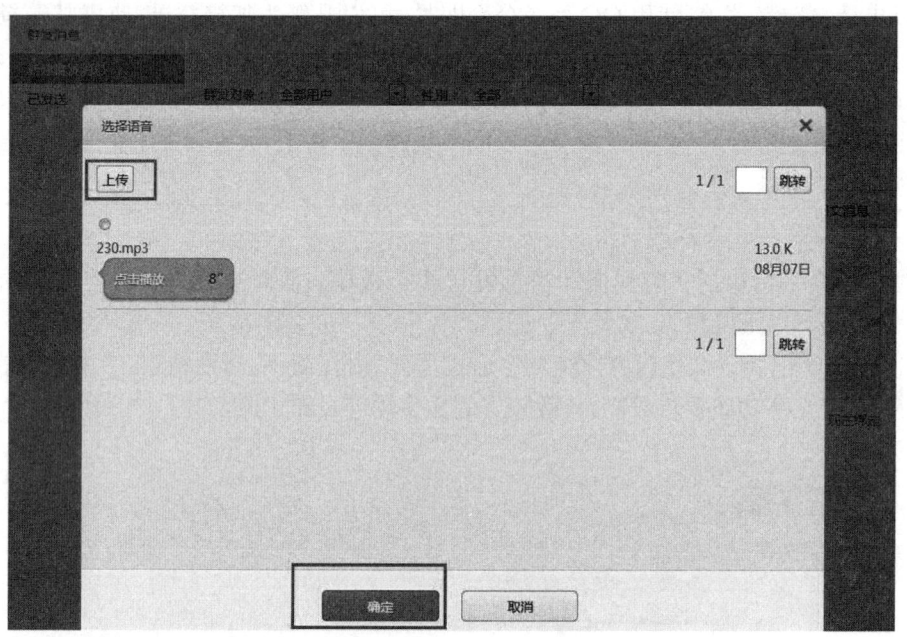

图 4-10 微信公众账号的内容编写(语音形式)

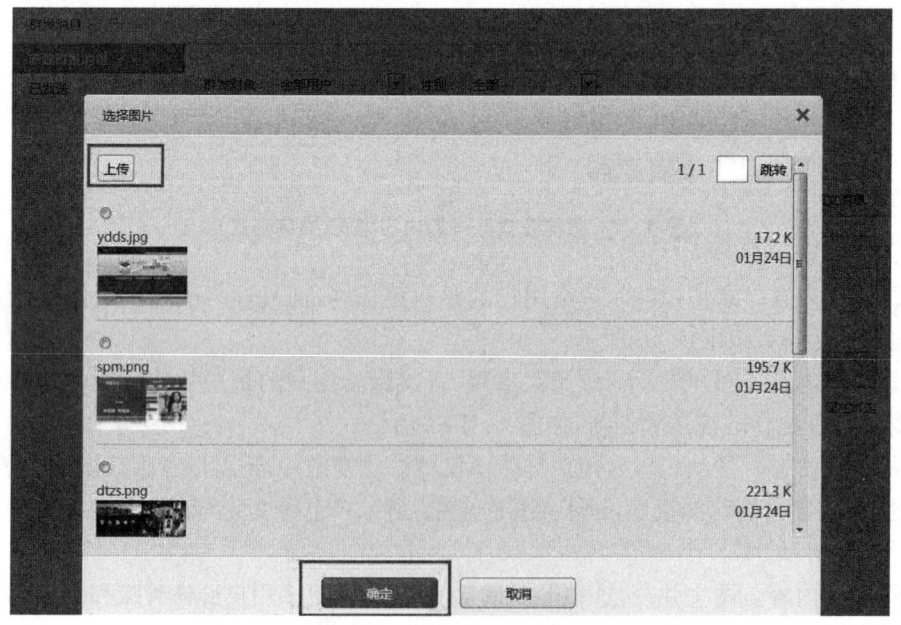

图 4-11 微信公众账号内容的编写(图片形式)

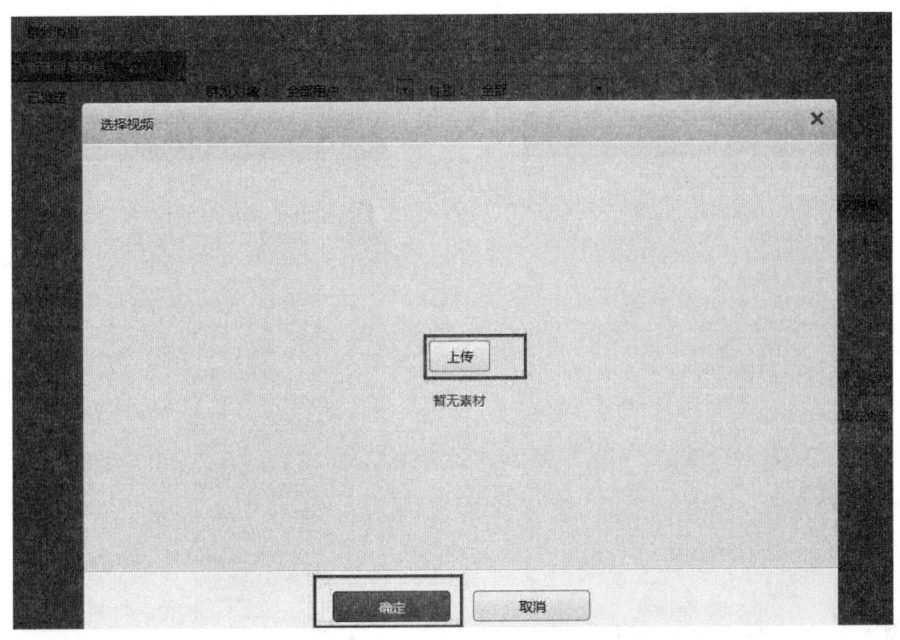

图4-12 微信公众账户内容的编写(视频形式)

微信公众平台服务号在内容发布上也是有限定的,每个月只能推送一次群发消息,因此在内容的推送上就要求用户抓住重点,突出营销内容。这样限定的目的在于杜绝企业利用平台发布过多信息,造成信息泛滥和用户体验度降低最终是为了提升企业服务的质量。

微信公众平台在消息发送上,编辑好发布形式的内容,可依照企业自身营销的目的选择不同的形式。招商银行信用卡中心在内容发布上绝大多数为图文并茂形式,根据微信内容,图片可以不仅能够提升产品的外观特质,还能够有效促进用户的点击和阅读。

(4) 微信公众号功能菜单

招行信用卡在微信公众号首页菜单上设置了账单,账单的二级菜单里又设置了账单查询、快速还款、账单分期、我要现金和网上支付开通,而在强调自我的属性里设置了个人信用卡的额度、积分、开卡和办卡等查询功能(见图4-13),还完成了日常只有在服务网点才可以完成的办卡功能预约(见图4-14),大大减少了用户的时间,提升了服务网点的工作效率。在最后一个菜单里更加注重于信用卡的本地生活化服务,包括我要买车、出行易和周边查询

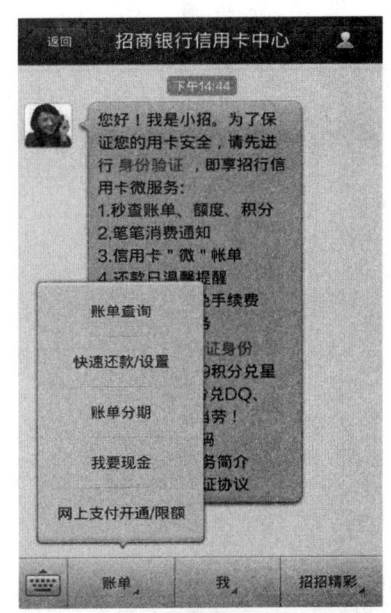

图4-13 招行信用卡账单查询功能

等(见图4-15)。而与以往的短信提醒不同的是,用户每一次刷卡后都会收到微信推送

的提醒,信息内容更加丰富,图文并茂。微信消息界面首页不再直接出现,而是收拢成一叠,用户要点进去才能看到具体的内容,这样大大减少了对用户造成的打扰。

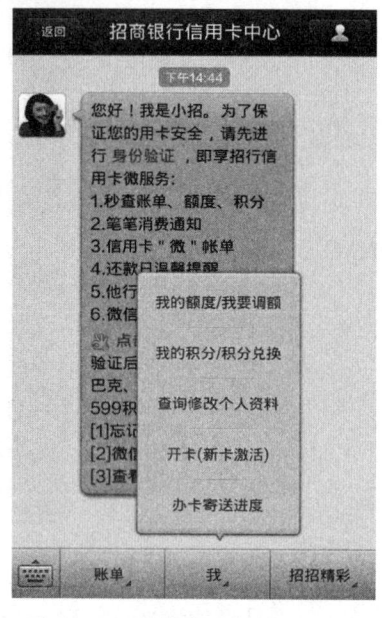 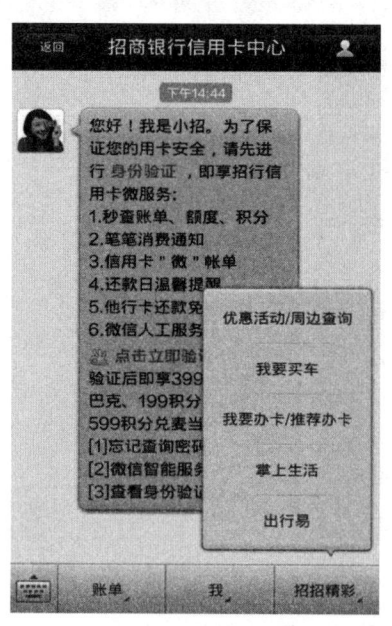

图4-14 招行信用卡个性化属性　　　图4-15 招行信用卡本地生活化服务

3. 微信营销效果分析

微信营销使得招商银行信用卡业务在传统服务体系上得以突破,并得到行业内的一致好评,更让招行成为微信平台官网推荐的成功案例之一。

首先从功能来说,招行进行了业务逻辑分析,将微信开放平台成功与招商信用卡中心业务在程序上打通,实现了电话银行具备的功能。在微信上开设公众账户并且为客户提供服务,用户在招商银行微信公众平台上绑定了自己的微信号和招商银行信用卡信息(通过弹出页面提交身份证、护照等其他证件)后(见图4-16、图4-17),这个简单的机器人已可实现电话银行的部分服务,同时该账户还能返回带有部分关键字的相关交互内容,如图4-18所示。

图4-16 关注招行信用卡之后需要身份验证

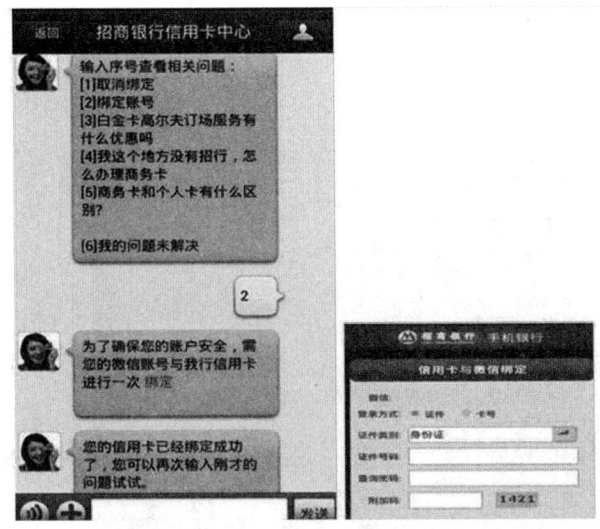
图4-17 招行信用卡身份验证方式

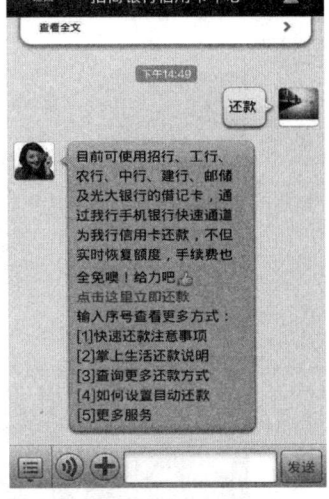
图4-18 招行信用卡关键字设置回复

微信营销使得招行信用卡在移动客户端的粉丝数量超过了100万,而且这个数字还在不停地增长,更进一步地宣传了品牌的知名度。

在获得成功的同时,招行也发现了很多问题。在机器回答客户问题时,完全套用设定好的进行回复,会产生答非所问,使得客户满意度降低;活动页面采用非HTML 5技术搭建,微信端打开后,非常不适合阅读体验。招商银行信用卡中心已在逐渐为微信客户端的服务配备精通业务的人工客服,积极应答客户的疑问。在此基础上,逐渐将每日用户咨询内容进行归类整理,填充完美答案,技术开发问答知识库,实现最佳回答。

任务二 微博营销

现代汽车公司是韩国最大的汽车企业,原属现代集团,世界20家最大汽车公司之一。现代拥有世界最大规模之一的汽车生产基地蔚山工厂,以及全州车厂、牙山工厂、8个研究中心,拥有韩国唯一的具有国际水平的汽车综合试验场等。主要产品有ACCENT、SONATA等轿车,以及各类大中小型客车、载货汽车、牵引车、自卸车和各种专用汽车等,各类型汽车年产能力145万辆。在全世界190多个国家和地区拥有近4 000家销售商,如今,现代汽车公司每年可出口50万辆以上轿车。同时在北美、亚洲、非洲和欧洲等地区建立了汽车生产基地。

2012年现代汽车在"New Thinking, New Possibilities"品牌概念下,发布其全新传播主题——"Live Brilliant 尽享绚烂人生"。经过投放活动期的传播推广,使得"Live Brilliant 尽享绚烂人生"已在目标群体中形成初步的认知。为了进一步地传播"Live Brilliant 尽享绚烂人生"的主题及现代汽车品牌Slogan——"New Thinking, New Possibilities"的大范围传播、扩散,现代汽车在2013年7月经过筹划、调研与分析,开始利用新浪网及新浪微博双重平台传播现代汽车"Live Brilliant 尽享绚烂人生"的主题,如图4-19、图4-20所示。

图4-19　现代汽车在新浪网的专题

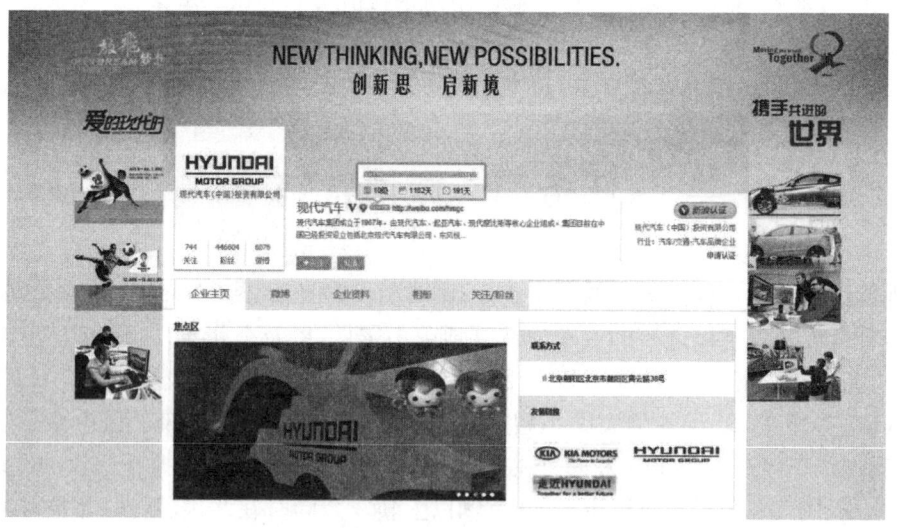

图4-20　现代汽车在新浪微博的首页

现代汽车经过前提投放活动的推广使得品牌的传播已经有了一定的影响力,后期预见性地发现新浪微博可能产生的蓬勃性发展并抓住了先机,结合新浪网的巨大影响力,一举将现代汽车的"Live Brilliant 尽享绚烂人生"主题传播到每一个用户群体中。从内容形式的策划、TVC的确定到后期转发、评论写宣言、@人等更加多样化的微博手段,经过一段时间的推广,现代汽车的新浪微博从无人知晓发展成为粉丝超过 44 万、深受粉丝喜欢的汽车微博,也使得现代汽车"Live Brilliant 尽享绚烂人生"的主题内涵更加深入目标群体,同时对飞思车型的认知度大大提升。

1. 微博营销实施背景

现代汽车采用微博这种新兴的方式来完成"Live Brilliant 尽享绚烂人生"主题的传播主要有两方面的原因。一方面,微博是一个"实时媒体",门槛低,并且其信息传播是传统通信方式的一种颠覆,可以迅速影响到很多用户群体,能够更快地与用户之间产生交流和互动。另一方面,现代汽车前期在新浪网的活动投放已经产生了良好的回应,而且新浪网拥有强大的媒体作用,对于硬广的投放和导流都是十分有效的。营销目的有以下几个方面:

① 提升现代汽车"Live Brilliant 尽享绚烂人生"的主题传播及品牌 Slogan——"New Thinking, New Possibilities"的大范围传播。

② 提高用户群体对于飞思车型的认知,并使得用户群体深入地理解现代汽车品牌的理念。

③ 提升品牌的知名度和价值。

2. 微博营销实施方案

现代汽车作为传统行业里的佼佼者,能够成为世界 20 大汽车企业之一,一定拥有自己独特的经营理念和营销方式。但在网络营销日益多样化的今天,如何更为直观、全面地阐述现代汽车"Live Brilliant 尽享绚烂人生"的内涵,在网友记忆中植入现代汽车品牌理念,加强对飞思车型认知,才是当下现代汽车营销的难题。

互联网营销活动日新月异的今天,许多企业都在寻求对于企业或是产品更为具有突破性的网络营销方式。作为新兴媒体的新浪微博,自从上线以来就一直是各大企业推广品牌和产品的首选阵地,其具有多样化的展现形式,图文并茂地描述产品或是企业品牌的形象,而且传播迅速。相对于传统营销,它无须严格审批,从而节约了大量的时间和成本,对于企业品牌的传播更是行之有效。现代汽车前期投放活动的小成效,使得对于新浪网及新浪微博的触及就更为顺理成章。新浪网作为国内最大的网络媒体之一,其拥有强大的用户群体及影响力。在国内,乃至中国台湾、北美等都有良好的用户基础,使得选择新浪网和新浪微博联合双重营销就成为理所当然的抉择。

(1)微博注册流程

在选择好的平台上注册微博时,与一般流程相同,需要强调的是微博名称和个性域名的选择。对于企业微博,可在填写昵称和微博名称时,以企业名称或需要推广的产品品牌命名;个性域名可选择为品牌名称的全拼。这样的操作一方面从用户角度考虑,可让来访者一目了然地看到品牌名称;另一方面,从搜索引擎角度考虑,对于搜索引擎友好,搜索品牌关键词排名靠前。现代汽车的微博名称就是以企业品牌为主来考虑的,在域名的定义上就与现代汽车官网形成呼应,从而提升二者的统一性,"互惠互利",来提升品牌的价值。

(2) 微博基本设置

微博设置是注册微博重要的一个环节,比如在新浪微博中,需要设置个人资料、个性设置等,如图4-21所示。

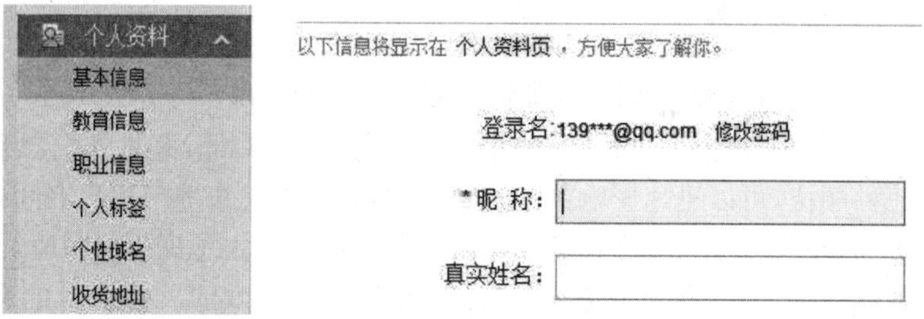

图4-21 微博信息设置

其中需要说明的是个人标签的设置,这里可选择描述自己的职业、个人兴趣爱好方面的词语,如电子商务、团购、旅游等,如图4-22所示。在贴上标签的同时,微博会为我们推荐贴同样标签的用户,以此扩大个人的社交圈。现代汽车作为以汽车服务为主的企业,在标签的使用上更多的是需要展示出企业的属性和文化,这样既方便粉丝的记忆和查找,而且对于彰显企业的特点和形象也是十分有必要的。例如,汽车、公益、爱的现代时、安全、汽车控等内容就是现代汽车在微博上的标签。

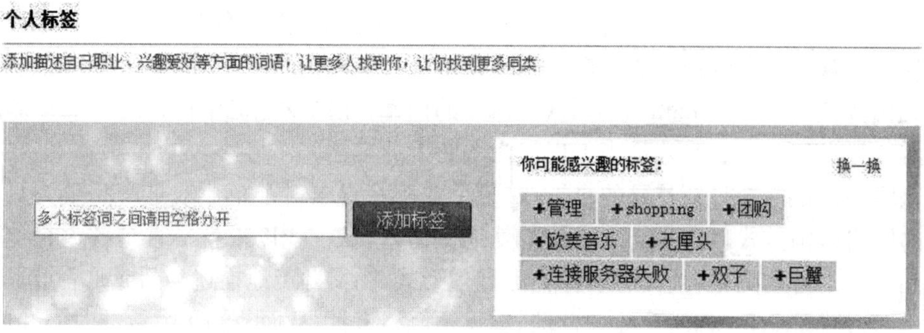

图4-22 微博标签设置

由于微博介绍会在首页显示,是帮助用户了解这个微博的入口,那么这里的文字就显得弥足珍贵。若是做产品推广可视为营销点,将关于产品描述的精简话语放置于此。现代汽车在介绍上就做了细致描述,既说明了微博和企业的关系,也说明了现代汽车的业务范围,如图4-23所示。

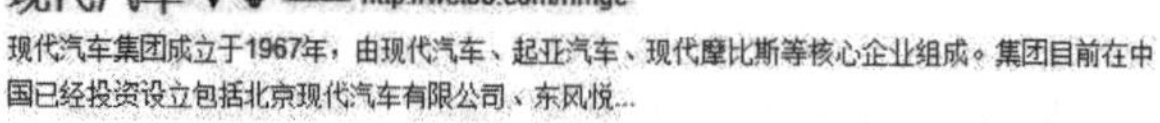

图4-23 现代汽车新浪微博业务介绍

（3）微博认证

从营销的角度出发做微博,不论是个人还是企业,一定需要将微博进行实名认证,不仅能够提升微博的权威性和知名度,还能够带来意想不到的"粉丝收益",便于更好地跟名人产生互动。新浪微博认证提供针对个人、企业、媒体、网站等多种认证方式,可按照要求完成认证过程。

考虑到现代汽车企业的身份,现代汽车决定将其微博申请为企业机构认证(见图4-24),并按照新浪微博对企业认证的要求(见图4-25)完成如下步骤:

① 提交企业认证申请。

② 下载、上传检测文件,验证企业真实性。

很快,现代汽车新浪微博的认证就获得了批复,认证后的微博较之未认证的微博,运营提升速度相对较快。

图4-24　新浪微博企业认证

图4-25　微信认证的要求

(4) 微博内容编辑

微博内容的编辑要求简短精练,语言高度浓缩,字数限制在140字以内。这就要求微博内容编辑者在书写内容时惜字如金,简明扼要。2013年8月新浪微博联合国家互联网信息办公室为了进一步规范微博内容编写,发布了七条底线。

微博的内容可归为两类:原创类和转发类。

① 原创类。

现代汽车在新浪网上采用的是专题制作的形式来展示品牌的魅力,首先在专题上推出"Live Brilliant 尽享绚烂人生"专区,通过TVC宣传"Live Brilliant 尽享绚烂人生"主题,如图4-26所示。在新浪微博中依然遵循主题的思想,内容以令人心动、心痛又甜蜜、美好的爱情与您一同经历等为主,这些内容不仅进一步提升了主题"Live Brilliant 尽享绚烂人生"的影响力和传播力,而且能让每一个用户群体深刻了解主题所带给人们的意义。形式多以图片加文字为主,图文并茂,吸引了用户群体的目光。

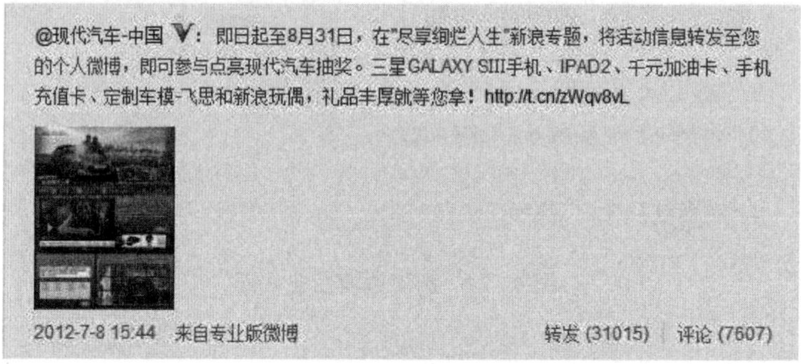

图4-26 现代汽车品牌宣言微博编写内容

② 转发类。

现代汽车的微博转发,将关于飞思车型所有的微博相互转发,相互联系、互动,如图4-27所示。此外,在转发微博过程中现代汽车均确保内容与营销目的保持一致,其中包括与网友对"Live Brilliant 尽享绚烂人生"主题的相互互动、飞思车型知识普及等内容。

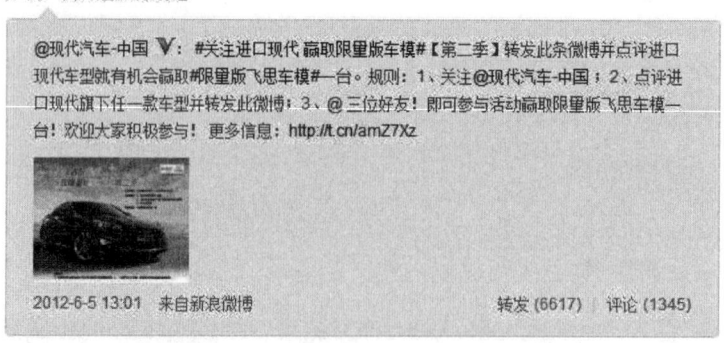

图4-27 现代汽车微博转发内容

通过"评论+转发"的形式产生"新内容",不仅极大地丰富了微博的内容,同时也与微博参与评论的用户形成交互,使得用户真切感受到微博背后来自运营团队的认真与用心。

3. 发布微博

对于编辑好的微博,点击发布即可。微博的发布形式有多种选择,如纯文字的、图文结合的、视频分享以及加入热门话题等形式,可依照客观条件来选择发布形式。现代汽车所发微博绝大多数为图文并茂式,不仅能够吸引用户群体的目光,还能促使用户群体对产品进行详细了解。

4. 微博效果监控与评价

微博营销的效果监控,一方面可以通过微博的转发量、评论量以及粉丝数量的变化来查看;另一方面可以根据微博内容链接所推广网站的访问量及网站的统计数据体现出来。图4-28为现代汽车微博营销带来的效果具体如下:

① 微博活动参与人数共计139.698人,视频播放数为536.310次。

② 专题pv数共计574.401,uv数达360.351,专题pv、uv远远超出预期目标,活动效果显著。

③ 点击"一键转发"按钮,即可将活动信息转发至用户的个人微博。此活动共有34.760次净转发,增强了活动声势。

④ 网友选择不同的默认宣言,并同时出现相应的话题模板。或网友自行填写宣言,@三名好友分享至个人微博。品牌宣言发布共计739.031条微博,品牌得以全面曝光。

⑤ 转发活动信息或发表现代汽车宣言,均可获得点亮现代汽车的抽奖机会。抽奖之后还会分享微博,进一步扩散活动信息。共有139.698人次参与活动。

⑥ 活动上线54天,现代汽车官微粉丝净增长66.125。

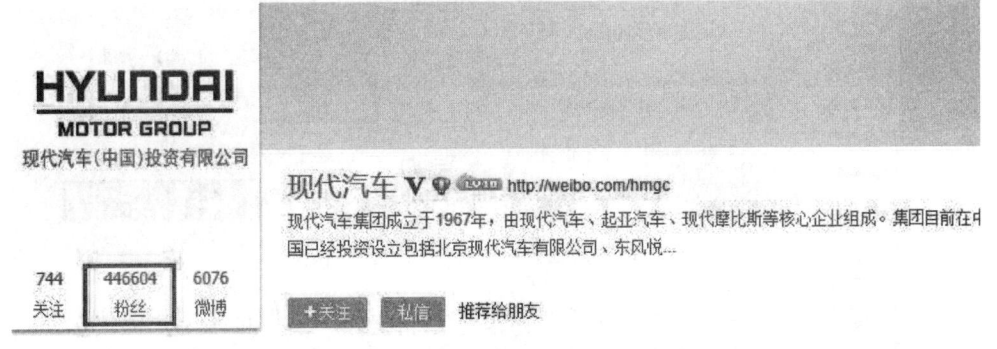

图4-28 现代汽车微博营销带来的效果

现代汽车此次双平台的营销亮点有以下两点:

① 用创新的双平台多终端的形式来传播现代品牌诉求,并激发受众人群的情感诉求,通过网友在微博上进行自发的分享及传播从而扩大影响力。有效传播现代中国汽车品牌核心价值,并引导到微博互动,生动有趣,符合受众人群,异于常规传播。

② 通过TVC宣传"Live Brilliant 尽享绚烂人生"主题,主要传达内容为:令人心动、心痛又甜蜜、美好的爱情与您一同经历,点亮现代汽车,尽享绚烂人生,赢得网友的好感,实现了现代汽车"New Thinking,New Possible"的品牌概念的扩大化传播,且使用娱乐化的网络互动形式进行品牌推广,更易被网络用户接受。

任务三　论坛营销

2008年5月18日,在中央电视台《爱的奉献》大型募捐活动中,生产红罐王老吉的加多宝集团为四川灾区捐款1亿元,一夜之间这个民族饮料品牌迅速成为公众聚焦的中心。5月19日晚,天涯论坛上出现了名为《让王老吉从中国的货架上消失,封杀它!》的帖子,如图4-29所示。

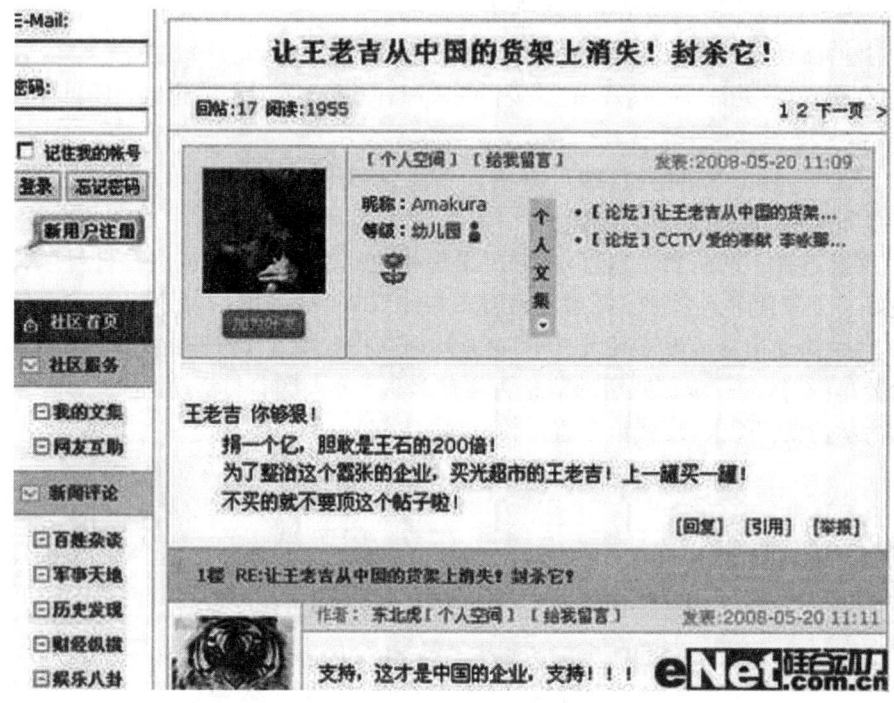

图4-29　天涯论坛"封杀王老吉"的帖子

帖子只有不多的字,却马上引来了许多支持者,到6月2日,这个帖子的浏览量已经超过52万,回帖多达5 000多条。这个热帖迅速被搜狐、网易、奇虎等国内人气最旺的论坛转载,受到网友的热捧。几天之后,类似的帖子已经充斥大大小小各类网络社区,"要捐就捐一个亿,要喝就喝王老吉""为了'整治'这个嚣张的企业,买光超市的王老吉!上一罐买一罐!"等言论迅速在网络里扩散,成为民众热议的话题。因为一个亿,加多宝被推到舞台中心,吸引了无数公众的关注,在此背景之下网络话题被挑起,显得如此名正言顺,以至于不少网民觉得支持王老吉是应该的事,如同受恩应回报一样理所当然。如此的创意,高关注度、好口碑指数都在意料之中,"封杀王老吉"事件当仁不让地入选2008上半年度最典型、最成功的网络营销案例。

论坛营销就是"企业利用论坛这种网络交流的平台,通过文字、图片、视频等方式发布企业的产品和服务的信息,从而让目标客户更加深刻地了解企业的产品和服务,最终达到企业宣传企业的品牌、加深市场认知度的网络营销活动"。

天涯、贴吧、虎扑、知乎等这类网络交流互动平台,拥有超高的人气流量和活跃度,并且支持图文视频多种形式的内容发帖,其主题圈层也较为明显,可以说是策划热点话题事件、舆论兴起的沃土。很多企业正是看中了论坛为营销推广带来的良好环境,试图在论坛上进行品牌产品信息的宣传,让广大的用户注意到,以达到扩大品牌曝光度、知名度,提升大众对品牌认识的目的。

1. 论坛营销的优势

论坛营销在当下的网络营销中占据着不可忽视的一席之地。和热门的"两微一抖"相比,论坛在互联网发展早期就拥有了广大的用户基础,除了目前主要论坛外,很多垂直领域之中也有主流论坛。这些热门平台中,只要能够在其中一个策划出具有轰动效应的话题事件或者活动,就能够迅速走红,成功达到营销的目的。利用论坛进行营销,有着非常明显的一些优势:

① 用户量大,传播速度快,话题分布广,适用范围大。

综合性的知名论坛不仅在整体上拥有着非常大的用户量基础,而且在话题分类上,可谓是百家争鸣,聚集着各个领域中的专业人士和兴趣爱好者。在这样的环境中,帖子发布后可以被更多人看到,传播范围大,并且网络传播和网友自行转发可以让其迅速扩散。同时,论坛适用于不同领域行业的企业,在特定的圈子内,任何企业都可以在论坛上进行推广,或者可以选择专业性高的垂直领域论坛。

② 圈层分布明显,可以有效地进行针对性营销,提升客户的转化率。

论坛上聚集着各种各样的用户,这些对于企业来说都是潜在的客户,而具有特定目标消费群体的企业也可以非常准确地找到自身的潜在客户群。论坛上的用户圈层是非常明显的,通过某个领域、话题、帖子的关注情况,可以看出用户的一些喜好和心理特点,根据这些用户画像去进行针对性的营销,可以有效提升客户转化率。

③ 形式多样,可以直白、多元地传达推广信息,且成本较低。

论坛上可以使用文字、图片、视频多种内容形式,企业可以结合创意、推广内容和用户的需求来进行选择,以达到更加有效的宣传效果。而且,任何人都可以在论坛上发帖,企业也可以随时随地发布与品牌相关的信息,见效快,成本低,对于大多数企业来说都具有巨大的发挥空间。

2. 论坛营销的步骤

① 搜集论坛。企业在展开企业产品或者品牌营销之前,需要对各个论坛进行搜集和选择,需要找到一个和自己产品、行业契合度、关注度、活跃值都很高的论坛来做自己的企业产品或者品牌营销,这是成功的第一步。具体选择什么样的论坛进行相关营销,要根据

自己公司的情况进行选择。

②注册。当企业注册论坛账号的时候,需要注意将所有账号的资料信息填写完整。例如,上传头像的时候,用自己公司的图片、用最具有企业代表性的图片,会起到更好的效果。同时,企业在选择用户名的时候,最好使用自己企业的名称或者品牌的名称,这样的话会显得更加具有真实性,可信度也会更高。

③发布内容。注册好论坛账号后,接下来就需要发布相关帖子了。了解论坛的相关规则后,挑选一个最适合的时间段,在网友活跃值最高的时候,发布帖子,进行信息的推广,这样的话,会在最快的时间里收获到企业想要达到的效果。

④跟踪维护。论坛营销发布内容之后一定要及时去维护和跟踪,这样可以避免帖子被删除的可能,维护好企业发布的信息数据,更有效地完成工作任务。

⑤效果观察。观察和评论帖子发布后,参与讨论的人数、浏览量、回复量等,都是直接反映营销效果的数据。

3. 论坛营销的技巧

论坛营销是网络营销的一种比较经典的模式,论坛超高的人气以及时效性使其成为绝佳的营销平台,很多用户在论坛进行发帖,营销自己的产品和服务。但是,论坛营销并不是简单的发帖顶帖,也要注重一定的技巧。

(1) 利用好论坛签名

在论坛注册之后,基本上每个论坛都可以设置用户的签名,这个签名可以成为很好的广告。将产品信息设置成签名之后,就可以开始论坛推广了,可以自己发布主题,也可以去顶别人的帖,使自己的足迹遍布论坛,才能看到营销效果。

(2) 选择合适的论坛发布

现在虽然论坛资源很多,但并不是随便发布一个论坛就能取得好的效果。发布信息到论坛,最好发布到与行业相关的,这样关注信息的客户就是意向客户;如果行业不相关,有可能会认为是灌水而导致信息被删除,那样就达不到论坛营销的目的了。

(3) 信息最好是软文

论坛里除了特定的广告区,是不允许发布纯广告文的,有的甚至审核不会通过,即便是通过了,发现是广告文也很有可能会被删除。所以在论坛里发布信息,最好以软文的形式发布。写一些经验性或故事性的文章,在文章中巧妙地植入产品信息,或是带上外链接。软文的可阅读性强,且不容易被删除,用户在阅读软文的同时,就容易记住产品信息,从而达到营销的目的。

(4) 帖子的质量很重要

在论坛发帖,不宜过长,过长的帖,用户没有耐心看下去,帖子也就失去了意义。同时,帖子的内容不能是赤裸裸的广告和宣传,可以写一些精美的小软文,介绍一些与行业相关知识和经验,巧妙地在文章中插入链接或是产品名称信息,同时必须要原创,只有高质量的帖子才能引起人们的关注。

(5) 利用热门帖来宣传

一个热门的话题,关注的人肯定多,这时需要做的是,占据前五排其中一个位置,巧妙地在回帖时带上网站的链接,或是在论坛上寻找一些回帖率很高的帖子,再拿到其他论坛进行转帖,并在帖子末尾加上自己的签名进行宣传或加上自己的广告进行宣传。

(6) 借助论坛营销软件

各色论坛不下百万,要想覆盖全部的论坛,手动的方式显然无法做到。一款好的论坛营销工具能够带来不错的效果,能够提升信息覆盖率。比如SKYCC组合营销软件的论坛群发＋群顶功能,对论坛营销有不错的效果,发布信息成功率高,效果也不错。

4. 王老吉论坛营销创意效果

(1) 精心策划

王老吉捐款一个亿的壮举在接下来的几天里迅速成为各个论坛、博客讨论的焦点话题。但是话题是分散的,需要一个更强有力的话题让这场讨论升级,于是"封杀王老吉"的论坛帖成了由赞扬到付诸行动的号令,创意本身契合当时网友的心情,使得可能平日里会被人痛骂的"商业帖"的内容一下子成为人人称誉的好文章。

(2) 持续推动

任何一个营销话题要最终变成现实的营销拉动力,必须使该话题得到持续的关注,并且不断扩散。"封杀王老吉"一个单帖,能够有如此大的影响,企业背后的网络推手对于这个帖子的初期转载和回复引导作用至关重要。论坛营销在整个事件中显得尤为重要,首发天涯等大论坛,然后迅速地转载到各个中小论坛,或者网友支持和关注,使得王老吉不仅促进了销量,品牌也得到了宣传。

关键术语

PRAC法则　SMM　微博营销　微信营销　论坛营销

应知考核

1. 社会化营销的核心与要素是什么?
2. 目前社会化营销中的主流产品有哪些?
3. 论坛营销的特点是什么？适合哪些商品?

项目实训一 微信营销实训

(一) 实训流程图

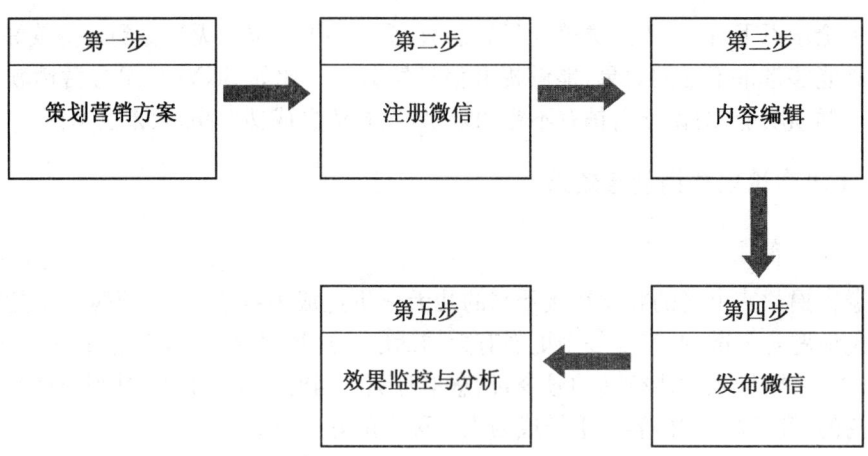

图 4-30 微信营销实训流程图

(二) 实训概述

本实训项目要求围绕特定的主题(如项目一完成的营销型企业网站的推广)实施微信营销实践活动。通过策划微信营销方案,开通注册主流平台账号并进行相关属性设置,然后撰写微信内容并发布。实训中要求通过相关微信营销策略及网络营销工具的使用,对微信营销的实施效果进行监控,以达到预期的营销效果。通过本项目的实训,要求学生掌握微信营销的相关方法和技巧。

(三) 实训素材

微信营销主题。推荐项目一完成的营销型企业网站的推广。

国内主流移动客户端即时通信平台主要有以下几个:

① 微信:http://wei*in.qq.com/。

② 易信:http://www.yi*in.im/。

③ 来往:https://www.laiwang.com/。

④ 陌陌:http://www.immomo.com/。

⑤ 米聊:http://www.miliao.com/。

(四) 实训内容

任务一　策划微信营销方案

步骤1：根据此次微信营销实训的要求进行微信营销分析，熟悉实训所提供的相关素材，明确实施原因、实施目的及目标受众群体。

步骤2：根据微信的营销目的及受众群体进行微信营销策划，确定微信营销的相关主题、内容及其表现形式，同时确定合适的微信营销平台，熟悉主流平台的功能。相关内容形成表4-1。

表4-1　微信营销策划表

营销目的	实施微信营销的目的
实施原因	实施微信营销的原因
目标受众群体	营销针对人群
微信资料	功能说明等资料
博文类型	所发布的博文类型
博文编写原则	博文编写规则、原则
发布平台	发布平台的选择及原因

步骤3：制订进度计划书，明确工作进度与人员分工。

任务二　注册微信

步骤1：选定合适的微信名称；
步骤2：打开移动客户端微信平台；
步骤3：在首页中找到"注册微信"按钮，然后填写注册信息；
步骤4：填写完成注册信息后，提交注册信息，登录注册邮箱激活账号；
步骤5：激活微信账号，返回微信填写个人基本信息，完成后开通微信；
步骤6：点击进入个人信息，可以填写完整头像设置、账号设置、个性签名等信息。

任务三　内容编辑

步骤1：根据微信营销主题确定内容主题，发布简短的营销性质的微信内容；
步骤2：选择热门话题编写微信内容以提高微信访问量；
步骤3：转发相关热点或精彩内容，提高微信访问量；
在微信内容的编辑过程中应注意语句精炼顺畅，避免语法错误、错别字等。

任务四　发布微信

步骤1：将编辑修改完成的微信话题内容进行发布；

步骤2:将自己的转发量较多和评论量较多的微信发至自己所加入的微群;
步骤3:转发评论其他人的微信,增加与他人的互动,进行自身微信的推广。

任务五　效果监控与分析

步骤1:查看个人微信的粉丝量、微信的转发量和评论量。
步骤2:查看个人的微信营销给自己推广的网站或网店带来的访问量数据。
步骤3:分析个人微信营销的总体效果。
步骤4:查看其他人微信营销的效果并进行评价。

项目实训二　微博营销实训

(一) 实训流程图

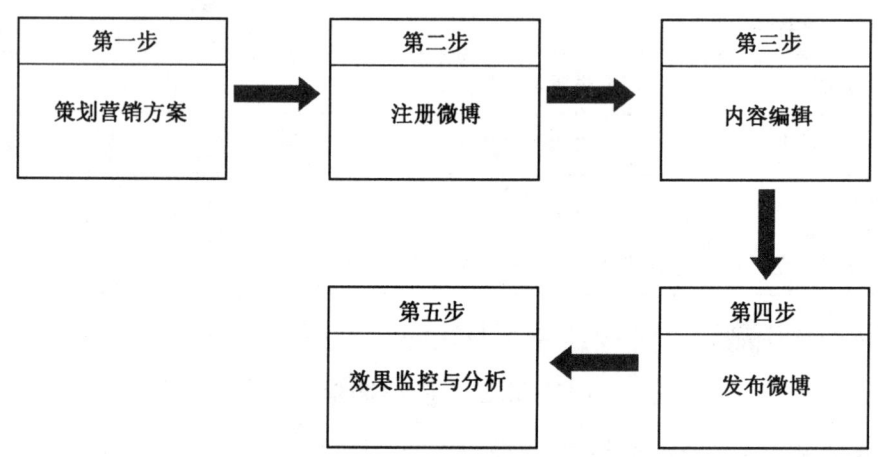

图4-31　微博营销实训流程图

(二) 实训概述

本实训项目要求围绕特定的主题(如项目一完成营销型企业网站的推广)实施微博营销实践活动。通过策划微博营销方案,开通注册主流平台账号并进行相关属性设置,然后撰写微博内容并发布。实训中要求通过相关微博营销策略及网络营销工具的使用,对微博营销的实施效果进行监控,以达到预期的营销效果。通过本项目的实训,要求学生掌握微博营销的相关方法和技巧。

(三) 实训素材

微博营销主题。推荐项目一完成的营销型企业网站的推广。
国内主流微博平台主要有以下几个:
① 新浪微博:http://weibo.com/。

② 腾讯微博:http://t.qq.com/。
③ 搜狐微博:http://t.sohu.com/。
④ 网易微博:http://t.163.com/。

(四) 实训内容

任务一 策划微博营销方案

步骤1:根据此次微博营销实训的要求进行微博营销分析,熟悉实训所提供的相关素材,明确实施原因、实施目的及目标受众群体。

步骤2:根据微博的营销目的及受众群体进行微博营销策划,确定微博营销的相关主题、内容及其表现形式,同时确定合适的微博营销平台,熟悉主流微博平台的功能。相关内容形成表4-2。

表4-2 微博营销策划方案

营销目的	实施微博营销的目的
实施原因	实施微博营销的原因
目标受众群体	营销针对人群
微博资料	微博签名、标签等资料
博文类型	所发布的博文类型
博文编写原则	博文编写规则、原则
发布平台	发布平台的选择及原因

步骤3:制订进度计划书,明确工作进度与人员分工。

任务二 注册微博

步骤1:选定合适的微博名称及微博域名;
步骤2:打开微博平台(如新浪微博);
步骤3:在首页中找到"立即注册微博"按钮,然后填写注册信息;
步骤4:填写完成的注册信息后,提交注册信息,登录注册邮箱激活账号;
步骤5:激活微博账号,返回新浪微博,填写个人基本信息,完成后开通微博,如图4-32所示;
步骤6:开通微博,系统会推荐一些用户,可选择"加关注",如图4-33所示;
步骤7:选择完关注用户后,进入个人首页,单击页面顶部的"账号设置",可以填写完善个人资料、修改头像、隐私设置、个性设置等信息,如图4-34所示。

图 4-32 个人信息

图 4-33 添加关注

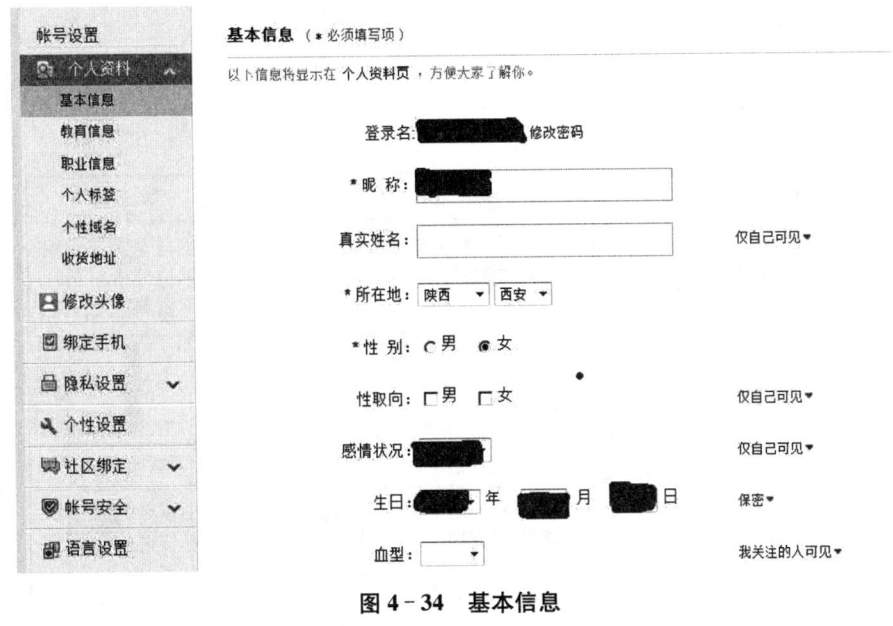

图 4-34 基本信息

任务三 内容编辑

步骤 1：根据微博营销主题确定内容主题，发布简短的营销性质的微博内容；
步骤 2：选择微博平台中的热门话题编写微博内容以提高微博访问量；
步骤 3：转发相关热点或精彩内容，提高微博访问量；
在微博内容的编辑过程中应注意语句精炼顺畅，避免语法错误、错别字等。

任务四 发布微博

步骤 1：将编辑修改完成的微博话题内容进行发布；
步骤 2：将自己的转发量较多和评论量较多的微博发至自己所加入的微群；
步骤 3：转发评论其他人的微博，增加与他人的互动，进行自身微博的推广。

任务五 效果监控与分析

步骤 1：查看个人微博的粉丝量、微博的转发量和评论量；
步骤 2：查看个人的微博营销给自己推广的网站或网店带来的访问量数据；
步骤 3：分析个人微博营销的总体效果；
步骤 4：查看其他人微博营销的效果并进行评价。

项目实训三 论坛营销实训

(一)实训流程图

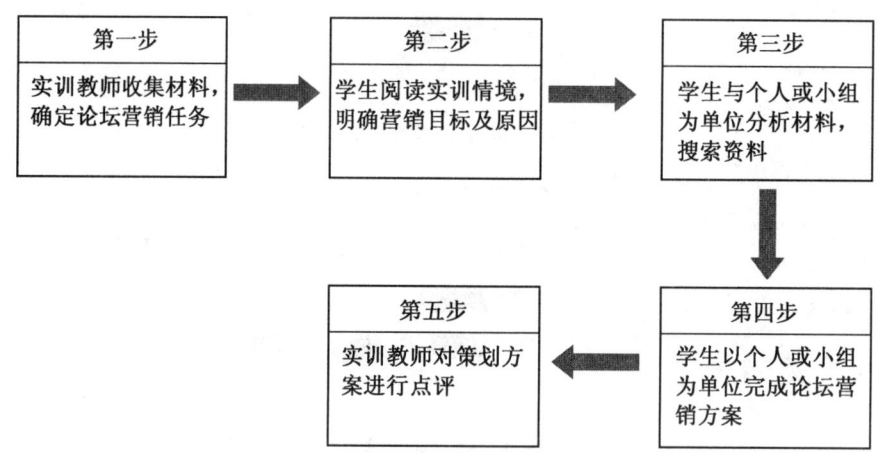

图 4-35 论坛营销实训流程图

(二)实训概述

本实训为论坛营销实训。以小组为单位,在实训教师指导下,将教师指定的网站作为本实训的主要内容,完成论坛营销受众群体分析、营销策划、内容建设、发布实施及效果监控等步骤。教师可按照实训项目开始课程,也可以自定义网站。

(三)实训素材

论坛营销主题。推荐项目一完成的营销型企业网站的推广。

国内主流论坛平台主要有以下几个:

① 天涯论坛:http://bbs.tianya.cn/。

② 百度贴吧:http://tieba.baidu.com/。

③ 猫扑论坛:http://www.mop.com/。

④ 西祠胡同:http://www.*ici.net/。

(四)实训内容

任务一 确定论坛营销目标

步骤1:根据此次论坛营销实训的要求进行论坛营销分析,熟悉实训所提供的相关素材,明确实施原因、实施目的及目标受众群体。

步骤2:根据论坛的营销目的及受众群体进行论坛营销策划,确定论坛营销的相关内容及其表现形式,同时确定合适的论坛营销平台,熟悉主流论坛平台的功能。相关内容形成表 4-3。

表 4-3　论坛营销策划方案表

营销目的	实施论坛营销的目的
实施原因	实施论坛营销的原因
目标受众群体	营销针对人群
论坛资料	个人签名、隐私设置等资料
博文类型	所发布的博文类型
博文编写原则	博文编写规则、原则
发布平台	发布平台的选择及原因

步骤 3：制订进度计划书，明确工作进度与人员分工。

任务二　注册论坛账号

步骤 1：选定合适的论坛名称；

步骤 2：打开百度贴吧平台；

步骤 3：在首页中找到"注册"按钮，然后填写注册信息；

步骤 4：填写完成注册信息后，提交注册信息，登录注册邮箱激活账号；

步骤 5：激活论坛账号，返回百度贴吧填写个人基本信息，完成论坛注册，如图 4-36 所示；

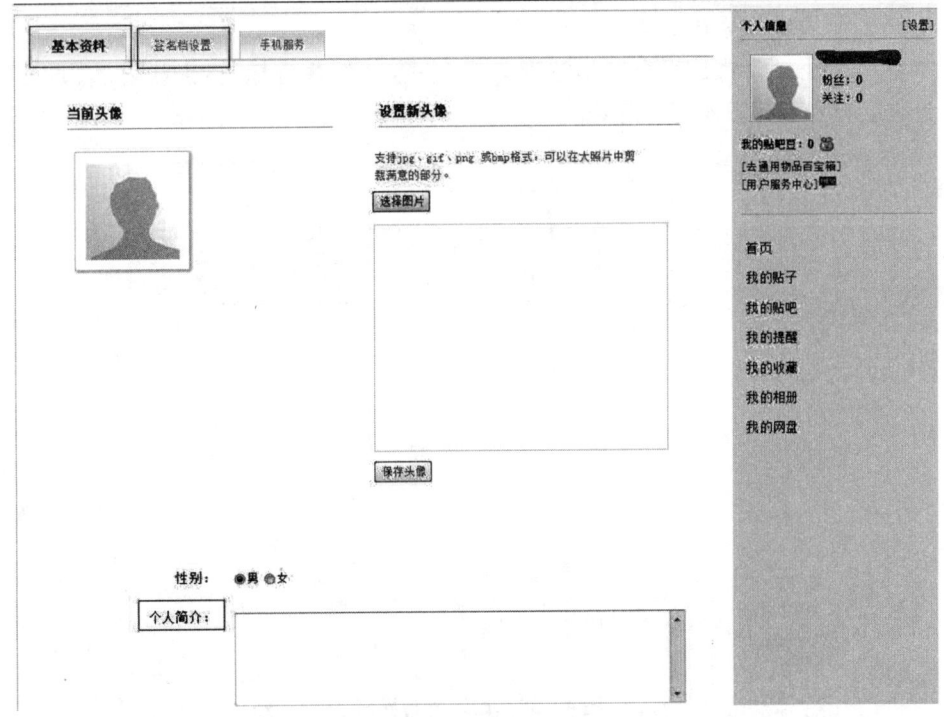

图 4-36　基本资料

步骤6：进入个人首页，单击页面顶部的"编辑资料"，可以填写完善个人信息、修改头像、个性签名设置等信息，如图4-37所示。

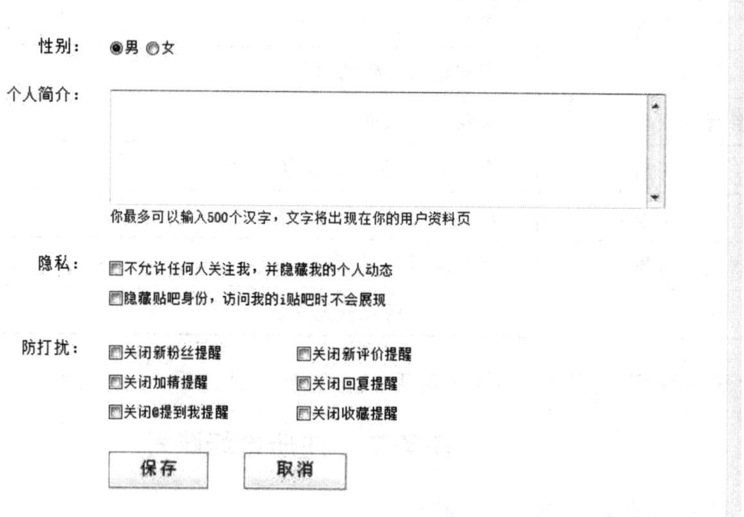

图4-37 个人信息

任务三 内容编辑

步骤1：根据论坛营销主题确定内容主题，发布具有营销性质的论坛内容；

步骤2：选择热门话题编写论坛内容以提高论坛访问量；

步骤3：转载相关热点或精彩内容，提高论坛访问量；

步骤4：在论坛营销过程中应该注意表现形式，包括帖子标题、主帖内容、顶帖内容等。论坛发布界面如图4-38所示。

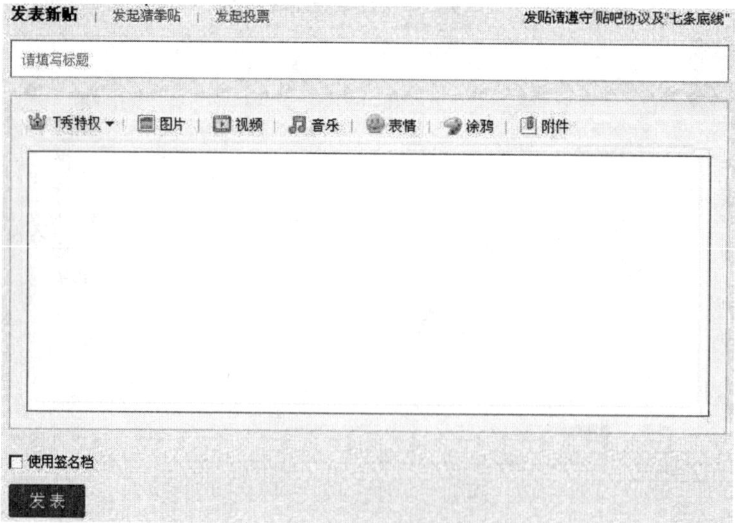

图4-38 论坛发布界面

步骤5:在内容发布后,根据策划方案在平台上注册多个论坛账号,更换马甲顶帖,并针对主题的楼主进行营销导向的回复等。

任务四　效果监控与分析

步骤1:查看论坛帖子的浏览量及评论量等;
步骤2:查看论坛营销给自己推广的网站或网店带来的访问量数据;
步骤3:分析论坛营销的总体效果;
步骤4:对论坛营销的不足之处进行分析并在以后的工作中提升。

项目五　网络广告

知识目标

1. 把握网络广告的基本要素与形式；
2. 掌握网络广告的相关理论要点；
3. 了解网络广告的投放方式；
4. 掌握网络广告的策划与分析。

技能目标

1. 熟悉网络广告的基本要素的组成和网络广告的各种形式特点；
2. 熟悉运用网络广告的相关理论要点；
3. 能根据不同的企业需求选择适合的网络广告投放方式；
4. 能做出合理的网络广告策划与分析。

引导案例

vivo 手机网络广告

随着移动互联时代的到来，智能手机的流行已成为手机市场的一大趋势。这类移动智能终端的出现改变了很多人的生活方式及对传统通信工具的需求，人们不再满足于手机的外观和基本功能的使用，而开始追求手机强大的操作系统给人们带来更多、更强、更具个性的社交化服务。智能手机也几乎成了这个时代不可或缺的代表配置。作为一个专注于智能手机领域的手机品牌，vivo 和追求乐趣、充满活力、年轻时尚的城市群体一起打造拥有卓越外观、专业级音质、极致影像、愉悦体验的智能产品，并将敢于追求极致、持续创造惊喜作为 vivo 的坚定追求。

作为国内最大的手机巨头之一，近年 vivo 的手机销量一度排名进了世界前 5，vivo 手机销售好，跟广告宣传有很大关系。早在 2016 年的时候，vivo 每年花在营销方面的费用就高达 20 亿，到 2018 年的时候更是涨到了 30 亿左右。vivo 的手机广告可以说是无处不在，除了电视广告、户外广告、电梯广告，娱乐综艺节目、网络视频节目、体育节目都有 vivo 手机广告，不但电视广告投入多，明星代言更是阵容豪华，如图 5-1 至图 5-3 所示。目前 vivo 的所有代言人都是当红明星，代言费数额巨大。

vivo X21 在发布初期，几乎承包了首页所有网络广告，包含标签广告、弹窗广告以及贴片广告。

项目五 网络广告

图 5-1 vivo X21 新浪网横幅广告

图 5-2 vivo 手机赞助广告

图 5-3 vivo 21 手机网络广告

网络广告作为当下主流网络营销方式之一,起着不可替代的作用,通过视觉直观化地面对人群推广,其对品牌的宣传推广有着巨大的价值。本项目将以 vivo 品牌网络广告营销为案例,详细讲解网络广告营销的详细过程。

知识准备

1. 网络广告的概念

网络广告就是利用互联网在网络上做的广告,利用网站上的广告横幅、文本链接、多媒体,在互联网刊登或发布广告,通过网络传递到互联网用户的一种高科技广告运作方式。与传统的四大传播媒体(报纸、杂志、电视、广播)广告及近来备受垂青的户外广告相比,网络广告具有得天独厚的优势,是实施现代营销媒体战略的重要一部分。互联网是一个全新的广告媒体,速度最快且效果理想,是中小企业扩展壮大的有效途径,对于广泛开展国际业务的公司更是如此。

目前网络广告的市场正在以惊人的速度增长,网络广告发挥的效用越来越显得重要,以至于广告界甚至认为互联网络将超越路牌,成为传统四大媒体之后的第五大媒体。因而众多国际级的广告公司都成立了专门的"网络媒体分部",以开拓网络广告的巨大市场。

① 网络广告的五要素:网络广告主体、网络广告费用、网络广告渠道、网络广告受众、网络广告信息。

② 网络广告的三大主体:网络广告主、网络广告代理商、网络广告分布商。

2. 网络广告的起源

追本溯源,网络广告发源于美国。1994 年 10 月 27 日,美国著名的 Hotwired 杂志推出了网络版的 Hotwired,并首次在网站上推出了网络广告,这立即吸引了 AT&T 等 14 个客户在其主页上发布广告 Banner,这是网络广告史上的里程碑,标志着网络广告的正式诞生。更值得一提的是,当时的网络广告点击率高达 40%。

3. 网络广告的发展史

中国的第一个商业性的网络广告出现在 1997 年 3 月,传播网站是 Chinabyte,广告表现形式为 468×60 像素的动画旗帜广告。Intel 和 IBM 是国内最早在互联网上投放广告的广告主。我国网络广告一直到 1999 年年初才稍有规模。历经多年的发展,网络广告行业经过数次洗礼已经慢慢走向成熟。

4. 网络广告的主要形式

(1) 网幅广告

网幅广告包含 Banner、Button、通栏、竖边、巨幅等。网幅广告是以 GIF、JPG、Flash 等格式建立的图像文件,在网页中大多用来展现广告内容,同时还可使用 Java 等语言使其产生交互性,用 Shockwave 等插件工具增强表现力。

网幅广告因为不可能占据太大的空间,所以在设计上往往只是提示性的——可能是一个简短的标题加上一个标志,或是一个简洁的招牌;但一般都具有链接功能,暗示用户用鼠标点击或直接加上"Click me(here)""点击此处请进入"的字样,引导用户走向更深处,去了解更详尽的广告信息。

网幅广告一般采用 GIF 格式的图像文件。除普通 GIF 格式外,新兴的 Rich Media Banner(富媒体 Banner)能赋予 Banner 更强的表现力和交互内容,现在经常被厂商采用。此外,V-Banner 的视频传播功能,在品牌传播和把电视广告移植到网络上具有明显的优越性。同时,它还可被用来制作视频点播节目的多媒体索引页面,使得用户在下载较大的视频文件前可以预览动态图像。

(2) 文本链接广告

文本链接广告是以一排文字作为一个广告,点击文字链接可以进入相应的广告页面。这是一种对浏览者干扰最少,但却较为有效的网络广告形式。有时候,最简单的广告形式效果却最好。

(3) 电子邮件广告

电子邮件广告具有针对性强、费用低廉的特点,且广告内容不受限制。特别是针对性强的特点,它可以针对具体某一个人发送特定的广告,为其他网上广告方式所不及。

电子邮件广告可以直接发送,但有时也通过搭载发送的形式,比如通过用户订阅的电子刊物、新闻邮件和免费软件以及软件升级等其他资料一起附带发送。也有的网站使用注册会员制,收集忠实读者(网上浏览者)群,将客户广告连同网站提供的每日更新的信息一起,准确送到该网站注册会员的电子信箱中。这种形式的邮件广告容易被接受,具有直接的宣传效应。譬如当我们向新浪网站成功申请一个免费信箱时,在我们的信箱里,除了一封确认信外,还有一封就是新浪自己的电子邮件广告。

电子邮件广告一般采用文本格式或 HTML 格式。通常采用的是文本格式,就是把一段广告性的文字放置在新闻邮件或经许可的 E-mail 中间,也可以设置一个 URL,链接到广告主公司主页或提供产品或服务的特定页面。HTML 格式的电子邮件广告可以插入图片,和网页上的网幅广告没有什么区别,但是因为许多电子邮件的系统是不兼容的,HTML 格式的电子邮件广告并不是每个人都能完整地看到的,因此把邮件广告做得越简单越好,文本格式的电子邮件广告兼容性最好。

(4) 插播式广告

访客在请求登录网页时强制插入一个广告页面或弹出广告窗口。它们有点类似电视广告,都是打断正常节目的播放,强迫观看。插播式广告有各种尺寸,有全屏的也有小窗口的,而且互动的程度也不同,从静态的到全部动态的都有。浏览者可以通过关闭窗口不看广告(电视广告是无法做到的),但是它们的出现没有任何征兆,而且肯定会被浏览者看到。

弹出式广告要想继续生存下去,必须要以一种新的形式出现,并以此来取悦于广大网民,而不是进一步去激发他们的不满情绪。事实上,在阻挡弹出式广告问题上也使网络供应商们陷入两难境地。为了满足客户的要求,微软的 MSN 不得不提供阻挡弹出式广告的技术工具。与此同时,这些阻挡工具将不可避免地将本身所提供的弹出式广告封杀掉,这就有可能导致自身网络广告客户的流失。例如，Google 采取了阻止弹出式广告的措施后，许多 Google 的网络广告客户就不得不选择其他的合作伙伴了。

与传统的条幅广告相比，弹出式广告的点击率为 2%，相当于条幅广告点击率的 4 倍之多。正是基于此原因，才使诸如摩根大通、英国航空等网络广告大客户们仍然希望保留原来的弹出式广告，只不过在具体形式上会变得更温和些。其中最显著的变化是在浏览器被关闭时才弹出广告。另一点变化是广告的出现频率有所降低。

（5）其他新型广告

随着网络的快速发展，还有很多新型的广告，如视频广告、路演广告、巨幅连播广告、翻页广告、祝贺广告、论坛板块广告等。

（6）EDM 直投

通过 EDMSOFT、EDMSYS 向目标客户定向投放对方感兴趣或者是需要的广告及促销内容，以及派发礼品、调查问卷，并及时获得目标客户的反馈信息。

（7）定向广告

可按照人口统计特征，针对指定年龄、性别、浏览习惯等的受众，投放广告，为客户找到精确的受众群。

5. 网络广告形式换算

CPM 指每千人成本。比如说在广告投放过程中，一个广告一条的单价是 1 元/CPM 的话，意味着每一千个人次看到这个广告的话就收 1 元，如此类推，10 000 人次访问的主页就是 10 元。

CPC 是按点击付费，一个点击多少钱依个人而定，这个对广告公司不利，因而很少做。

CPA 概括点说应该算按效果付费，即按回应的有效问卷或订单来计费，而不限广告投放量。这个对广告公司是有风险的，所以通常采取预付款形式。

CPS 以实际销售产品数量来换算广告刊登金额。

6. 网络广告与其他形式广告的比较

与传统的四大传播媒体（报纸、杂志、电视、广播）广告及近来备受垂青的户外广告相比，网络广告具有得天独厚的优势，是实施现代营销媒体战略的重要一部分。Internet 是一个全新的广告媒体，速度最快效果很理想，是中小企业扩展壮大的很好途径，对于广泛开展国际业务的公司更是如此。

7. 网络广告营销一般过程

第一步，确立网络广告目标；
第二步，确定网络广告预算；
第三步，广告信息决策；
第四步，网络广告媒体资源选择；

第五步,网络效果监测和评价编辑本段特征。

8. 网络广告的特征

① 广泛性和开放性。

网络广告可以通过互联网把广告信息全天候、24 小时不间断地传播到世界各地,这些效果是传统媒体无法达到的。另外,报纸、杂志、电视、广播、路牌等传统广告都具有很大的强迫性,而网络广告的过程是开放的、非强迫性的,这一点同传统传媒有本质的不同。

② 实时性和可控性。

网络广告可以根据客户的需求快速制作并进行投放,而传统广告制作成本较高,投放周期固定。而且,在传统媒体上做广告发布后很难更改,即使可以改动往往也需付出很大的经济代价,而网络广告可以按照客户需要及时变更广告内容。这样,广告主的经营决策变化就能及时实施和推广。

③ 直接性和针对性。

通过传统广告,消费者只能间接地接触其所宣传的产品,无法通过广告直接感受产品或了解厂商的具体运作和服务的提供。而网络广告则不同,只要消费者看到了所感兴趣的内容,直接单击鼠标,即可进入该企业网站,了解业务的具体内容。另外,网络广告可以投放给某些特定的目标人群,甚至可以做到"一对一"的定向投放。根据不同来访者的特点,网络广告可以灵活地实现时间定向、地域定向、频道定向,从而实现了对消费者的清晰归类,在一定程度上保证了广告的到达率。

④ 双向性和交互性。

传统的广告信息流是单向的,即企业推出什么内容,消费者就只能被动地接受什么内容。而网络广告突破了这种单向性的局限,实现了供求双方信息流的双向互动。通过网络广告的链接,用户可以从厂商的相关站点中得到更多、更详尽的信息。另外,用户可以通过广告位直接填写并提交在线表单信息,厂商可以随时得到宝贵的用户反馈信息。同时,网络广告可以提供进一步的产品查询需求,方便与消费者的互动与沟通。

⑤ 易统计性和可评估性。

在传统媒体上做广告,很难准确地知道有多少人接收到广告信息。而网络广告不同,可以详细地统计一个网站各网页被浏览的总次数、每个广告被点击的次数,甚至还可以详细、具体地统计出每个访问者的访问时间和 IP 地址。另外,提供网络广告发布的网站一般都能建立用户数据库,包括用户的地域分布、年龄、性别、收入、职业、婚姻状况、爱好等。这些统计资料可帮助广告主统计与分析市场和受众,根据广告目标受众的特点,有针对性地投放广告,并根据用户特点做定点投放和跟踪分析,对广告效果做出客观准确的评估。

⑥ 网络传播信息的非强迫性。

⑦ 广告受众数量的可统计性。

⑧ 网络信息传播的感官性。

9. 网络广告的评价

(1) 选

这是指网络使用者进入网站后,点选过某特定广告的总次数,点选次数愈多,就表示广告愈受欢迎,广告的效果也就愈佳,而广告业者可以依点选的次数多寡,评估广告成功与否。

(2) 率

这是指到该网站人数与点选某特定广告次数的比率,比率愈高,表示广告的效果愈好。

(3) 网站人数

就某特定广告可能达到的上网人数,如一个网站有3 000人浏览过,那么这个广告就有3 000个上站人数。

(4) 流量

这是指网络上有多少资料正在被传递,但同时也可用来表示某个网站受欢迎的程度。

(5) 浏览

指使用者所用浏览器向服务器要求下载某一资讯时,没按下滑鼠标就自浏览一次。

10. 网络广告计费方式

(1) 按展示计费

CPM广告(Cost per Mille/Cost per Thousand Impressions):每千次印象费用。广告条每显示1 000次(印象)的费用。CPM是最常用的网络广告定价模式之一。

CPTM广告(Cost per Targeted Thousand Impressions):经过定位的用户的千次印象费用(如根据人口统计信息定位)。CPTM与CPM的区别在于,CPM是所有用户的印象数,而CPTM只是经过定位的用户的印象数。

(2) 按行动计费

CPC广告(Cost-per-Click):每次点击的费用。根据广告被点击的次数收费,如关键词广告一般采用这种定价模式。

PPC广告(Pay-per-Click):根据点击广告或者电子邮件信息的用户数量来付费的一种网络广告定价模式。

CPA广告(Cost-per-Action):每次行动的费用,即根据每个访问者对网络广告所采取的行动收费的定价模式。对于用户行动有特别的定义,包括形成一次交易、获得一个注册用户,或者对网络广告的一次点击等。

CPL广告(Cost for per Lead):按注册成功支付佣金。

PPL广告(Pay-per-Lead):根据每次通过网络广告产生的引导付费的定价模式。例如,广告客户为访问者点击广告完成了在线表单而向广告服务商付费。这种模式常用于网络会员制营销模式中为联盟网站制定的佣金模式。

(3) 按销售计费

CPO广告(Cost-per-Order)：也称为 Cost-per-Transaction，即根据每个订单/每次交易来收费的方式。

CPS广告(Cost for per Sale)：营销效果是指按照销售额付费的形式。

PPS广告(Pay-per-Sale)：根据网络广告所产生的直接销售数量而付费的一种定价模式。

11. 网络广告的本质特征

(1) 网络广告需要依附于有价值的信息和服务载体

除了专门研究的人员，一般的用户获取对自己有价值的信息是很少甚至是不会通过纯粹寻找式的点击广告这样的方式的。因此，网络广告需要有与有价值信息和服务相辅相承的一些载体，那就是要求广告把用户获取信息的行为特点当成重点，要把广告具有的针对性转换一种角度，从用户的方面考虑，否则网络广告就失去了存在的价值。所以，从网络的这一基本特征，我们可以得出，网络广告的效果不单纯是取决于广告的自身，还与其依附的载体和所发布的环境有着很重要的关系。

(2) 网络广告的核心思想在于引起用户的关注与产生后续相关的行为

网络广告承载的信息是有限的，所以网络广告是难以承担直接销售产品的任务的，因为网络广告策略的核心思想在于引起用户的关注和行动。而网络广告的这一特点与搜索引擎营销传递信息是相类似的，也就是说明网络广告本身传递的信息是不够完备的，只是为了创造容易吸引用户关注的信息位置引导展示。但是，这些测量的指标存在着相关关系，而不是一一对应关系。浏览不一定点击，它可以是一定程度上形成的转化，这就使网络广告的准确测量带有了一定的难度。网络广告的这个特征也决定了它在产品推广方面更具优势，形式新奇的特点更能引起客户的注意。为了摆脱网络广告点击率不断下降的困境，网络广告形式的变革是必然的。

(3) 网络广告具有强制性和用户主导性的双重属性

网络广告的表现手段是丰富多样的，现实生活中，很多广告形式多少都具有一些强制性，如弹出广告、自动播放视频广告等，而这种强制性取决于广告经营商，但最终决定权是属于用户(如每种广告都存在关闭键)的，所以说网络广告具有用户主导的特性。

(4) 网络广告应体现出用户、广告客户和网络媒体三者之间的互动关系

网络广告自身具有的交互性决定了用户对网络广告的行为考虑。其真正的意义在于体现了用户、广告客户和网络媒体三者之间的互动关系。只有建立了良好的互动关系，才可以实现网络的最和谐环境，才可以让网络广告成为普遍于企业采用的营销策略。

12. 网络广告投放过程注意事项

(1) 确保充足的测试时间

为了确保网络广告在投放中不发生可避免的错误，在网络广告进行投放前，应该准备

充足的时间对广告进行相关的测试,如广告播放是否流畅、广告链接是否链接正确、数据库调用是否运作正常、广告监测能否正常进行数据统计等方面的测试。

(2) 保持新鲜度

长时间的单一广告容易造成用户的视觉疲劳,从而导致点击量的下降。最好的广告方式是每两周进行一次广告创意的更换,保持用户对品牌的新鲜感,但新品牌推广除外。

(3) 投放管理与优化

在广告投放前要建立完整的备份方案,进行投放前的测试以及对投放的网站进行一个详细的流量检测,这些必要的管理和优化措施,可以保证投放效果,出现问题时能得到一个较好的处理,还可以保证广告的投放质量。

13. 影响网络广告效果的因素

① 互联网用户行为因素对于网络广告的影响。
② 网络广告规格形式对效果的影响。
③ 网络广告设计与投放平台选择对效果的影响。

14. 网络广告效果的评估

广告的后期运作依据是广告主通过对网络广告的执行效果评估得来的。要做好一份网络广告效果评估,应该要把握以下方面。

(1) 基本内容的评估

基本内容的评估一般包括两个方面:访问量评估以及研究广告被忽略到淘汰的过程。前者是把同一天内的类似的做出对比,比较其在计划与执行上的区别。后者是通过把同类广告每天的点击量整理成坐标轴,做出数据图,研究每个广告被忽略到淘汰的时间过程,制定出广告时间间隔的依据。

(2) 所需数据的获取

① 软件获取。

通过安装在广告商服务器上的访问统计软件,可以及时了解任何时间段内浏览广告的人次数量以及自身网站的浏览总量。但由于这些数据是出自各广告服务商网站自身的软件,因此这种监测模式会存在很多不合理的地方,且很容易出现作弊的现象。最简单的作弊方式是网站的经营者可以不停地刷新放置有广告的页面;比较复杂的方式是利用传销中的转包手段,网站经营者通过以较低的价格将广告转包给其他一些乏人问津的小网站,以提高自身的广告数据。这种方式尽管访问人次较少,但如果这类网站为数众多,则其流量也是相当可观的。所以这种以软件获取所需数据的方式逐渐被广告商所排斥。

② 权威评估。

在国外,传统媒体一般都是由一些权威机构发布的发行量、收听率等来衡量一家媒体的优劣的,对于需要监测的网络广告来说,还处于新手的阶段。目前,我国还没有专门的网络广告评估机构,但这一问题已引起广告界许多权威人士的关注,第三方的寻找也在积极进行中,暂时来说,中国互联网络信息中心(CNNIC)提供的数据具有较高的可信度。

③ 客户反馈。

通过广告投放后的网站的用户在线提交总量与电子邮件数的增加总量来判断广告发布的效果好坏。

15. 网络广告监测机构的选择

一个好的网络广告监测机构对网络广告商来说，是非常重要的一位"助手"。虽然这类机构目前正处在成长阶段，但监测机构要被认同必须要具有以下几点基本的标准：

① 客观性、公正性、权威性。
② 不能标新立异，要具有相关的制约规则与约束。
③ 对商业及市场的运作模式非常熟悉。
④ 对广告行业的运作模式非常了解。
⑤ 自身具有与媒体提供商的良好关系或拥有与媒体提供商建立广泛良好的合作关系的能力。

任务一　目标市场分析

1. 目标市场分析

（1）实施原因

vivo 新发布的手机产品 vivo X21 型号包括 vivo X21、vivo X21UD、vivo X21A、vivo X21UD A 四个版本，其中 UD 版本和之前的 vivo X20 Plus 屏下指纹版命名相似，因此 UD 版就是屏下指纹版。vivo X21 屏幕指纹手机携全新人工智能品牌——Jovi AI 助理而来，搭载了高通骁龙多核神经网络加速芯片 660 AIE，将所有可利用多核心硬件资源整合用于人工智能复杂的神经运算，配合 6 GB 运存，同时可并行处理更多 AI 任务。在拍照体验上保持领先，搭载了 $2\times1\,200$ 万像素（2 400 万感光单元）的传感器，感光面积大且具备超高像素，可以进行 2 400 万像素拍摄，并采用单反相机相同的全像素双核对焦技术，具有对焦速度快、每个像素独立对焦以及能够采集景深信息等优势。综合来看，vivo X21 系列可能包括四个版本，包括 vivo X21、vivo X21 Plus、vivo X21 屏下指纹版以及 vivo X21 Plus 屏下指纹版，前者为非屏下指纹设计，预计依然是传统的后置指纹设计，价格更便宜，后者则为大小屏版，带有屏幕指纹设计的版本。

苹果、三星、诺基亚这三大品牌在全世界最广为皆知，而中国的魅族、小米、酷派、华为、中兴、HTC、步步高（vivo）、联想八大品牌在中国备受关注。中国智能型手机市场的趋势是高规格、低价产品当道，中国品牌规格已超越其他国际品牌。

vivo 手机作为传统社会化渠道的手机品牌，充分参考社会群体的需求，与追求乐趣、充满活力、年轻时尚的城市群体一起打造卓越的智能手机，立志于创新，追求活力，获得了广大年轻群体的关注。

(2) 实施目的

增加品牌曝光率,强化品牌文化,突出品牌个性,吸引年轻消费群体关注,以建立全球知名品牌为目标,提高品牌的适应性,提高市场占有率,极大地提高了 vivo 品牌系列产品的销售额。

2. 广告方向规划

(1) 投放平台选择

要使用搜索引擎关键字进行的广告基本上都会采用百度、Google 两大搜索引擎来进行。而对于其他形式的网络广告投放来说,平台并不像这两个一样独占一方。是否能获得有效的点击,取决于网络广告投放的平台。比如说,软件产品的广告在网络上的投放就不能选择服装商城平台,在程序超市投放和凡客诚品投放,哪种更能带来价值呢? 在不考虑广告投放的金额上,不仅在产品相关的平台上投放,更要在访问量大、人气高的网站投放。只有这样才能实现网络广告投放的真正价值,为网站带去点击率,为企业招徕潜在的目标客户,为企业带来最终的盈利。

vivo 品牌在国内具有一定知名度,而借助于企业的影响力及基础实力,这次投入的网络广告首选为企业自有平台及各大门户网站。另一方面,vivo 品牌与搜狐网达成长期战略合作伙伴,搜狐网 CBA 频道页面下方的"官方战略合作伙伴"标识已为 vivo 品牌宣传做足了基础。

广告投放平台可以选择广告联盟或直接与网站广告部门联系,大一些的网站都有专门接待广告商的广告部门,网站会根据广告形式不同、位置不同对广告位做定价,如表5-1所示。

表 5-1 2019 年新浪门户网站价格一览表

广告形式	尺　寸	计算单位	价　格	展现位置
文字链接	≤21 字	天	16.5 万/天	首页
按钮	240×120	天	45 万/天	首页
流媒体	260×200(5 秒)	天	45 万/天	首页
疯狂流媒体	<950 px×300 px	天	191 万/天	首页
背投	750×450	天	36 万/天	首页
跨栏广告	触发前尺寸:25×300, 触发后尺寸:950×90(5 秒)	天	72 万/天	首页
通栏	640×90	小时	14 万/时	首页
动态全屏	950×450(8 秒)	小时	65 万/时	首页
扩展通栏		小时	18 万/时	首页
新浪视窗	300×250(15/30 秒)	天	52 万/天	首页
疯狂视窗	<450 px×300 px	天	190 万/天	首页

(2) 投放形式确定

确定了网络广告投放平台,接下来就是确定网络广告投放形式。现在通常使用的网络广告投放形式有以下几种类型。

① 横幅广告(Banner 广告)。

以 GIF、JPG、Flash 等格式建立的图像文件,定位在网页中。横幅广告大多用来表现广告内容,一般位于网页的最上方或中部,用户注意程度比较高,是经典的网络广告形式,如图 5-4 所示。横幅广告是网络广告投放中效果最好的一种形式,具有抓住用户"第一眼"的效果,只要配以合理的色彩搭配,有绝对的优势俘获用户眼球。

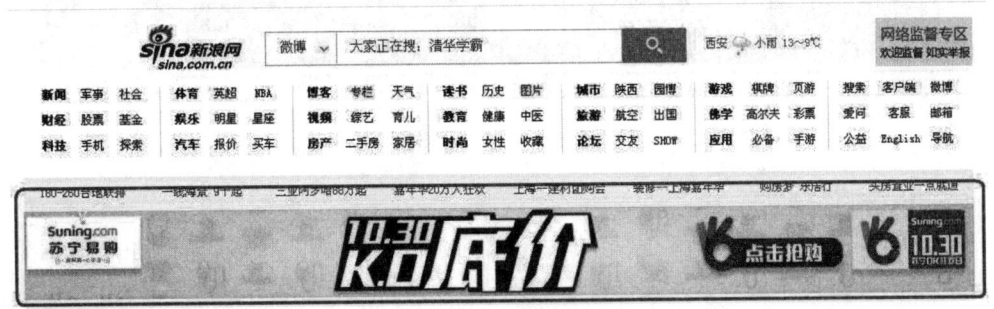

图 5-4 横幅广告

② 竖幅广告。

位于网页的两侧,广告面积较大,较狭窄,能够展示较多的广告内容,有些竖幅广告可以随着屏幕移动,始终处于网页两侧,是展示率较高的广告位之一,如图 5-5 所示。根据用户浏览习惯,一般网页浏览顺序是由横向竖,由左向右。竖幅广告的最大特点位于页面两侧,也就是说无论用户浏览视觉是在左边或是右边,都可以关注到广告内容,使得产品曝光率增加;缺点是竖幅广告图片大小有严格限制,依据用户浏览网页视觉习惯,竖幅广告始终不是用户第一眼可以关注到的广告位。

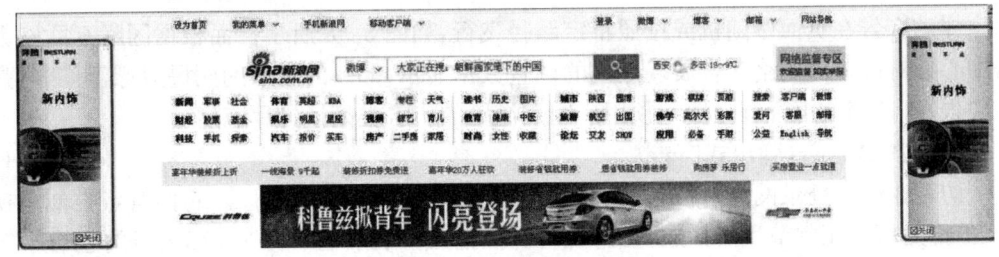

图 5-5 竖幅广告

③ 文本链接广告。

以一排文字作为一个广告,点击链接可以进入相应的广告页面,如图 5-6 所示。这是一种对浏览者干扰最少,但却较为有效果的网络广告形式。由于此类广告是通过文字来传达信息的,在设计的时候就会有一定的挑战性,越是短小的广告越难设计,因为从一句话里传达的信息是有限的,如何发挥这句话的作用就必须要有好的创意。文本链接广告的费用一般也比较低,对于广告投入少又能得到很好的效果。有时候,最简单的广告形式效果却最好。

图 5-6 文本广告

④ 电子邮件广告。

电子邮件广告具有针对性强(除非肆意滥发)、费用低廉的特点,且广告内容不受限制。它可以针对具体某一个人发送特定的广告,为其他网上广告方式所不及。

⑤ 按钮广告。

按钮广告一般位于页面两侧,根据页面设置有不同的规格,动态展示客户要求的各种广告效果,如图 5-7 所示。

图 5-7 按钮广告

⑥ 浮动广告。

浮动广告在页面中随机或按照特定路径飞行,如图 5-8 所示。而根据国际互联网数据中心针对用户对网络广告展现形式的调查数据显示,85%的互联网网民对漂浮广告、弹窗广告、自动播放声音等强硬干预用户网页浏览的广告类型持排斥态度。

⑦ 插播式广告(弹出式广告)。

访客在请求登录网页时强制插入一个广告页面或弹出广告窗口。它们有点类似电视广告,都是打断正常节目的播放,强迫观看。插播式广告有各种尺寸,有全屏的也有小窗口的,而且互动的程度也不同,从静态的到全部动态的都有。

⑧ Rich Media。

一般指使用浏览器插件或其他脚本语言、Java 语言等编写的具有复杂视觉效果和交互功能的网络广告。这些效果的使用是否有效,一方面取决于站点的服务器端设置,另一方面取决于访问者的浏览器是否能查看。一般来说,Rich Media 能表现更多、更精彩的广告内容。

图 5-8 浮动广告

另外还有 EDM 直投、定向广告、视频广告、路演广告、巨幅连播广告、翻页广告、祝贺广告、论坛版块广告等,这几种投放渠道一般价格较低,并且需要长期投放,否则无法达到预期效果,曝光率低,所以这次"主宰这一秒"广告投放计划没有选择这些投放渠道。

(3) 广告效果监控

美国长期研究网站可用性的著名网站设计师杰柯柏·尼尔森(Jakob Nielsen)发表了一项《眼球轨迹的研究》报告。报告中提出,大多数情况下浏览者不由自主地以"F"形状的模式阅读网页,如图 5-9 所示,这种基本恒定的阅读习惯决定了网页呈现 F 形关注热度。

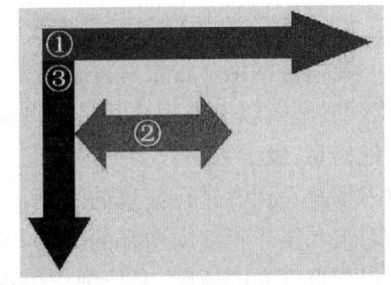

图 5-9 尼尔森 F 形状网页浏览模式

研究表明,浏览者打开网页后,按照下面的习惯形成 F 形网页浏览模式:

第一步,水平移动,浏览者首先在网页最上部形成一个水平浏览轨迹。

第二步,目光下移,段范围水平移动,浏览者会将目光向下移,扫描比上一步短的区域;

第三步,垂直浏览,浏览者完成上两步后,会将目光沿网页左侧垂直扫描,这一步的浏览速度较慢,也有系统性、条理性。

由此可见,用户在浏览一个网页的时候,最先看到的是网页头部,即 banner 位置,所以大多数门户网站会在网页头部设置较多的广告位。以新浪网首页为例,如图 5-10 所示,在用户打开新浪首页的时候,可以看到包括弹出的大幅广告在内,横幅广告、竖幅广告、文字广告等十余处广告位。由于头部是首先被访客关注到的位置,所以投放在网站头部的网络广告价值一般是最高的。而广告位的价格也随着广告位的面积大小不同而产生差异,在一个普通门户网站的首页中,首页 banner 通栏广告位价格最高,页面中部穿插于导航的横幅广告位次之,而页面左侧的竖幅广告位和飘窗等,价格就会稍低。

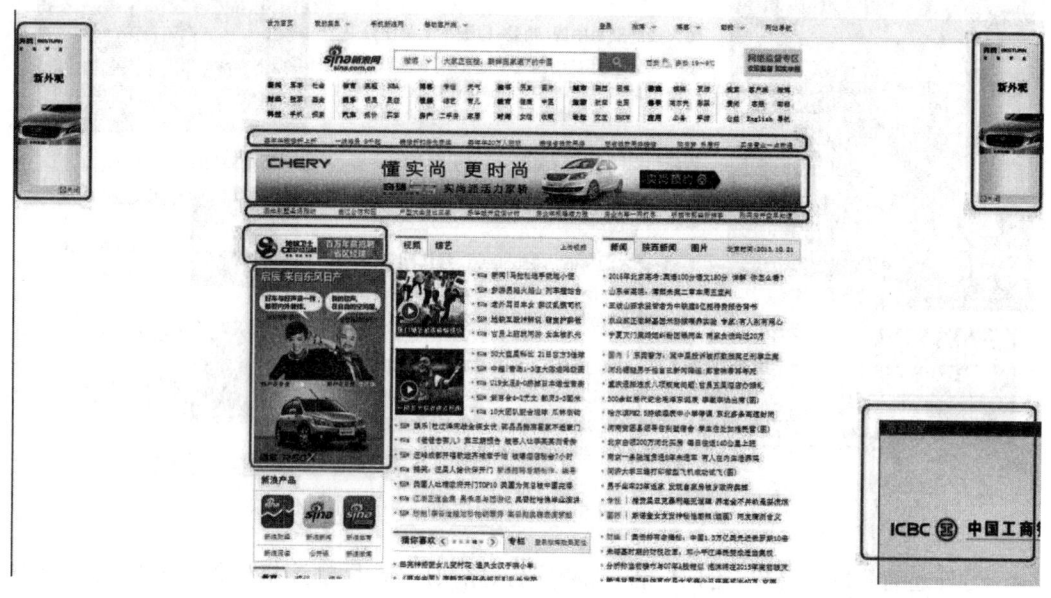

图 5-10 网站首页中广告位的分布

① 分析广告位置的流量与展示。

a. 投放广告的位置流量越大,对广告的宣传越是有利。

要使得网络广告发挥好自身的优势,就要从用户的浏览习惯和接受程度下手。据调查表明,95%以上的用户都是想浏览自己计划好的搜索内容,然后再去考虑网页中包含的其他信息,极少数用户会第一时间就去关注自己感兴趣的广告内容。与此同时,用户都相对习惯从左到右进行信息的阅读。所以,综合以上分析,最理想的广告位置是要结合用户的习惯和接受程度来选择的,我们可以选择遵从大部分网页都把搜索结果或站内指引等重点信息靠左的原则,坚持把广告投放在右侧的阅读栏,这样会让用户在浏览信息的同时也不会对广告产生反感。

b. 了解广告的展示次数,研究自身广告位置可能带来的点击数。

展示次数越多,对广告的宣传就越到位。以新浪网广告位来说,新浪的广告位置为三个广告轮番形式,所以广告展示次数约为 750 万除以 3,就可以得出新浪广告位每天大约可以获得 250 万点击量。

点击数是广告的核心,而影响广告点入比率的因素,我们一般可以概括为三个:第一,页面点击链接数量越多,平均后,能被点击的可能性就越小;第二,访问者与广告内容的相关性决定着广告的点击量;第三,广告的展示形式越鲜明有趣,点击量就越高。

② 判断广告流量与转化率之间的关系。

与传统媒体相对比,网络广告流量的转化率更难确定。网络广告流量转化率主要需要考虑以下两个方面。

a. 不同的企业相同广告位转化率不一样。不同的行业和产品对网络广告的效果要求不一样,比如一个汽车品牌的网络广告和一个游戏品牌的网络广告,在相同位置投放且曝光量相等的情况下,所产生的点击效果、参与效果、认知效果肯定是有差距的。

b. 网络广告的流量不等于转化率。多少人看到、点击广告只能说明你在媒体选择或广告设计上是否成功,但不等于广告所传达的内容、品牌形象就深入人心了。广告流量转化率应该是一种延时效果,并且因为网络广告具有互动性,所以容易把即时的互动效果混淆为网络广告流量转化率。

③ 性价比。

企业在选择广告平台的时候,要通过了解网站流量,研究流量价值、针对性和可能的点击率等方法来判断一个广告位置的价值,只有这样才可以使广告的效益最大化。四大门户网站广告投放价值分析如下:

a. 腾讯。

腾讯作为中国最大的门户媒体,其流量是非常可观的,腾讯的总用户数量约为6亿,活跃用户为1.3亿,QQ号码注册用户理想状态下达到了4亿,而且其用户数量还在随着中国网民的增加而在不断地增长。其广告收入占应收入比小于等于5%,通常以常规折扣、点击购买(基本关闭)、剩余资源超低折扣、位置包断的售卖方式进行。但其本身对电子商务行业的支持态度热情偏低,因为电子商务采购价格偏低,而且会与拍拍存在一定的冲突。

核心广告位:腾讯客户端 rich button 和 mini banner,可同时投放60个广告:40个全国,20个定向;rich button 的点击量平均在15 000左右,mini banner 的点击量约在10 000~12 000左右。

b. 新浪。

新浪网整体流量低于腾讯,已经从第一门户的宝座退居亚军,但是从网站自身流量的角度来看,新浪依然位居国内最大的新闻门户榜首,但其权威性仍无可取代,依旧成为网络广告投放的重要媒体之一。新浪网用户数量约4亿,活跃用户约为8 000万,微博日活跃用户约4亿。然而随着新闻渠道的多变,新浪的流量有了明显的下滑趋势。新浪网的网络广告销售方式采用的是常规折扣(6折左右)、点击购买(基本关闭)与位置包断。

新浪网络广告的核心位置:两首一终(新浪首页、新浪新闻频道首页、新闻最终页)。新浪网广告营收占整体营收比例为大于60%,其中品牌广告占有很大的比例。但是,新浪对广告素材的审核有着相当严格的标准和限制,如不允许使用"最"字做广告创意,不允许做出违反新浪品牌形象的行为等。总的来说,新浪广告的最大价值就在于新浪网长期积累的互联网影响力对广告商品牌价值的体现,而单从总效果媒体的角度去考虑,新浪网并不是最适合的投放对象,并且就长远的角度来看,新浪网的网站自身也存在着流量和模式方面的缺陷。

c. 搜狐。

搜狐是流量比例仅次于腾讯与新浪的门户网络季军。近几年,搜狐依靠着自身体育频道的影响力,获得了相当可观的流量比例,并且搜狐拥有规模很可观的电子商务客户和良好的广告转化效果。对电子商务的支持热度也处于温和状态,但其禁止图文广告创意的投放,这对现阶段的广告投放也有一定影响。

核心广告位:一首一终(搜狐首页和搜狐最终页)。搜狐的广告售卖方式为常见的折扣(5~6折)、位置包断与点击购买。搜狐网广告在网络广告发展之初风生水起,但其广告收入营收比例从 2008 年开始就在走下坡路,主要原因可归咎于新媒体崛起分流主流门户流量的问题上。同时。搜狐的游戏发展远出色于广告的营销,所以公司经营中心发生偏移,营收下滑也是必然趋势。

d. 网易。

网易在 2008 年至 2009 年年初,被公认为性价比最好的电子商务网络广告投放媒体,它以用户年轻化、网购习惯明显和消费能力强等特点深受电子商务产品广告商的青睐。而网易一直以来对电子商务也持十分支持的态度,再加上网易拥有 4 亿多用户量,独立活跃用户也可达到 8 000 万左右,这都为众多电子商务广告商提供了一个非常好的平台。

但随着 2009 年年底网易开始改版,网易的广告营销也随之走向了一个低谷。不可否认,网易进行系统的改版后,大幅度提升了网站的日均流量,用户体验也有了一个很大的提高。可自此以后,其媒介价格也随之高涨,即使新增了许多广告位,用户却没有出现等比例的增长,最终导致了广告效率的严重下滑。网易的广告收入占总营收比的 9%,游戏和邮箱成了网易的主要支持营收。

广告核心位:首页、新闻页和邮箱。网易采取的售卖方式为常规折扣(5~6折)、点击购买和位置包断。网易作为中国最具活力的网络媒体,其自身独特的价值是不可磨灭的,只要其做出相应的调整和价格的重新制定,其电子商务品牌投放王牌媒体的地位定会有一次很大的提升。

综上所述,综合现今四大网络门户网站广告媒介的发展趋势和方向分析,品牌广告还是要建立在自身需求的基础上。vivo 手机在推出 X21 系列网络广告主题营销策略时,将品牌推介相关广告投入在综合性广告媒介中,商城推广则放在广告政策上对电子商务支持力度较大的门户网站中。同时抓住消费者的消费习惯,适时在各类娱乐节目赞助广告,在短期内达到了非常不错的宣传效果。

3. 广告效果分析与预估

有了明确的投放目标,确定好投放方式后,就可以根据广告投放计划对广告投放效果进行预估。广告营销效果预估主要是依据投放媒介流量、广告位位置、广告投放时段等数据进行分析,可以通过 Alexa 网站流量查询工具(http://www.alexa.chinaz.com,或打开百度直接搜索 Alexa)或相关站长统计工具(如 http://tool.chinaz.com/站长之家)来进行。

vivo 手机 X21 广告投放计划中,广告形式为搜狐网首页 banner,时间段为 9:00~

11:00,19:00~21:00,这两个时间段正好是互联网用户使用的高峰期,投放广告效果也是最好的。通过站长之家统计工具可以查到网站基本 SEO 信息如图 5-11 所示,这里要重点关注的是网站的日平均 IP 流量及日平均 PV 浏览次数。

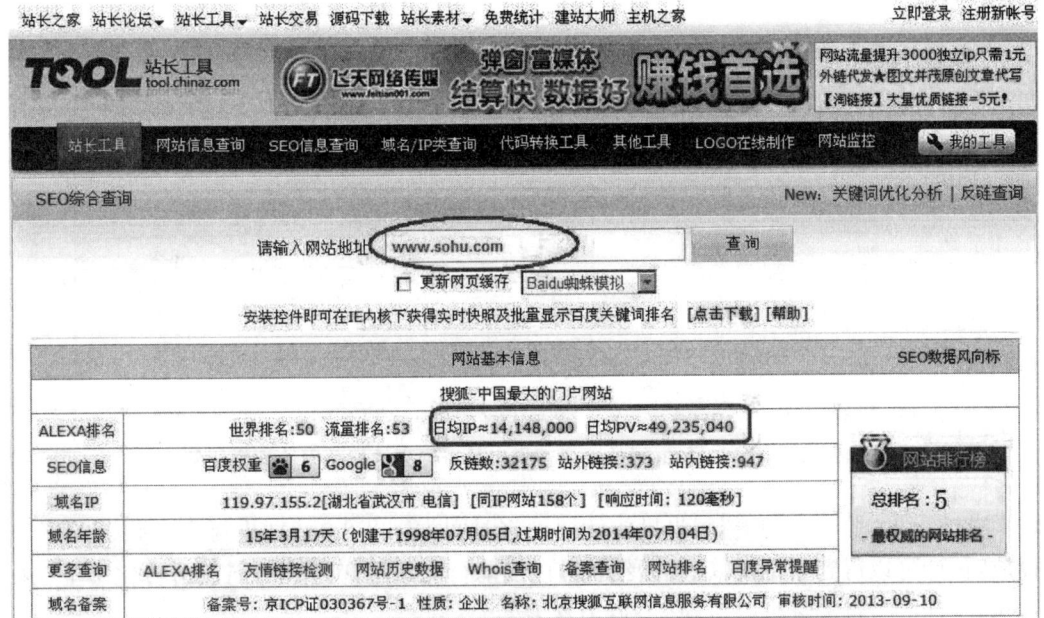

图 5-11 搜狐网基本 SEO 信息

另外,在页面的第二屏,可以看到搜狐网在百度中设置的关键词状况,图 5-12 为百度用户搜索相关关键词所能为搜狐网该页面带来的流量预估。

关键词	出现频率	2%≤密度≤8%	百度指数	百度排名[一键查询]	排名变化	预估带来流量(IP)
搜狐	28	0.5%	39408	查询	查询	查询
门户网站	4	0.1%	562	查询	查询	查询
新媒体	1	0.0%	415	查询	查询	查询
网络媒体	1	0.0%	137	查询	查询	查询
新闻	11	0.2%	18873	查询	查询	查询
财经	4	0.1%	1568	查询	查询	查询
体育	6	0.1%	4285	查询	查询	查询
娱乐	10	0.2%	2217	查询	查询	查询
时尚	5	0.1%	1201	查询	查询	查询
汽车	6	0.1%	13126	查询	查询	查询
房产	3	0.1%	1517	查询	查询	查询
科技	2	0.0%	980	查询	查询	查询
图片	5	0.1%	12517	查询	查询	查询
论坛	5	0.1%	2118	查询	查询	查询
微博	4	0.1%	92612	查询	查询	查询
博客	5	0.1%	3638	查询	查询	查询
视频	11	0.2%	5762	查询	查询	查询
电影	4	0.1%	122835	查询	查询	查询
电视剧	3	0.1%	60045	查询	查询	查询

图 5-12 搜狐网关键词预估为网站带来的流量

再通过 Alexa 网站流量查询工具（http://www.alexa.chinaz.com）可以查到搜狐网各频道的详细数据，如图 5-13 所示。这里可以看到，vivo"照亮你的美"广告投放计划中所重点投放的搜狐网首页访问量是比较可观的，首页高居榜首，占网站访问比例的 61.2%。

被访问网址 [61个]	近月网站访问比例	近月页面访问比例	人均页面浏览量
sohu.com	61.12%	23.90%	1.31
tv.sohu.com	18.84%	16.71%	2.96
news.sohu.com	15.98%	10.47%	2.19
sports.sohu.com	8.01%	9.02%	3.76
auto.sohu.com	3.14%	6.12%	6.51
blog.sohu.com	4.66%	2.67%	1.91
mil.sohu.com	3.50%	2.25%	2.15
health.sohu.com	1.56%	1.96%	4.19
business.sohu.com	4.19%	1.90%	1.51
yule.sohu.com	3.05%	1.84%	2.02

图 5-13 通过 Alexa 网站流量查询工具查询到的搜狐网访问量比例

此次 vivo"照亮你的美"广告投放计划投放时间为 128 天，计划进行 5 个频道的广告投放，预计可以得到十亿次以上的展示量，以当前行业平均广告展示与点击转化率 7% 来计算，预计广告点击量可以达到 7 000 万次左右。

任务二　网络广告营销实施

2016 年 11 月，vivo 正式发布了三款旗舰手机——X9/X9 Plus/Xplay6，X9 系列主打前置 2 000 万双摄，Xplay6 主打后置双摄＋全曲面屏设计，都是行业中的顶级旗舰。

vivo X9 发布会结束后的第一时间，440 余家门户、垂直 IT、科技数码网站、传统媒体、行业自媒体参与发布会报道。vivo 新旗舰 X9/Xplay6 的相关信息迅速成了各大媒体头条新闻，vivo 三机齐发也成为行业热议的焦点话题。本任务以 vivo X9 系列网络广告活动为例，说明网络广告实施的步骤。

1. 广告信息收集

一次好的广告营销能为企业带来非同一般的宣传效果，在互联网发展迅速的今天，网络广告的兴起也为企业产品宣传扩大化带来了良好的宣传效果。企业在进行网络广告宣传时，最重要的是把握宣传重点，将企业想要传达给消费者的信息准确无误地表现出来。这就需要在投放预备期进行有效的信息收集。

根据前期市场调查的结果显示，vivo 手机品牌实际消费群体特征是：在 15～45 岁等距分布的基础上，以 24～35 岁为主，消费区域主要集中于二线城市，中等收入人群，消费者对品牌的消费理念是时尚。对于 vivo 手机品牌而言，比较理想的消费群体特征应该为

14～28岁,集中于大中等城市学生人群为主,崇尚新潮时尚和关注国际流行趋势等特点。此次网络广告营销计划以推介新款 X9 手机,旨在调动消费者购买欲,传播品牌文化,扩大品牌影响力。

2. 广告策略确定

(1)营销计划的制订

该阶段主要包括投放时期、投放方式以及广告创意的确定。

vivo X9 广告主要占据各门户、垂直 IT、科技数码网站、传统媒体、行业自媒体,以及 App 开屏广告,如图 5-14、图 5-15 所示。vivo X9 广告和新浪微博合作,制定定制化微博开屏界面,如图 5-16 所示。

vivo 网络广告一直力度强大,针对 X9,更是在超过 30 家主流媒体 App 的开屏页铺设广告,一大波"彭于晏照亮你的美"动态图突然袭来,让用户惊喜满满。

在微博的发现页面,vivo X9 广告更有创意,10 个图标被"vivo X9 前置双摄照亮你的美"取代,引来众网友的追捧热潮,吸引了很多用户眼球。

图 5-14 vivo X9 网络广告占据 20 余家主流媒体首页

图 5-15 vivo X9 网络广告 vivo 多款 App 开屏界面

(2) 广告内容策划

网络广告图片设计有以下几点需要特别注意：

① 主题要明确。

要突出产品主题，让用户一眼就能识别广告含义，减少过多的辅助干扰元素。切忌广告图片被切割得太细碎，内容繁多，没有浏览重心。很多广告主往往会认为传达的信息越多，用户越有兴趣，其实不然，什么都想说的广告，往往并没有表达重要信息。

② 重点文字突出。

用文字进一步告诉用户，产品最大的特征是什么，吸引人的亮点在哪。如果我们最大的卖点就是"4.1"折起，那么毫无疑问，"4.1"折的字样一定要大，要醒目，其余的则需要相应地弱化。

③ 符合阅读习惯。

阅读视线要符合尼尔森F形网页浏览模式，用户从左到右、从上到下的浏览习惯。

④ 用最短时间激起点击欲望。

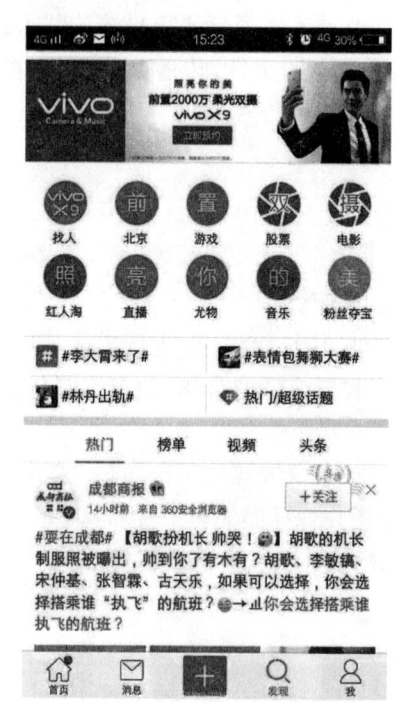

图 5-16　vivo X9 定制化微博开屏界面

用户浏览网页的集中注意力时间一般也就 3～4 秒，所以不需要太多过场动画，要第一时间进行产品的展示，命中主题，并配以鼓动人心的措辞口号引导用户。

⑤ 色彩不要过于醒目。

有些广告主要求使用比较夸张的色彩来吸引访问者的目光，希望由此提升广告图片的关注度。实际上，"亮"色虽然能吸引眼球，但往往会让访问者感觉刺眼、不友好甚至产生反感。因此，过度耀眼的色彩是不可取的。

⑥ 产品数量不宜过多。

很多广告主想展示更多产品，少则 4～5 个，多则 8～10 个，结果使得整个广告图片变成产品的堆砌。广告图片的显示尺寸非常有限，摆放太多产品，反而被淹没，视觉效果大打折扣。所以，产品图片不是越多越好，易于识别是关键。

⑦ 信息数量要平衡。

很多人总认为信息越多就越好，觉得所有信息都很重要，都要求突出，结果适得其反。如果广告图片上满是吸引点，那用户只会被注意，所以在广告图片的有限空间内做好各种信息的平衡和协调非常重要。

⑧ 留空。

广告图片画面中需要留空，留空可以使图形和文字有呼吸的空间。

在 vivo 新机发布会前期，连续四天，vivo 包下四个城市的地标，以 vivo X9 照亮城市之美为主线，以广州、上海、济南、北京 4 座城市的地标建筑为取景素材，把"照亮城市之美"这一主题展现得淋漓尽致，使得这支简约而不失大气的发布会倒计时广告，不仅达到了 vivo 新品 X9 的营销曝光效果，同时在创意上也做到了好莱坞大片的氛围场景，以及情怀中裹挟着公益的多重效应,如图 5-17 所示。

图 5-17　Vivo 手机线下广告创意

任务三　效果监控与分析

1. 广告效果

2017 年,国内线下市场销量前三的品牌分别是华为、vivo 和 OPPO,而 vivo X9 手机销量在上市半年后销量位居国内首位,如图 5-18 所示。

回顾 vivo 本次线下线上的广告创意,可以看出 vivo 手机对营销玩法的大胆探索。

(1) 用户洞察＋场景体验

vivo 善于在用户眼球中挖掘营销需求。在碎片化形态与信息大爆炸的当下,用户对墨守成规的营销方式已经失去了兴味。vivo 谙熟粉丝对社交平台的使用习性,并以此创造出新的场景式营销,即在微博发现首页植入 10 个 icon 广告,在搜索主页浮现彭于晏代言动图与发红包,给用户体验注入了新鲜的元素,形成了一股强有力的视觉冲击,激发了用户参与的积极性与分享的主动性。

2017年5月中国畅销手机TOP 20					
排名	品牌型号	参考价格	排名	品牌型号	参考价格
1	vivo X9	2598	11	华为 麦芒5	2399
2	华为 Mate9	3899	12	华为 Nova青春版	1999
3	华为 P10	3788	13	vivo X9 Plus	3298
4	OPPO R9S	2599	14	华为 nova	2399
5	华为 畅享7 Plus	1699	15	OPPO A37	1199
6	OPPO A57	1599	16	华为 畅享6S	1299
7	iPhone 7 Plus	7188	17	vivo Y55	1298
8	vivo Y67	1798	18	OPPO R9S Plus	3499
9	OPPO A59S	1999	19	iPhone 6	2578
10	vivo Y66	1498	20	iPhone 7	6188

图 5-18 2017 年 5 月中国畅销手机 TOP 20

(2) 标签创意＋联动效应

一场发布会倒计时活动，相继在 4 座城市的标志性建筑物上投影，把北上广鲁联动起来，vivo 的这种创意显然已成为一种标签；对于线上，vivo 联动 300 余家媒体头条报道，30 余家主流媒体开机大屏，精准地传播了 vivo X9 的产品特性；同时在微博上的交互创意，vivo 借助彭于晏的个人形象与影响力，更是优化了 vivo 与用户的沟通质量，提升了产品甚至品牌的好感度。

(3) 内容精准＋情怀精心

能让受众记住的广告营销，除了活动策划与传播形式别出心裁之外，对产品内容的诠释与包装，也是不可或缺的基本因素。vivo X9 主打的"前置双摄照亮你的美"，以及发布会倒计时活动主打的"照亮城市之美"，都是在对拍照功能的精准提炼与推广。而且这句通俗易懂的 Slogan 也包含着 vivo 对"美"更深入的理解，即将艺术美寄予生活，将心灵美赋予人性，将色彩美授予人生。

2. 效果评价

Vivo X9 系列的代言人是台湾演员彭于晏，由于彭于晏的影响人群集中在 20～39 岁之间的国内一二线城市，是追求个性的年轻人群体，正是 vivo 希望深度沟通并深化品牌互动的目标人群。同时，彭于晏也是一名自拍爱好者，也是体现了 vivo 自拍手机的性能卓越。因此，vivo 可以借助代言明星传达品牌思想，使消费者对 vivo 有一个更深刻、更准确的认知。

关键术语

网络广告　CPM　CPC　CPTM

应知考核

1. 网络广告的要素和主体是什么？
2. 网络广告的形式有哪些？

3. 网络广告营销的一般过程是什么?

项目实训

(一) 实训流程图

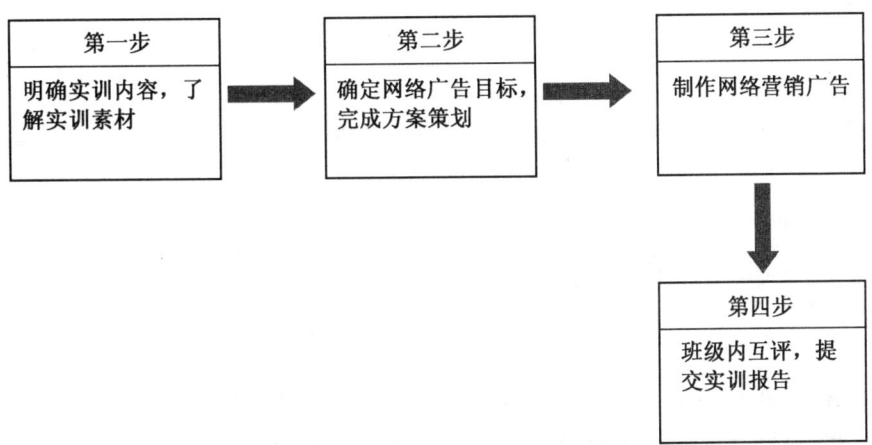

图 5-19 网络广告投放实训流程图

(二) 实训概述

本实训内容为网络广告投放实训,按照章节知识点及网络广告投放方法,将教师指定的任意商品作为网络广告策划的主要内容,写明广告创意及投放流程细则。

(三) 实训素材

设计风格建议参考频道整体设计(http://hz.lanfw.com),如表 5-2 所示。

表 5-2 实施网站

Client:地方站
Title:汽车专题模板页面设计制作
背景: 　汽车行业频道专题设计,需要包含车型介绍、Flash(汽车车型)拼图小游戏、网友团购报名区、小调查、视频展示区等元素,充分体现网络互动营销
• **品牌定义**:某高端品牌汽车新款车型推介
• **行销目标**:通过此设计的配色、动画等设计手法突出广告抢眼度。体现奢华大气,细节表现恰当丰富
• **广告目的**:通过专题的推广,提升汽车品牌的知名度

续　表

• **竞争范畴：**以下各网站的汽车专题 易车网：http：// * ian.bitauto.com/ 汽车之家 http：//www.autohome.com.cn/ • **支持点：**	
描述	**命题：**为新浪汽车专题栏目设计制作一套互动产品 **作品含：** 主题思想（文档形式，Word 或 PPT） 活动机制设计（文档形式，Word 或 PPT） 视觉设计制作（含首页及各子页面）（JPG，可整合入 PPT 演示） 活动 banner 广告创意两套各三个尺寸（728 * 90、300 * 250、160 * 400）
调性	根据不同行业使用不同色调
必要元素	新浪汽车频道 Logo，版权信息，广告语（请根据各个行业主题制定，希望在文案方面也能看到闪光点）
广告诉求	通过合理的设计表现形式突出产品特性，突出强调行业的特点以吸引用户参与

（四）实训内容

任务一　确定网络广告目标

根据情景设置，确定网络广告的原因和主要目标，如促进产品销售、提升品牌知名度、提高站点流量等，完成表 5-3。

表 5-3　确定主要信息

营销主题	营销的品牌或核心要素
确定网络广告的原因	确定网络广告的实施原因
营销主要目标	促进产品销售，提升品牌知名度，提高站点访问量等

任务二　网络广告营销方案策划

根据教师部署的营销主题，确定网络广告的受众群体、文案形式等，制订详细的网络广告营销策划，并完成表 5-4。

表 5-4　广告相关信息

广告目标	目的是什么
广告受众	受众是谁
广告文案	用什么样的文章形式加以表现，其中涵盖诉求是什么，如何与产品形成紧密联系

续 表

广告形式	文字、图片、Flash、视频等以及选择的原因若为视觉化表现,描述大体构思
广告规格	若为视觉化表现,具体尺寸是多少,需要控制在多大的文件范畴内
广告投放位置	投放在哪里,具体到那个站点的哪个页面,并给出具体原因
广告投放时间	什么时间或者什么时候进行投放,给出理由
广告投放区域	广告是否有区域性的考虑,给出原因

任务三　网络广告设计与制作

根据广告策划方案,着手开始网络广告的设计与制作。

项目六 社群营销

知识目标

1. 掌握社群营销的含义；
2. 掌握社群营销策划与分析；
3. 了解社群营销的基本操作流程；
4. 把握利用IM、QQ工具进行推广营销的技巧。

技能目标

1. 熟悉社群营销的基本原理；
2. 能对社群营销进行策划与分析，制定有效的IM、QQ营销方案；
3. 熟练使用IM营销工具进行推广营销。

引导案例

海尔"立硬币"社群营销

图6-1 海尔社群营销宣传

移动互联网时代下的社会结构正在加速社群化。对于那些寄望通过社群化运作实现某种商业目的的品牌而言，成功的关键在于如何唤起受众的此种情结。由海尔发起的"立硬币"事件是距离我们最近的一个社群营销案例。

从今年10月份开始，海尔在全国各地发起在运行的洗衣机上"立硬币"的活动，以此来展示机身在洗衣过程中的安静平稳性能，在全国掀起立硬币高潮，成功唤起了受众的社群情结，引发社会化的口碑传播。

海尔在社群营销方面的尝试，并不只是简单的营销方式的转变，从中也可以看出海尔塑造全新品牌形象的诉求，以及海尔对品牌和用户二者关系的全新理解。而社群营销的成功带给海尔的也不只是品牌影响力的扩大。

首先，社群营销让海尔的品牌形象更加鲜活，更具人格化特征。过去洗衣机等大家电给消费者的印象冰冷、呆板、没有生气,主要原因是品牌与消费者之间缺乏沟通与互动,导致产品缺乏必要的人格化特征,无形中拉远了品牌与消费者间的距离。而海尔洗衣机则通过"立硬币"等一系列活动让品牌形象变得更加鲜活、人性化。

其次,社群营销是基于社交关系链的传播,口碑效应显著。口耳相传建立起的品牌口碑比任何营销都更加牢固,海尔品牌口碑的树立就受益于此。例如,海尔的服务有口皆碑,几乎无人不知,很大程度上就是用户之间口口相传形成的。而社群背后是一个庞大的社交关系链,有助于海尔进一步加强品牌的口碑效应。

最后,社群是基于关系的连接,海尔通过一系列社群活动加强了品牌与用户之间的关系,同时也提升了用户对品牌的忠诚度。基于社群的关系显然比纯粹的交易关系更加牢靠。

社群营销的成功直接反映在了海尔洗衣机的市场表现上,海尔销售数据显示,海尔洗衣机整体市场份额为28.9%,稳居行业第一。海尔滚筒洗衣机增速高达53.9%,是行业增速的10倍。截至目前,海尔滚筒洗衣机已经连续4个月位居行业增速第一,真正实现了大体量下的高增长。

知识准备

1. 社群营销的概念

社群营销是在网络社区营销及社会化媒体营销基础上发展起来的用户连接及交流更为紧密的网络营销方式。网络社群营销的方式,主要通过连接、沟通等方式实现用户价值,营销方式人性化,不仅受用户欢迎,还可能成为继续传播者。

网络社群的概念是由于Web 2.0的发展以及社交网络的应用才逐步流行起来的。从SNS发展的时间上推测,网络社群的概念大约出现在2006年前后,社群经济、分享经济等概念也是在同样的背景下逐渐被认识的,可见社群是以社交化为基础。

建立和运营网络社群的条件包括人力和资金、内容和服务、时间和耐心、产品及营销模式等。其运营模式和流程,与一般的SNS营销并无原则性差别,但对沟通和服务方面有更高的要求,而不是简单地通过社交网络实现"内容营销"。

2. 社群营销的流程

(1) 确立社群价值

每个社群都有具体的存在价值,第一步就需要定位社群到底能提供什么具体的价值,即"虚拟产品"。只有真正知道了我们能提供什么价值,才能知道在哪里找到需要的人群。第一步属于定位环节,很重要,有两点需要注意:

第一,价值最好是互惠互利性质的,如果社群与成员之间的回报是相互的,那么社群的自运营生态就能真正建立起来,因为成员们可以互相分享,彼此输出,互帮互助,也可以帮助成员提升个人品牌,这种互惠互利的关系往往能让价值连接更长久;如果仅仅是一个产品或商品的单一销售,时间久了,用户对社群模式可能会腻,激情越来越低。

第二,确定价值回报的载体。单单明确了社群价值还不够,因为我们最终目的是如何把价值转化为回报,而回报一定是有载体的。比如,一个兴趣社群,以共同爱好为基础,吸引了一大批粉丝,每天分享兴趣来交流,确实有价值,但是该如何转化价值呢?社群的口号是:共同成长,一起学习,但是学习、成长这个东西太宽泛了,太大太空了,很难把价值真实地挖掘出来。比如,一个学习群,以学习 PS 教程为基础建立,社群通过推广教程书籍、网课教程来获得收益,这种回报载体就是课程,所以回报载体好比是通往"财富大门"的道路。

(2) 增加用户黏性

社群营销之所以可以异军突起,威力无边,主要原因是网络社群可以更好地黏住用户。把客户当家人,通过深度的互动可以进行产品的付费升级,产生二次销售、三次销售甚至更多,不仅实现经济回报,而且客户可以为品牌发展助力。

不像大多数传统的营销环境中,产品销售基本是"一锤子买卖",客户需要的时候碰巧找到你,不需要的时候石沉大海,找不到人。好不容易出现的后续交流,可能是"换货""退货""维修";所以当社群价值确立后,我们要有意识地维护客户,比如提供一些无偿服务,先让客户留住。

(3) 挖掘价值痛点

挖掘痛点是任何营销环节中都必不可少的一环,是订单成交的前提。挖掘痛点,促进成交,有以下方法:

① 刺激购买欲望。

持续不断地阐述产品的优质性,让客户有一种"过了这个村就没有这个店"的感觉。可以为有需求的客户勾画一幅美好蓝图,让其不断地遐想,自己获得产品后得到了提升,变得有多优秀、多厉害的场景,增加用户购买的欲望。

② 竞品分析。

销售任何一样东西,都不会是只有你自己在卖,否则早就垄断了,所以销售界做竞品分析是基本功。针对有需求的用户,我们要针对性地阐述自身产品与竞品有什么优势,比如,价格更优惠、服务更全面、内容更干货、有其他产品没有的增值服务等。为什么要这么做?因为面对的是有需求的用户,既然有需求,客户一定会想办法解决需求,也就是销售界里经常说的一句话:"客户一定会买,就是在哪里买的问题"。既然客户一定会付费购买,那我们就要极力做到在我们这里产生购买,怎么样让客户挑中,当然是竞品分析做得好。

③ 打折促销。

打折促销是最常见的销售策略,天底下没有不爱占便宜的人,因为不但可以省钱还可以获得"面子",有心理优越感。一场好的促销活动,必须设计好"时间截点"和"价格底线"。"时间截点"是为了烘托紧张感,催促用户尽快成交,产生错过就吃亏的感觉;"价格底线"是要综合考虑我们的成本,不要单单为了成交,不盈利甚至亏本了,这样的买卖不做也罢。

(4) 进行产品销售

上述工作做完,尤其是痛点挖掘得好,订单自然成交,要么是客户在等待我们去成交,要么是客户主动上门成交。只要痛点挖掘出来了,就可以大胆地推广产品,进行销售,不用担心客户拒绝甚至被吓跑。

(5) 树立社群品牌

当成功完成一次销售动作后,我们不应该就此结束,接下来才是最重要的工作环节:维护老用户,打造社群品牌。这么做有两个目的:

① 增加社群影响力。

社群营销与传统营销最大的不同在于,社群和用户不仅仅是简单的交易行为,更多的是情感连接。所以不管是不是我们已经成交的用户,实际上都是我们的铁杆粉丝,应该一视同仁。很多运营者会犯这样的错误:营销过程中,愿意付费买单的用户就是上帝,以后知冷知热地照顾;暂时没有付费买单的用户受到冷落,甚至开始不闻不问,这是一种错误的做法。是否付费买单,并不能体现此用户是不是我们的铁杆,用户付费也很有可能仅仅是为了利用我们的产品来解决自身需求而已。至于我们是谁并不重要,如果有更好更优惠的产品,可能就在那里付费了。而没有付费的用户可能在思想上与社群高度统一,是很认可社群的铁杆,只是暂时没有这个需求,所以不需要购买产品,仅此而已。所以继续维护社群"铁杆粉丝"是关键,只有铁杆才会助力社群发展,不断增强社群影响力。

② 可以有机会进行二次、多次营销。

产品功能需要跟紧时代发展的步伐,社会在发展,技能就要求越来越高,所以大部分社群的产品都会定期进行更新升级,升级后服务更好了,一般价格会更高,谁是升级后的第一批先行者呢?当然首选已经付费过的用户,因为他们使用过产品,更有"话语权",而且对社群的产品基本认可,所以转化付费的可能性更高。假如,社群也在不断升级,有能力推出更多的产品了,依然可以进行二次、多次销售,受众人群还是首选社群"铁杆"。

3. 社群营销的成功要素

(1) 逆向思维与参与感

按照过往人们对营销的理解,所谓营销就是将产品好的一面展示给受众看,将品牌的理念和价值观传递给消费者,因此过去最常见的营销就是集中大规模地广告铺放,但这种方式的效果在社群时代变得越来越差。

海尔洗衣机发起的"立硬币"活动则改变了传统的教育用户的方式,由"我来讲"转变为"您来试",让用户从被动接受营销信息变成主动了解产品和认识品牌,是典型的"逆向思维"。这种思维体现出海尔对"社群"概念的正确理解,其结果是让消费者在参与活动的过程中感受到乐趣,体验到产品的功能,感知到品牌的温度。

(2) 中心化与去中心化

"立硬币"事件发起的背景是,海尔通过 HOPE 平台调研发现,用户对洗衣机产品抱怨最多的就是"噪音大",而"立硬币"这种形式十分巧妙地与噪音大这一痛点结合在了一起。不论是活动形式还是活动目的都是高度精准、聚焦的,这就是所谓的"中心化"。而社群的经营同样离不开一个中心,这个中心是凝聚社群成员的关键。

"去中心化"则体现在营销渠道上。尽管线上线下的界限已经十分模糊,但一个成熟的社群运作一定是线上线下的结合与互动。海尔洗衣机在线下各大卖场发起"立硬币"活动的同时,在微博、视频等线上平台也同步发起相关活动。在营销渠道上采取"去中心化"的策略,覆盖到更多的消费者,这是活动参与人数不断攀升的原因。

4. IM营销概述

IM营销又叫即时通信营销,指营销工作者们运用现有的网络通信工具实现的及时的实时的信息交流和收发从而产生效益的一种销售手段。常用的主要有两种情况:第一种,网络在线交流。中小企业建立了网店或者企业网站时一般会有即时通信在线,这样潜在的客户如果对产品或者服务感兴趣自然会主动和在线的商家联系。第二种,广告。中小企业可以通过IM营销通信工具,发布一些产品信息、促销信息,或者可以通过图片发布一些网友喜闻乐见的表情,同时加上企业要宣传的标志。QQ营销作为其中一种,在实际的工作中有重要的作用。网络营销人员可以通过设置脚本来调用QQ,实现及时的面对面的交流,及时反馈和回答交流者双方的问题和答案,在交流中增进买卖双方成功的概率,因此成为现在流行的一种营销手段。IM营销手段又可以分几种:QQ营销、MSN营销、百度HI、YAHOO通等。

5. IM营销发展现状

IM(即时通信)作为互联网的一大应用,其重要性显得日益突出。有数据表明,IM工具的使用已经超过了电子邮件的使用,成为仅次于网站浏览器的第二大互联网应用工具。

早期的IM只是个人用户之间信息传递的工具,而现在随着IM工具在商务领域内的普及,使得IM营销也日益成为不容忽视的话题。最新调查显示,IM已经成为人们工作上沟通业务的主要方式,有50%的受调查者认为每天使用IM工具目的是方便工作交流,49%的受调查者在业务往来中经常使用IM工具,包括更便捷地交换文件和沟通信息。

虽然IM已经成为互联网广告的重要发布媒体,但是中小企业在IM营销上却还是刚刚起步。针对有明确目标需求的网站访客,企业需要一套网站在线客户服务系统,随时接待每一个访客,回答访客的任何问题,然后产生交易;而针对没有明确需求的网站访客,企业则需要针对其行为特征进行分析,主动出击,沟通对方来访目的、购买意向,最终促使达成交易意向。这就是典型的中小企业IM营销。

中小企业IM营销指的是中小企业以IM作为信息交互载体,实现目标客户挖掘和转化的网络营销方式。

中小企业IM营销不等于IM广告。当前的IM营销,主要还是指以IM为载体,进行广告发布或事件营销等活动。而对于中小企业而言,由于受资源所限,花费不菲的IM广告并非首选。中小企业IM营销需要符合中小企业的需求特征,那就是讲究投资回报率,注重效果营销。

IM作为即时通信工具,其最基本的特征就是即时信息传递。对于被动展示信息模式的网站营销而言,IM营销能够弥补其不足,可以同潜在访客即时互动,并能够主动发起沟通,有效扩大营销途径,使流量利用最大化。由此可见,IM营销不是简单的即时通信营销,而是以IM为载体获取商机的高级营销活动。

6. QQ营销的特点

(1) QQ营销在告知的同时就起到了销售的平台的作用,在销售的同时就起到了为客户服务的作用。传统营销的每一个环节都需要建立一个平台,从而在人力成本、固定资产投入、销售费用的投入等方面造成巨大的费用,而QQ营销则可以将多个平台整合在一起,从而节约企业的营销费用。

(2) QQ营销无地域限制,不论客户在哪里,QQ营销都可以触及。传统营销不会在什么地方都建设终端,特别是中小企业更不可能,而QQ营销虽然在这个地方没有营销网点,但是可以通过QQ营销联系到客户,利用物流同样可以产生交易。

(3) 传统营销的互动性较差,而QQ营销的互动性很强。QQ因为是即时通信工具,因此QQ营销可以主动出击,企业可以随时了解到顾客的需求信息,进而建设顾客需求数据库,为公司的营销决策提供科学的依据。通过QQ营销获得的数据信息更真实可靠。

(4) QQ营销做营销活动的效率很高。QQ营销的效率表现在营销活动的各个方面,如企业要做促销活动,QQ营销可以在促销活动的第一时间将活动信息通知给目标客户。QQ营销可以更方便顾客,顾客足不出户即可享受售前、售中、售后的服务。

(5) QQ营销可以提高客户的忠诚度,在面对企业突发事件时,可以起到积极有效的作用。QQ营销提高客户的忠诚度主要是因为和客户直接保持的良好的互动关系,以及为客户提供"一对一"的营销服务。在面对企业突发事件时,QQ就可以起到宣传媒介的作用。

任务一 社群营销分析

陕西省互联网大会是陕西省互联网行业的一次盛会,是由陕西省互联网协会主办,多家互联网公司支持的品牌活动。2010年以"新格局新发展"为主题的第一届大会取得圆满成功。2019年,8月20日,第九届陕西省互联网大会暨2019数字经济发展高峰论坛新闻发布会在西安锦江国际酒店召开。据悉,此次大会于2019年9月19日在西安浐灞生态区举行。第九届陕西省互联网大会暨2019数字经济发展高峰论坛以"智能5G、云上未来"和"数字经济助推'三个经济'"为主题,探寻5G产业、数字经济发展对于实体经济的助推作用,为陕西互联网的发展乃至经济的发展提供有益的借鉴。预计参会人数超过10万人次,邀请省内外演讲嘉宾100余位,专家院士39余位,参会企业及机构2 000余家,参展企业300余家,媒体深度报道300余家。IM营销方案的策划按照以下步骤实施,如图6-2所示。

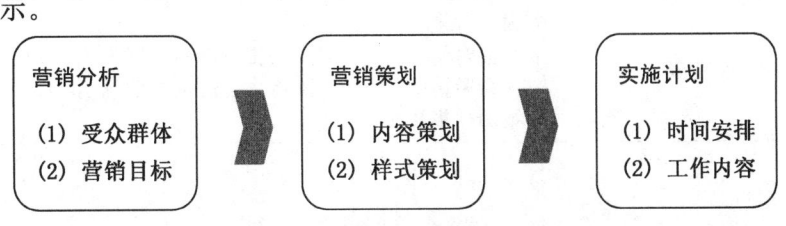

图6-2 IM营销策划方案

1. 营销分析

营销分析的第一步是目标客户的定位,按照此次大会的目的,确定大会的受众群体如下:

① 行业内的从业者。对于行业内的从业者来说,会议的召开在很大程度上鼓励大家相互之间交流,促进行业的发展和提升个人的职业水平。

② 行业企业。这是一场互联网界的盛会,在历届陕西互联网大会参会人员中 IT 类、软件类以及网络信息类企业所占比例较大,因此本届大会也同样会邀请他们参会。

③ 对互联网大会进行跟踪报道的媒体等。媒体公关对一场盛会的支持至关重要,这将在舆论宣传等方面扩大大会的影响力。

2. 营销策划

① 内容策划。依据上述分析,QQ 群营销需要体现出特色与价值,需要目的明确且 QQ 群营销思路清晰。由于每个阶段营销效果的目标以及受众群体利益关注点不同,所以在 QQ 群内容呈现方面,也要有所不同。具体内容策划如表 6-1 所示。

表 6-1　内容策划

受众群体	需求特点	内容呈现
行业从业者	1. 了解最新行业动态; 2. 行业领导指导意见; 3. 学术界嘉宾最新成果; 4. 与企业接触、合作	大会背景、最新进展、参与方式、会费、与会嘉宾(企业、教育界)、观点与议题、大会与教学的联系与价值
行业企业	1. 行业嘉宾思考与成果; 2. 采集、捕捉行业商机; 3. 讨论、分享行业模式	大会背景、最近进展、与会行业嘉宾、嘉宾观点与演讲主题
媒体	1. 与会嘉宾及其观点; 2. 大会特色与亮点	大会背景、特色亮点、最新进展、与会行业嘉宾及其观点与演讲主题

② 样式策划。为了囊括更多的内容并以美观得体的样式呈现,本届大会的 QQ 群将采用图文并茂的形式,用图片加文字制作,来满足不用群体的需求。

③ 实施策划。循序渐进地向受众群体发送大会相关内容,有利于引导受众加深对本次大会的印象,了解大会的最新进展,促进受众报名参会。具体实施过程如表 6-2 所示。

表 6-2　实施过程表

发送批次	受众	主要内容传递	目的
第一阶段	从业者	大会背景 大会时间 大会邀请函 案例征集活动	提升陕西互联网大会知名度,传递本次大会的基本信息

续 表

发送批次	受 众	主要内容传递	目 的
第二阶段	从业者、行业企业	大会概括 大会最新进展 大会邀请函 案例征集活动	提升陕西互联网大会知名度,及时播报大会筹备状态与大会特色、亮点、增加大会报名人数
第三阶段	从业者、行业企业、媒体	大会议程 大会地点 大会参会细则	落实大会议程、与会嘉宾及参会注意事项

3. 进度计划书

根据上述模板的策划结果,制订出进度计划书,并落实到人,按照时间各司其职,逐步进行,如表6-3所示。

表6-3 人员安排

所属阶段	主要工作内容	产 出
前期准备	添加目标行业的QQ群	不同的账号添加不同的QQ群
	内容策划与整理	以Word或是Excel整理汇总
	内容形式的设计	文字加链接、图文并茂
第一阶段	针对行业/从业者/媒体第一批次QQ群发送	第一批次发送结果
第二阶段	针对行业/从业者/媒体第二批次QQ群发送	第二批次发送结果
第三阶段	针对行业/从业者/媒体第三批次QQ群发送	第三批次发送结果
效果分析	QQ群营销主题完毕,对效果进行分析	2019年陕西互联网大会QQ群营销效果分析

任务二 收集整理QQ群

1. 注册流程

在收集整理QQ群之前,需要做的是注册一个QQ账号。QQ账号的注册有三种方法,第一种是由数字组成的账号,它是腾讯QQ最早的注册方式,经典通用;第二种是通过手机来注册,便于登录而且能起到对账号保护的作用;第三种是邮箱地址注册,邮箱地址的注册对于用户来说方便记忆而且个人性化十足。在选择了一种注册方式之后,就需要进一步完善其账号的信息,包括账号的昵称、密码、生日等,如图6-3所示。

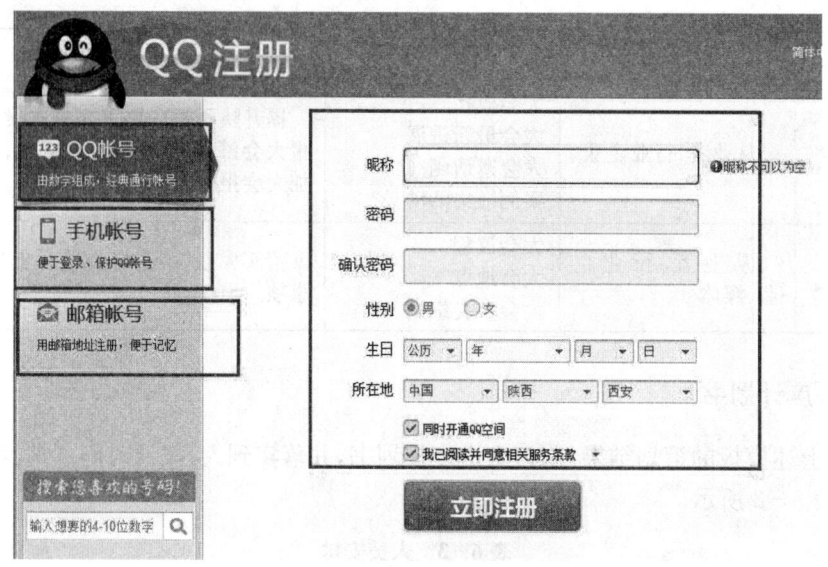

图6-3　QQ账号注册流程

注册完以后,就可以登录自己的个人账号,这里要说的是个人资料的设置,包括个性签名和个人说明。QQ个性签名是由腾讯QQ聊天软件延伸出来的一个功能,QQ个人可以在个人栏中设置自己的个性签名,可以根据自己的爱好、心情来设置自己与众不同的个性签名。而个人说明就是进一步介绍自我。例如,陕西互联网大会在个性签名上就将本次大会的名称及网址写在了上面,在个人说明上进一步介绍了大会的情况,做好了本次大会的宣传和推广。在编辑完个人主页后,就需要对账号的头像进行完善,个人头像的设置可以让用户群体更加容易记住企业的产品。例如,陕西互联网大会在头像上就用了由这次大会的名称组成的图片。

2. 整理汇总QQ群

任务一中提到陕西互联网大会作为陕西互联网行业的盛会,依据营销分析,面向的对象有行业从业者、行业企业和媒体。所以,QQ群的受众定位在这三个群体。

对于不同的受众群体,需要注册不同的QQ账号来获得相关的QQ账号。如6-4图所示是陕西互联网大会对于不同的参会人群所注册的账号。

图6-4　陕西互联网大会对于不同参会人群所注册的账号

① 行业从业者的 QQ 账号，由营销部门获取。营销部门经过多年的积累，已经有很多相关行业的从业者的 QQ 账号，可以作为内部资源来调用。

② 行业企业的 QQ 账号，通过搜索引擎搜索特定的关键词，或者登录其官网网站、行业的黄页，进行收集。

③ 对于网络媒体的 QQ 账号的获取，直接登录相应的网站进行查询。

陕西互联网大会 QQ 群营销行业从业者账号的获取从内部资源中直接调用。由营销部门的专职负责人员负责汇总整理出日常所联系的行业内的潜在参会人员、意向参会人员的 QQ 账号等，提交给此次 QQ 群营销工作人员，再由 QQ 群营销工作人员将此整理。

3. 对于行业企业的获取，需要通过自行收集的方式获取

① 各地分公司、网络营销企业 QQ 账号的获取。其获取范围包含知名网络营销企业在省会城市的各代理商（google、百度、阿里巴巴、360 等的各地代理商）、网络营销、SEO 推广、网站建设公司等。目标是按陕西省内来汇总整理，具体工作由 QQ 群营销工作人员执行。

可以直接通过在百度或 Google 中输入关键字（如"西安百度分公司或代理商"）进行搜索。其中，百度和 Google 的代理商可直接在其代理商页面找到负责人姓名，收集完成后汇总并整理好发给负责 QQ 群营销的工作人员。

② 媒体公关的账号获取。陕西互联网大会的媒体 QQ 账号的获取主要有商务部来负责。由于陕西当地媒体及公关公司较多，联系方便快捷，而且商务部一直与媒体保持着长久的联系，资源的积累也是比较多的，所以此次大会的媒体账号的获取就直接由商务部工作人员来联系，最终所汇集的媒体公关 QQ 账号包括网络媒体、纸媒、公关公司、广告公司等。

③ 行业企业的账号获取同样由商务部来负责完成，他们有历届会议的旧客户资源积累，可以通过电话联系获取一些新的客户的联系方式。

任务三 制作 QQ 群内容

依据营销策划与分析，按照内容策划等分析决定进一步实施 QQ 群营销的内容。

① 首先在 QQ 个人界面下点击查找，进入后根据不同条件的限定来查找目标群。例如，陕西互联网大会的目标群有互联网行业内的从业者、行业企业及媒体三者，在这些目标群体中查找对此次大会感兴趣的从业者。在内容的查找中，可以细致地分为各种群组，比如网站建设群、网站推广群、SEO 群等，这样查找进一步缩小了对于行业的限定和目标群体，在很大程度上保证了推广的效果，如图 6-5 所示。

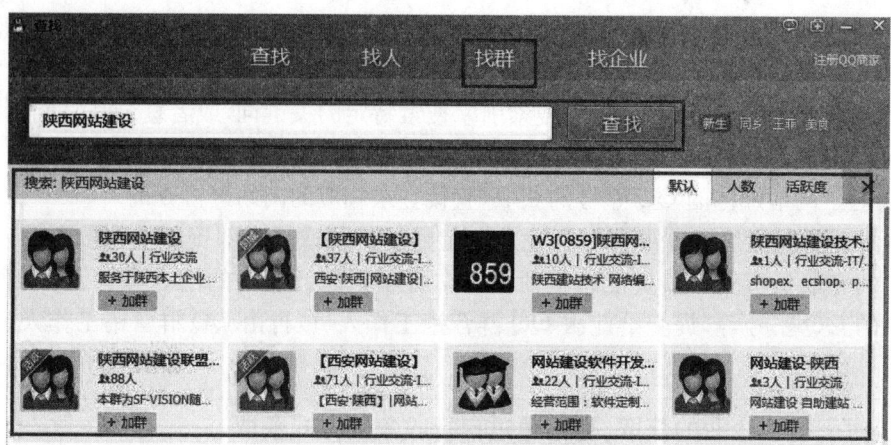

图 6-5　查找 QQ 群界面

② 然后申请加入"目标群",在加入之前首先要进一步确认群的名称和资料是否和此次大会的营销目标有关联性。在申请加入的时候填写内容一定要和群名称或是资料有关,这样确保给群主留下深刻的第一印象,并通过审核。

③ 审核通过以后,不要急于进行大肆地发广告或是链接,以免被踢出群。进入群后,首先要为以后的推广做铺垫,应该发一些问候话语,如新人报到,多多支持,或是自报家门之后和群成员进一步了解。在气氛活跃起来之后可以视情况来定的,和群成员讨论一些和此次大会相关的话题,这样可以获得一些对于会议有意向的客户,还可以通过话题的讨论来提升群成员的喜好。

在结合上述情况后,就要学会使用群组里的工具。例如,相册的使用可以更多更好地展示会议的概况,在很大程度上增加了会议的曝光率和影响力,如图 6-6 所示。

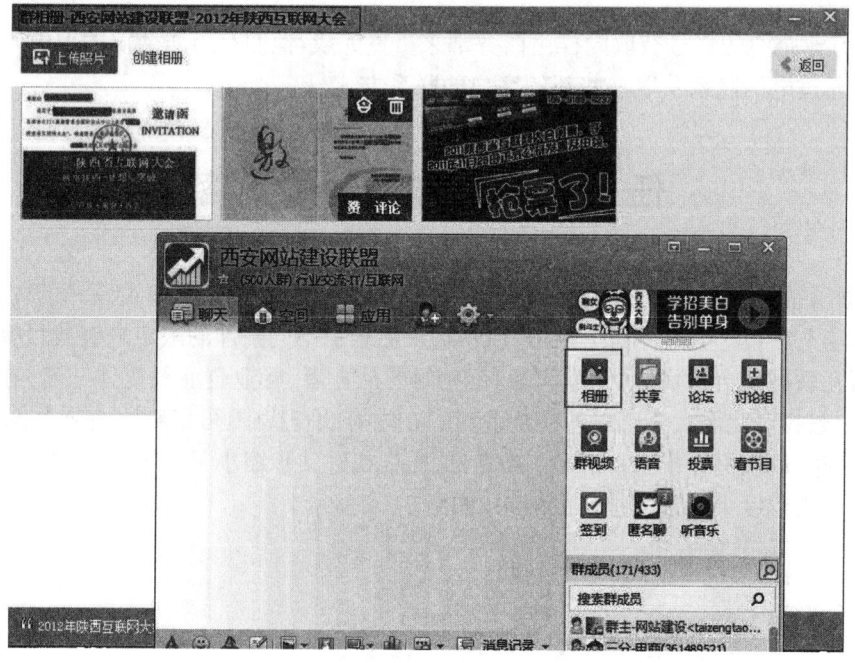

图 6-6　群相册的使用

对于共享的使用尤为重要,可以将整理好的会议介绍、邀请函等文件发布于此,这样有利于目标群体了解和知晓会议的进程,如图6-7所示。

讨论组的成立在很大程度上为潜在目标群体提供了话题讨论的私密空间,在这里就可以和大家深入讨论关于大会的相关事情,征求大家的参与和共同学习。

最后要说的是对于签到的坚守。在进入群组后要让大家感觉到我们每天都在群里,就可以利用签到来展示,这样展示的效果既可以博得群主和成员的注意,而且起到了提醒的作用,如图6-8所示。

图6-7 群共享的使用

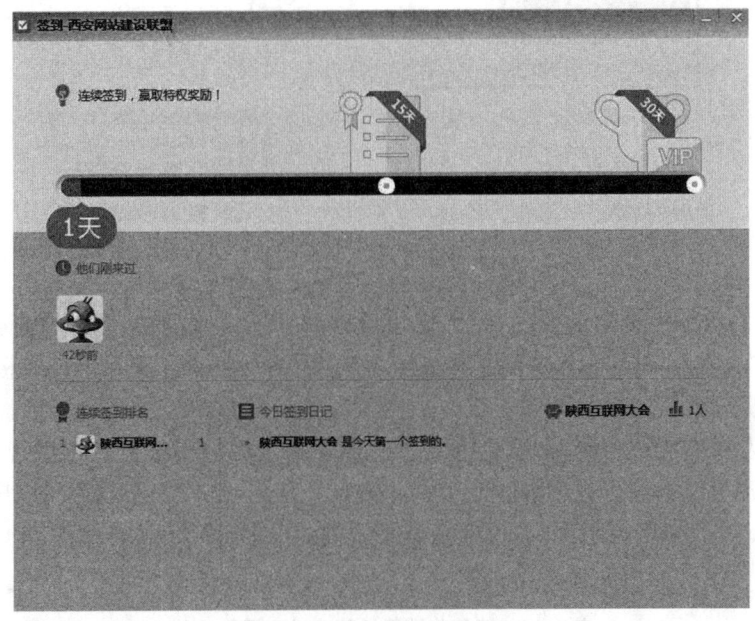

图6-8 群组签到的使用

④ 在内容的发布上为了提高营销效果和防止因发送广告而被群主踢出群等现象的发生,在内容发布过程中采取阶段性的实施。内容的形式主要以文字加链接及图片加链接两种形式来展示。文字加链接的内容,在撰写过程中应注意内容应与会议相关,语言简练,重点突出,对于表达的信息不能冗长繁杂,可以适当使用 QQ 表情或是大会 Logo 等内容,这样可以让目标群体直观地产生记忆。作为陕西互联网大会的初期,主要介绍的是大会的背景、大会的特色亮点等内容,内容精准地提示给用户群体时间、地点、规模等信息,而且内容清晰明了。

图片加链接的内容编辑过程中,应重点突出会议信息,图片形式可幽默、夸张、动画等,这样可以直接传递给目标群体所要表达的内容。图片不宜过大,否则会引起群组成员的反感。本身图片的亮点就较为明显,因此在编辑过程中就需要独具创意,抓住目标群体的眼球吸引更多的受众群体来关注会议内容。如图6-9所示,把陕西互联网大会的营销目的作为图片的重点进行表达。

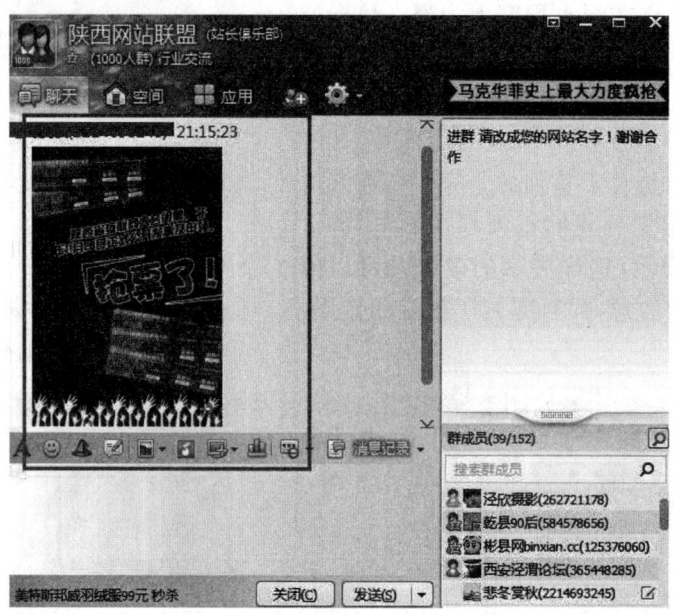

图6-9 图文并茂的形式

⑤ 结合自身加入群组的情况,每天适当投放图片加链接的内容,循序渐进地完成营销内容。其次,需要申请加入不同的目标群,这样对于大会的宣传和推广有极大的作用,而且有助于提升大会的知名度和影响力。在内容发布过程中应根据内容阶段的不同,发布时应注意发布的次数和频率,防止因发布过多等因素而被踢出群。可以视实际情况和群组讨论内容等因素进行营销内容的讨论和发布。最后,整理和汇总意向用户时,需要制作不同的Excel表格来分别保存,这样有利于后续的电话通知等工作的开展。具体如表6-4所示。

表6-4 不同营销目标整理成不同的表格

目标群组	所属阶段	主要发布内容	执行人
媒体群	第一阶段	大会背景、大会特色亮点的说明,内容不宜太多,每天发送2次	
	第二阶段	大会规模、大会议程及主题等内容的发布。邀请更多的媒体参与	
	第三阶段	展示已经邀请来的媒体,扩大会议的影响力和实力	

续 表

目标群组	所属阶段	主要发布内容	执行人
行业企业群	第一阶段	大会背景、大会特色、大会议题模块等,聚焦行业领袖们对会议的价值。每天发送2次	
	第二阶段	大会的报名、大会详情、大会议程等的说明,突出重点	
	第三阶段	已经邀请的行业企业的展示,敦促更多企业的参与,扩大会议的传播范围	
行业从业者群	第一阶段	大会的背景、大会的规模的说明,内容精简干练,每天2次	
	第二阶段	大会的核心内容、大会亮点、会议目标等,吸引更多行业精英的参与	
	第三阶段	行业内的伙伴加入展示图片,凸显大会实力	

任务四　效果监控与评论

2019年陕西互联网大会在实施IM营销的3个月时间里,经过商务部和营销部的配合,最终成功加群并实施的有90个,被踢出群有18个。其中单独聊天进行大会了解的有1 080人,直接通过QQ群报名650人,大大提升了陕西互联网大会的影响力和知名度。2019年陕西互联网大会圆满成功,在很大程度上得益于组委会对于网络营销的精准把握,更在于对于用户群体的分析,才会使得这次IM营销取得良好的成绩。

① 首先经过商务部的配合和QQ群营销工作人员的努力,到场的行业企业为1 000家,远远超出了预期的效果。

② 对于细分化的行业从业者到场人数为8 000多位,他们对陕西互联网大会的举行欢呼雀跃,希望以后可以多多参与这样的大会,来提升行业内的相互交流。

③ 媒体公关的到场人数为450人,此次大会不仅邀请了传统媒体,而且大大增加了网络媒体的数量,这样在很大程度提升了陕西互联网大会的传播效果。

关键术语

社群营销　IM营销　QQ营销

应知考核

1. 简述社群营销的流程。
2. 保证社群营销成功的要素有哪些?
3. QQ营销的步骤和特点是什么?

项目实训

(一) 实训流程图

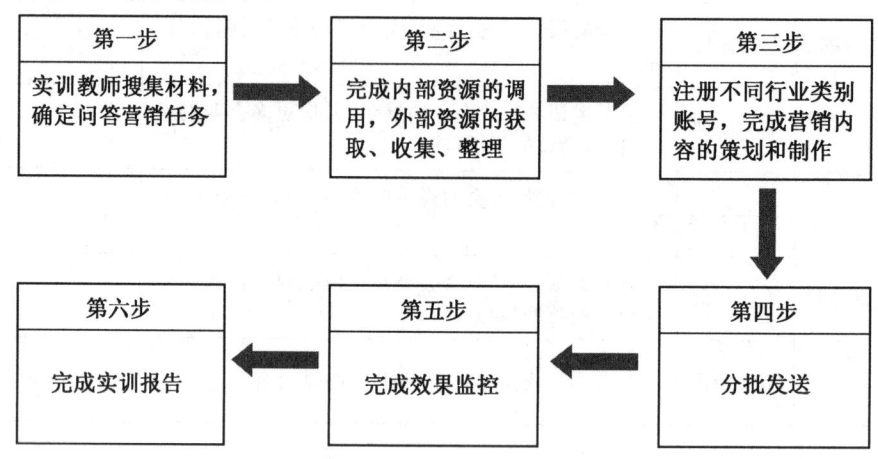

图 6-10 社群营销实训流程图

(二) 实训概述

本实训项目要求以当年电子商务行业协会邀请各行业人员参与专题推介会作为此次 IM 营销的主要内容,以小组团队的形式,通过策划 QQ 群营销方案、收集 QQ 账号、设计制作 QQ 群营销等内容,以注册各类别账号分批发送为主,实施并监控效果等一系列操作。目的在于通过实训掌握 IM 营销的相关方法和技巧。

(三) 实训素材

以当年电子商务行业协会为此次 IM 营销的主要内容。

(四) 实训目标

根据 IM 营销任务的要求进行营销分析,组建营销团队,制订进度计划书,明确工作内容与人员分工。

(五) 实训内容

任务一 策划 QQ 群营销方案

步骤 1:小组成员根据此次 IM 营销实训的要求进行 QQ 群营销分析,熟悉实训所提供的素材,确定目标受众群体、营销目标和营销方案。

步骤 2:根据 QQ 群营销目标效果以及受众群体的利益关注点,在 QQ 群内容呈现、表现形式、实施过程等方面进行详细的策划。

步骤 3:制订进度计划书,明确工作内容与人员分工。

任务二 收集整理 QQ 账号

按照 QQ 群营销分析收集整理目标受众群体 QQ 账号汇总成 Excel 表格。

步骤 1：账号获取。针对不同的营销主题，收集相应的用户的 QQ 账号。

步骤 2：汇集整理成 Excel 表格。列出 QQ 账号、用户身份及选择其作为 QQ 群受众的原因，填入表 6-5。

表 6-5 汇集整理信息

序 号	QQ 账号	身 份	原 因	备 注

任务三 制作 QQ 群内容

步骤 1：根据营销主题，分析并构思 QQ 群内容，注册不同受众群体的账号分别查找；

步骤 2：制作针对不同受众群体的图文内容并加链接，分批实施；

步骤 3：设计 QQ 群内容文字描述；

步骤 4：保存制作完成的 QQ 群内容。

在 QQ 群内容的编辑过程中应注意言简意赅，重点突出，具备营销效果。

任务四 效果监控与分析

效果监控与评估主要是查看每个类别下受众群体的 QQ 账户的数量，统计出来。分析此次 IM 营销的总体效果，包括添加群数、被踢出数量、私聊数量等内容。

项目七 视频营销

知识目标

1. 了解视频营销的概念;
2. 了解视频营销的基本模式;
3. 了解视频营销相对于其他营销方式的优势;
4. 掌握视频营销的策划技巧;
5. 重点掌握视频营销的创意思想;
6. 掌握视频营销的操作方法。

技能目标

1. 掌握视频营销的核心理念;
2. 掌握视频营销的策略;
3. 能够将企业营销活动与网络视频结合起来进行创意策划;
4. 能够将策划好的视频营销活动进行完美实施;
5. 掌握视频营销的实施流程。

引导案例

视频网红——李子柒

2019年12月30日的《中国新闻周刊》封面上(见图7-1),29岁的李子柒穿着粉色旗袍白色外衣,端坐在那里。她的身边,还有格力电器董事长董明珠、中国人民大学常务副校长王利明、蒙牛集团总裁卢敏放、演员杨洋等14位"年度影响力"人物。李子柒Youtube粉丝799万,单条视频播放超4 000万次。图7-2为李子柒视频截图。

2019年12月20日,中国农村青年致富带头人协会聘请李子柒担任"中国农村青年致富带头人推广大使"。12月6日,李子柒登上了微博热搜,关于"李子柒是不是文化输出"直接掀起了一场阅读量超5亿的热议。李子柒作为一名拥有2 177万微博粉丝的美食视频博主,上热搜并不稀奇,但这一次的热度超过了以往任何一次——几乎全民都在热议,她到底是不是"文化输出",事情起源于她在全球视频网站YouTube上的爆红。

目前,YouTube的李子柒频道共有799万粉丝。同一时间,全球影响力最大的媒体之一CNN的粉丝数为806万,仅比她多7万。她一共发布了103个视频,总播放量超10

亿次。每个视频的播放量都在500万以上，不少视频更是达到了千万次级别。CNN共发布147 299个视频，是李子柒的1 000倍；平均每个视频的播放量为10万次，总播放量为57亿次，仅为李子柒的5.7倍。

图7-1　李子柒成为新闻周刊封面人物

图7-2　李子柒视频截图

借助YouTube，李子柒从中国网红一跃成了世界网红。在一条名为《年货小零食》的10分钟的视频里，她展示了六七样美食的做法，麻利灵巧尽在其间。YouTube上，这条视频的播放量达到了4 185万次。这些视频给了国外互联网用户一个了解中国传统文化与田园生活的窗口,不少外国网友在观看后,纷纷表达自己的喜爱。

2016年8月,李子柒通过与杭州微念科技有限公司合作注册了"李子柒"商标。此后,李子柒通过微念公司的策划、包装、传播自己的视频,微念公司对各种网络平台运作熟练、专业化,对李子柒视频的发展起到推波助澜的作用。2017年7月20日,双方合作成立了四川子柒文化传播有限公司,李子柒和微念公司分别持股49%、51%。

李子柒刚刚爆红的时候,拒绝了大量广告投放需求,直到粉丝数达到100万以上才接广告,目前,李子柒视频品牌价值不菲,以下几个方面是其盈利来源:

① 自品牌电商和线下零售变现。

2018年8月17日,李子柒同名天猫店铺正式开业,蓄势已久的粉丝流量,点爆了这家天猫店的销量,上线一周,销售额就破千万,在多个垂直品类获得销量第一。2019年李子柒旗舰店店铺粉丝高达281万,开店一年总销售额高达7 100万元。2019年3月,李子柒还赴马来西亚会见国王,向大马王室展示了她的产品,11月在北京正式开设了李子柒品牌线下门店,一波又一波的传播+商业操作让她的个人品牌朝着商业变现。

② 视频播放的广告分成。

在商业运营最成熟的YouTube网站,播主主要有四种收入来源:播放浏览分成、广告植入、粉丝打赏、直播收入。视频获得的观看浏览越多,流量分成也越丰厚,李子柒最高流量的一条视频播放量高达4 038万,一般的视频播出一个月后通常都能高达500万+。李子柒B站视频粉丝量为273万,单条短视频平均播放量也过百万,最高一条播放量267万,这些视频播放平台都有客观的流量分成。如今凭着极高的人气,她成为YouTube在中国区域"单个视频合作费用"最高的播主,一条广告高达76万元。根据相关联盟榜单数据显示:李子柒单月广告联盟收入高达465万元,仅此一项,其年收入约5 000万元。

国内视频平台一样也有播放分成机制,按照李子柒在国内视频平台巨大的播放量,这部分收益也不可小觑:以今日头条旗下的西瓜视频为例,如今她的粉丝量高达3 070万,每条短视频通常能超过100+播放量,高的多达665万。李子柒的B站视频粉丝量为273万,单条短视频平均播放量也过百万,最高一条视频播放量267万,这些视频播放平台都有客观的流量分成。

由此可见,视频在当今移动网络环境下起到主流媒体的宣传作用,借助视频的营销活动也更能吸引用户的注意力。

知识准备

1. 视频营销的概念

视频营销的概念分为狭义和广义两种。狭义的视频营销是指通过数码技术将产品营销现场实时视频图像信号和企业形象视频信号传输至Internet网上;广义的视频营销是指企业将各种视频短片以各种形式放到互联网上,达到一定宣传目的的营销手段。视频广告的形式类似于电视广告,平台却在互联网上。视频营销的内容可以是企业产品、企业形象等直观内容,也可以是一些间接信息,如公益宣传、动画影像等。视频的制作可以采用 DV 或摄像机进行直接拍摄，然后对视频内容进行剪辑处理；也可以采用电脑制作 Flash、3D 等动画的方法进行。

2. 视频营销模式

目前网络视频营销主要有四种模式：贴片广告、"病毒"营销、UGC 模式和视频互动模式。

(1) 贴片广告模式

贴片广告指的是在视频片头片尾或插片播放的广告，以及背景广告等。作为最早的网络视频营销模式，贴片广告可以算是电视广告的延伸，其背后的运营逻辑依然是媒介的二次售卖原理。现在比较流行的是网络独播中定制的相关产品视频广告，因为订制化、趣味强，受到用户喜爱。

(2) "病毒"营销模式

"病毒"营销是另一种重要的网络视频营销模式，借助好的视频广告，企业的营销活动可以实现无成本的互联网广泛传播。视频"病毒"营销的发生原理可以概括成"内容即媒介"，好的视频自己会传播，能够不依赖需要购买的媒介渠道，靠无法阻挡的魅力俘获无数网友作为传播的中转站，以病毒扩散的方式蔓延。如何找到品牌诉求的"病毒"是企业营销人需要重点思考的问题，最好的办法就是在进行视频创意时尽力使广告更加软性化、可乐化、轻松化，这样才能更好地抓取消费者眼球并促成"病毒"。

(3) UGC 营销模式

UGC(User Generated Content)是用户产生内容，简而言之，这种模式就是调动民间力量参与视频的积极性，主动产生作品。最简单的形式就是以征文的形式征集与企业相关的视频作品。据调查，美国企业营销人使用 UGC 作为网络营销的手段比例能达到 57.8%。UGC 营销模式超越了普通的单向浏览模式，让用户与品牌高度互动，将品牌传递方式提升到用户参与创造的高度，增加了品牌黏性，深化了广告效果。但是 UGC 这种网络视频营销模式也有一些潜在的"风险"，比如那些希望借力网络视频的公司必须放弃一些对于言论的控制，而且必须为观众可能发出的回应做好准备。

(4) 视频互动模式

视频互动模式类似于早期的 Flash 动画游戏。借助技术，企业可以让视频短片里的主角与网友真正互动起来。用鼠标或者键盘就能控制视频内容，这种好玩有趣的方式，往往能让一个简单的创意取得巨大的传播效果。随着手机、无线网络的加入，这种互动模式还在继续开发中。

另外，随着视频技术和范围的扩展，新的营销模式也正在不断涌现，如视频搜索广告等。

3. 视频营销策略

(1) 网民自创策略

网民的创造性是无穷的，在视频网站，当网民们不再只是被动地接收信息，而且能自制短片进行上传发布时,这种创造性就被发挥到了极致。事实上,很多网民喜欢上传自制短片并和别人分享。因此,企业完全可以把广告片以及一些有关品牌的元素、新产品信息等放到视频平台上来吸引网民的参与,甚至向网友征集视频广告短片,或者对一些新产品进行评价等。这样做不仅可以让网民充分发挥自己的创意思维并获得一些收入,同时也是一个非常好的宣传手段。

(2)"病毒"营销策略

视频营销的厉害之处在于传播精准,观众首先对视频产生兴趣,关注视频,再由关注者变为传播分享者,而被传播对象势必是有着和他一样特征兴趣的人,这一系列的过程就是在精准筛选目标消费者进行传播。网民看到一些经典的、有趣的、轻松的视频总是愿意主动去传播,通过受众主动自发地传播企业品牌信息,视频就会带着企业的信息像病毒一样在互联网上扩散。"病毒"营销的关键在于企业需要有好的、有价值的视频内容,然后寻找到一些易感人群或者意见领袖帮助传播。

(3)事件营销策略

事件营销一直是线下活动的热点,国内很多品牌都依靠事件营销取得了成功。其实,策划有影响力的事件,编制一个有意思的故事,将这个事件拍摄成视频,也是一种非常好的方式。而且,有事件内容的视频更容易被网民传播,将事件营销思路放到视频营销上将会开辟出新的营销价值。

(4)整合传播策略

由于每一个用户的媒介和互联网接触行为习惯不同,这使得单一的视频传播很难有好的效果。因此,视频营销首先需要在公司的网站上开辟专区,吸引目标客户的关注;其次,应该跟主流的门户、视频网站合作,提升视频的影响力。对于互联网的用户来说,线下活动和线下参与也是重要的一部分,因此通过互联网上的视频营销,整合线下的活动、线下的媒体等进行品牌传播,将会更加有效。

4. 视频营销策划技巧

(1)高

可以用高人进行高超技艺表演。因为是高人,由不得你不信。但表演的动作太高难度了,太神了,又不自主地怀疑它的真假。这由高人带来的高特技表演势必会让人高兴地观赏,并且乐意与他人分享和谈论。例如,小罗连续 4 次击中门柱的神奇视频就是 2005 年其为赞助商 Nike 拍摄了一段广告,结果在全世界范围内引发了一场激烈的讨论。尽管耐克事后承认该视频是经过处理的,但是并不妨碍这支广告在互联网上的病毒性传播。

(2)热

借用热点新闻吸引大家的眼球。专挑最热门的侃,专拣最火爆的说。视频这东西靠的绝对是内容。言之有物,满足人好奇和捕猎的心理,用热门新闻冲击人性最隐层的东西,借由对视频的热度来谋求关注获得经济效益的目的。例如,搜狐的娱乐播报就是一个很好的例子,播报娱乐信息最抢眼的热点新闻,借势为搜狐博客、各种宣传活动做广告。

(3) 情

以情系人，用情动人。传递一种真情，用祝福游戏的方式快速病毒性传播。例如，有这样的 Flash，把一些图片捏合在一起，配以有个性的语言设计，用搞笑另类的祝福方式进行传播。

(4) 笑

搞笑的视频广告带给人很多欢乐，带给人欢乐的视频人们就更加愿意去传播。例如，索尼相机的一则广告，描写一个老婆为骗加班的老公回家，用数码相机制作了一个偷情的画面，使得老公迅速赶回到家，这支广告后来在互联网上传播甚广。

(5) 恶

恶俗、恶搞有时也是最终促成产品销量的手段。先说恶俗，俗会招人鄙视，但也容易让人关注。电视视频广告常常会出现经典的俗广告，甚至被众多观众扣上了恶俗的标签，但也能促成销量的增长。例如，脑白金的广告，两个跳舞的老头和老太，高唱"今年过节不收礼，收礼只收脑白金"，可谓俗不可耐，但是中国就是有送礼这个国情，购买者和使用者分离这个市场环境特性，使得这个恶俗的广告一播多年，还促成其销量一直不错。

任务一　策划视频营销方案

近年来短视频平台快速崛起，成了新的营销阵地。东鹏特饮一直在品牌营销的路上寻求创新，当然也不会错过抖音这个国民级的平台。从 2018 年世界杯入驻抖音尝试蓝 V 运营，到最近发起的达人共创大赛，再到引发全民参与的贴纸挑战赛。玩转短视频场景化营销，东鹏特饮在视频营销方面做出了很多尝试。

1. 营销分析

(1) 视频营销优势分析

视频营销的形式类似于电视视频短片，平台却在互联网上。"视频"与"互联网"的结合，让这种创新营销形式具备了两者的优点：它具有电视短片的种种特征，又具有互联网营销的优势。可以说，视频营销，是将电视广告与互联网营销两者"宠爱"集于一身，因此具有以下四大优势：

① 成本低廉。

网络视频营销投入的成本与传统的广告价格之间的差距是让许多公司开始尝试网络视频广告的一个重要原因。一个电视广告，很可能投入几十万甚至上千万却抓不住顾客的心反而引起顾客反感。与此相反，视频广告却很可能以低廉的价格带来优厚的回报，只要有一个好创意，可能只需要几个员工就可以做一个很好的短片，免费放到视频网站上进行无限量的传播。

② 目标精准。

与传统营销方式一个最大的不同，网络营销能够比较精确地找到企业潜在客户。作为网络营销新兴方式的网络视频则更精准地发挥了这一特性。

例如,土豆网上有"频道"的设置,"频道"下又设有多个"小组",这就定位了网络上有相同视频兴趣倾向的网民的集合。土豆网通过"小组"可以锁定特定受众目标群体,并通过有效的可行途径影响他们,发掘、培养他们的兴趣点。令人感兴趣的内容能吸引受众,而受众的不断支持、回复、上传又能产生良好的内容。例如,汽车企业可以在"汽车频道"投放汽车视频广告,或者在该栏目征集作品,往往能取得不错的效果,如图7-3所示。

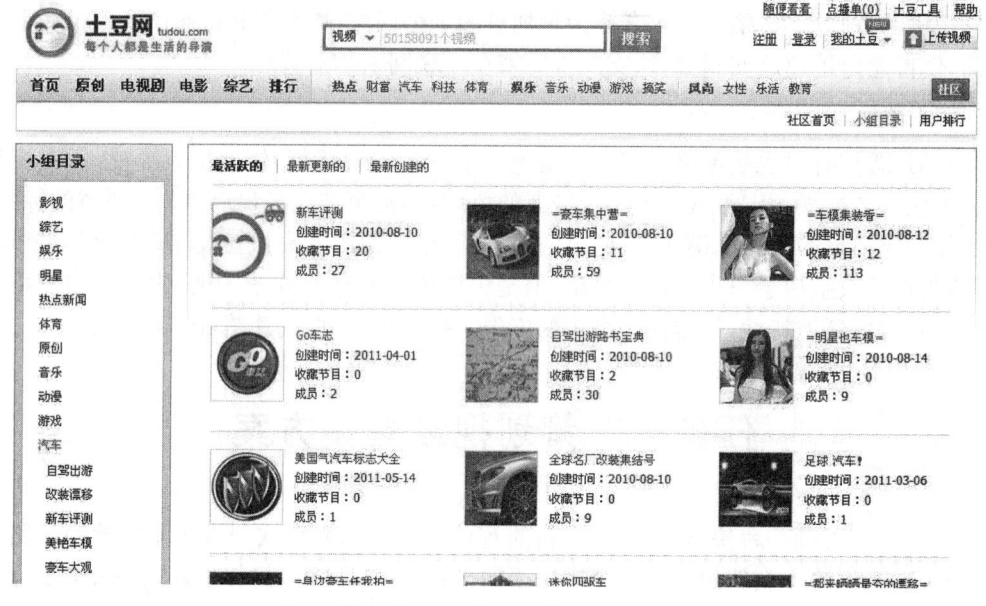

图7-3　土豆网"汽车频道"页

③ 既有互动性,又有主动性。

互联网营销具有互动性,这一点也被视频营销所继承。例如,在土豆网上,视频观看者既可以利用文字对视频发布者进行回复,视频发布者也可以就回复再进行回复;另外,观看者的回复也为该节目造势,有较高争议率的节目点击率也往往高调飙升。同时,观看者还会把他们认为有趣的节目转贴在自己博客或者其他论坛中,让视频广告进行主动性的"病毒式传播",让营销视频大范围传播出去,而不费企业任何推广费用和精力。这一优势是电视广告所不具备的。而且,与其他互联网营销形式不同,视频的感染力也更强,因此引起网友的主动传播性也更强。

④ 效果可测。

根据调查,美国几大视频网站——YouTube、MSN Video、Yahoo Video等的访问量是美国五大广播电视网网站访问量的两倍;且用户在前者的停留时间达12分钟/次,长于后者的8分钟/次;另外,一个网站上的视频的很多相关数据也是可以准确记录和计算的。比如,某一段视频短片,被点击3 000万次,转载5 000次并附有2 400条评论。种种数字让企业视频营销的"每一笔费用都可以找出花在了哪里"。收集网友的评论,也可以总结这次视频广告的得失,大大提高效果监测率。

(2) 实施原因

根据东鹏特饮的产品特性,2019年9月4日—9月10日,东鹏特饮联合抖音发起了一场"累了困了醒醒吧"全民挑战赛,无论是创意贴纸还是音乐,都让人眼前一亮,抖友们更是积极响应,花式演绎了一场全民抗疲劳挑战赛。活动结束后,抖音上"累了困了醒醒吧"话题总播放量高达44.2亿,活动吸引了无数的网友来参加挑战赛,如图7-4所示。

图7-4 "累了困了醒醒吧"活动宣传广告

本次挑战赛的创意贴纸,先是以"疲惫贴纸+人脸识别"呈现累了、困了的状态,用满脸的黑眼圈放大疲惫体验,头顶环绕着弹幕风格的"累了困了",具象化了大家在犯困时的状态。其次,伴随着摇头的动作,东鹏特饮以特效形式出现,让"疲惫"中的人一秒钟元气满满,而贴纸前后的反差趣味和品牌的功能诉求也达到了完美的融合。

(3) 实施目的

东鹏特饮通过此次视频营销活动提升产品形象,本次挑战赛吸引了一大批的网红达人来参加挑战,将贴纸和不同的场景结合起来,让品牌的场景化营销变得更加丰满。例如,@Sun携好友一起使用贴纸,随着轻快的音乐节奏跳起"变脸摇",一秒钟赶走疲惫,瞬间活力加倍。@小小小小小酥哒儿,化身办公室行政小哥,被迫营业的时候来口东鹏特饮,赶走疲惫,满满转化为职场力,如图7-5所示。

图7-5 网友积极参与视频录制活动

抖音是当下最火的短视频平台,聚集了一大批最爱玩、会玩的年轻人,他们以个性鲜明著称,他们勇于尝试、乐于挑战,更永远保持好奇心。在某种程度上,东鹏特饮的目标人群和抖音平台的用户人群是高度契合的。

本次东鹏特饮和抖音的深度合作,就是通过新颖的创意贴纸与挑战赛专属音乐,充分发挥了抖音的社交裂变属性,实现品牌与用户的深度互动,突显"累了困了喝东鹏特饮"的品牌诉求,提高不同圈层用户的品牌感知度,从而迅速占领年轻消费者的心智。

(4) 实施受众

处在青春期、追求时尚的学生和年轻人。

2. 营销策划

(1) 原则策划

要进行一次成功的视频营销,营销视频的内容策划应该遵循以下几点:

① 巧妙叙事。

不管是用于"病毒营销"的网络视频还是面向用户的感谢信,优秀的视频一定要学会讲故事,以此留住观众的注意力。

② 言简意赅。

效果最好的在线视频长度介于30秒至几分钟之间。如果视频要讲述的内容过长,最好分成几个小段,引起观众兴趣,也便于观众抓住宣传的主题。

③ 市场调查。

为了确保视频营销策略在播出后能引发病毒式的传播效果,最好在做视频营销之前做好市场调查,挖掘潜在需求,有的放矢地从事视频营销。

④ 准确定位。

虽然"病毒视频"日趋流行,但是这并不意味着那些乐此不疲的观众都是企业的目标群体。因此一定要研究视频受众的构成报告,看看究竟有多少比例的观众会真正转变为最终用户。

⑤ 切忌弄虚作假。

最好的推广视频一定要让事实说话,企业切忌制造虚假事件在网上进行炒作,因为真相大白之后不但会引起观众对视频广告的反感和排斥,也会对企业品牌造成不良影响,诚信在网上显得更为重要。

⑥ 不要过度润色。

视频广告的质量无须过高,因为过高的视频质量反而容易被人视作传统的电视广告,失去了网络营销的真实自然性。

⑦ 兼顾大众。

根据调查,35到54岁的中年观众对于网络视频的热情与18至24岁的年轻人相比绝对不相上下。因此,企业做视频广告时,要注意兼顾大众,不要局限于年轻人,而丢掉中年观众这块大市场。

⑧ 不要忘记品牌。

有些视频在互联网上能够取得极佳的传播效果,但如果这个视频不能强化与企业或企业产品的品牌形象相结合,其结果很可能既让人山人海的观众大惑不解,又令企业"竹篮打水一场空"。

(2) 主题策划

① 近年来,"病毒"式传播策略以其传播速度快、传播范围广、几乎零成本等优势,已经成了越来越多企业进行市场营销推广的必杀技,也正符合东鹏特饮此次进行视频营销的目标,因此,营销团队决定后期采用"病毒"策略来宣传推广营销视频。

② 要实现"病毒"营销效果,营销视频中就必须含有"病毒源",促使视频广告在网络上"病毒"起来。一般来说,好的"病毒源"应该包含娱乐、价值、猎奇等内容,考虑到东鹏特饮的产品特性和营销受众的特点,东鹏特饮选择使用和抖音平台合作。

(3) 实施策划

东鹏特饮抖音官方率先发布了一支洗脑 TVC。新 TVC 偏向日式创意广告,以地铁上的困顿时刻为场景故事的导火索,后续发展脑洞大又很有魔性。无论是形式和风格都十分契合抖音这个年轻化社交平台,迅速收获了 111w 的点赞和近万条精彩评论。

这支 TVC 主导了品牌这波营销的大方向,通过趣味十足的内容与用户共振,多领域抖音达人也紧随其后,如图 7-6 所示。

图 7-6 东鹏特饮发起抖音共创大赛

任务二　实施视频营销活动

1. 执行时间

2019年8月20日—9月10日,东鹏特饮借助抖音这一流量圣地,以话题挑战赛为传播载体,掀起了一场竖屏共创大赛。达人们围绕"累了困了醒醒吧"主题,以脑洞大开的创意形式搭配趣味玩法,整合抖音资源进行高曝光,引导用户主动参与。

2. 实施过程

(1) 放大疲惫体验,营造娱乐观感

生活中有很多累了、困了的情境,也会造成各种爆笑、尴尬、糟糕甚至恐怖的结果。近期,东鹏特饮新TVC上线,以幽默、夸张的手法,展现脑海中理性的自己如何运用各种手段阻止自己在地铁里犯困。创意背后是品牌想要表达累了困了何必如此挣扎的初衷,来瓶东鹏特饮有助于快速恢复清醒状态,继续拼搏。

基于同样的情景洞察,东鹏特饮选择了年轻人喜欢的抖音平台,将挑战赛主题设为符合抖音传播的"累了困了醒醒吧",邀请抖音头部达人如@维维啊、@玛栗小酥率、@小化家黎娜、@家有老张、@哈哈兄妹等根据自身特点创作原生内容,花式演绎出东鹏特饮打破"累点和困点",迅速恢复清醒状态的品牌诉求,利用抖音平台的高流量、达人流量的影响力,传播"年轻就要醒着拼"的品牌概念,为消费者建立高强度的品牌联想,如图7-7所示。

与此同时,头部达人们烧脑硬核的创意同样激发了用户的参与兴趣,让用户从被动接受到主动参与,从而掀起了一波又一波的创作高潮,如图7-7所示。

图7-7　抖音网友积极参与视频活动

(2) 东鹏特饮联手抖音,创营销新思路

除创作优质的创意短视频资源外,东鹏特饮还利用大数据围绕抖音用户展开精准投放,通过站内信、开屏广告、信息流广告+发现页 banner、热搜词等抖音广告产品矩阵,逐一渗透全站人群。当用户浏览视频时,通过品牌+达人超强大的号召能力,发挥"1+1>2"的聚合效应,更全面覆盖用户,大大激发粉丝流量的转化,助力品牌曝光的同时,实现品牌与用户之间的对话,达成情感共鸣、连接用户,提升品牌影响力。

东鹏特饮此次以能引发年轻人探讨的"困了、累了"为话题点,吸引年轻用户创造趣味、带有拼搏精神的共创内容,戳中年轻人对困点、累点的印象,不仅向消费者传达"累了困了喝东鹏特饮"的品牌理念,同时也让品牌的年轻化形象更深得人心,实现挑战内容的深度传播,品牌声量的持续发酵,让更多用户产生共鸣,积极参与挑战。

创新不仅能直击人心,也是唯一奏效的营销"捷径"。2019 年东鹏特饮从 TVC 到抖音竖屏大赛,这一波操作都证明了东鹏在向品牌年轻化战略转型。当许多功能类饮料仍旧停留在定位阶段时,东鹏特饮正在建立极具表达力和年轻化的内容 IP,未来,相信东鹏特饮还会解锁新的营销姿势,用更多创新思路诠释品牌理念,发挥品牌的影响力,与用户玩在一起,"抖"出营销新未来。

抖音作为现在最流行的短视频 App,在广告投放这方面备受广告主青睐,此次东鹏特饮在抖音也投放了广告,广告以一群年轻人玩游戏,其中一个人精力已经用光,即将睡着的状态,最后发出"游戏中场喝一口,继续奋战一整宿"的广告语,如图 7-8 所示,这也直接代表了东鹏特饮这款功能饮料的特点,借用游戏调侃年轻人,年轻就要醒着拼,给年轻人力量。

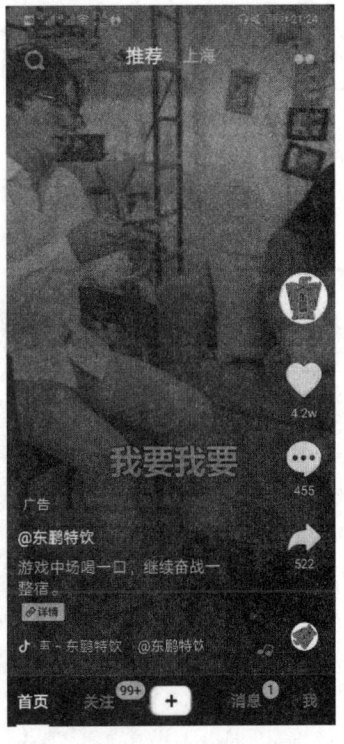

图 7-8 "累了困了醒醒吧"和游戏结合的视频

虽然利用游戏为主题,但也是直接呼吁年轻人"始终保持最佳状态投入战斗,告别昏昏欲睡",找到某种期待已久的归属感,引发消费者共鸣,在疲惫不堪的时候来一瓶东鹏特饮给自己提神醒脑。现在年轻人玩游戏已成了一种常见现象,利用这个作为引点,吸引用户注意。

抖音是年轻人最喜爱的时尚短视频社交 App,抖音大多用户都是 90 后,喜欢玩游戏且经常熬夜,像东鹏特饮功能饮料,是适合年轻人的饮料,投放在抖音里,用户关注度会很高。

抖音基于海量的用户,广告的曝光度非常高,抖音的国内日活跃用户数突破 1.5 亿,如此大的流量,也引来各大广告主纷纷入驻。

任务三　播放营销视频及推广

东鹏特饮此次营销活动不仅引起了众多网友的积极参与,也受到了网络各大媒体的关注,如图 7-9～图 7-15 所示。

图 7-9　搜狐视频生活频道推荐效果图

图 7-10　凤凰博客现场视频推荐效果图

图7-11 迅雷看看视频推荐效果图

图7-12 乐视热点频道视频推荐效果图

图 7-13 优酷推荐截图

图 7-14 爱奇艺推荐截图

图 7-15　56 网推荐截图

任务四　营销效果监控与评估

　　东鹏特饮通过 2019 年在抖音的这波营销,创造出集创意、有趣与互动性于一体的形式,通过抖音的大数据技术,覆盖到所有目标受众,完成了从"内容输出＋硬广投放"1.0 到"内容输出＋硬广投放＋内容共创"2.0 的升级。真正做到了跟消费者玩在一起,去激发消费者的脑洞和创意,让网友成为品牌场景化营销的主角,让网友去创作他们喜欢的、大众喜闻乐见的内容。

　　东鹏特饮致力于成为年轻人拼搏路上的能量伙伴,本次联合抖音发起的号召全民参与的挑战赛,正是与年轻人玩在一起的一次成功尝试。未来,东鹏特饮将会在更大、更多的圈层去聆听消费者的心声,真正做到和消费者玩在一起。

关键术语

视频营销　"病毒"营销　事件营销

应知考核

1. 网络视频营销主要有哪几种模式?
2. 视频营销策略有哪些?
3. 视频营销具有哪些优势?

项目实训

(一) 实训流程图

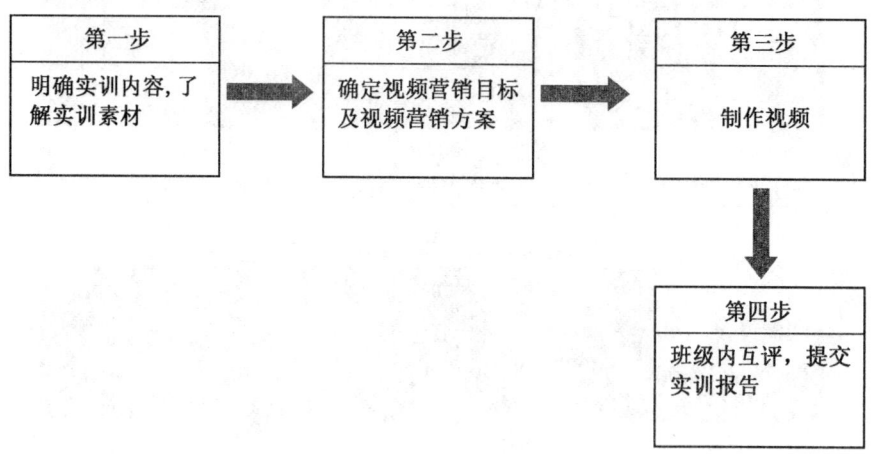

图 7-16 视频营销实训流程图

(二) 实训素材

可以在实训教师规定的范围内选择一个企业或者一种产品作为营销对象,然后选择任意一个或多个知名网站为平台进行视频营销,如土豆网(www.tudou.com/)、优酷网(www.youku.com/)、酷6网(www.ku6.com/)等。

① 教师自定义实训情景。
② 网络营销教学系统。
③ 视频拍摄设备(手机、DV 等)。
④ 视频处理:Adobe Premiere、会声会影、Windows Movie Maker。

(三) 实训内容

任务一 确定视频营销目标

根据情景设置,搜索并分析实施的目的、受众、创意以及相关资源,完成表7-1。

表 7-1 视频营销分析表

营销主题	营销的品牌或核心要素
确定网络广告的原因	确定视频营销的实施原因
营销主要目标	促进产品销售,提升品牌知名度,提高站点访问量等
视频创意及相关	相关资源来路等

任务二　策划视频营销方案

按照要求,详细说明视频营销的创意、策略、实现手段、要素与实施细则,完成表7-2。

表7-2　视频方案策划表

视频营销目标	目的是什么
视频营销受众	受众是谁
视频营销文案	用什么样的文章形式加以表现,其中涵盖诉求是什么,如何与产品形成紧密联系
视频营销创意	描述视频营销的大体构思
视频营销规格	若为视觉化表现,具体尺寸是多少,格式是什么,需要控制在多大的文件范畴内
视频营销投放位置	建议在土豆网、优酷网、酷6网进行
视频营销投放时间	什么时间或者什么时候进行投放,给出理由
视频营销投放区域	广告是否有区域性的考虑,给出原因

任务三　方案讲解

各小组安排人员利用PPT对各自方案进行具体讲解,可提问,教师点评。

任务四　视频拍摄与制作

步骤1:各小组按照策划方案完成视频的拍摄;
步骤2:完成对视频处理软件的学习与尝试;
步骤3:对拍摄完成的视频进行剪辑、效果优化等处理。

任务五　班级内部视频互评

可上传视频至分享平台,并查看班级内其他同学上传的视频,对视频进行打分。

项目八 软文营销

知识目标

1. 掌握软文营销的特点及优势；
2. 掌握软文营销的相关理论要点；
3. 了解软文营销中软文的投放平台；
4. 掌握软文营销的策划与市场分析；
5. 明确软文营销的实施步骤。

技能目标

1. 熟练掌握软文关键词的确定；
2. 掌握软文营销的策划方法；
3. 能根据不同的企业需求选择适合的投放平台；
4. 掌握软文写作技巧；
5. 能够明确软文营销的实施流程。

引导案例

华为 MATE7 软文——千万不要用猫爪设置手机解锁密码

曾经的贴吧、论坛、博客、空间等都是软文盛行的地方，之后涌现出的微博、微信等新平台也成了软文的新圣地。不管是论坛还是微博，软文都能够侵入网民的视野，甚至多个渠道的传播更加有利于营销效果。

2014年的《千万不要用猫爪设置手机解锁密码》曾经登上过微博热搜，在很多其他的网络社交内容平台上也有很高的阅读量和转载量。光是看这个标题就已经觉得非常有趣，引发了很多人的猜想和疑惑，而其内容更是意趣盎然，主人公以轻松通俗的口吻记述了自己某一天突发奇想用猫设置手机的缘由、经过、意外和结果，还附上了手机和猫的照片，真实度非常高，并且行文非常接地气，事件也非常有趣。

在当时，作者是如何用猫给谁手机设置密码的呢？原来他使用的手机是华为MATE7，其自带的指纹锁屏和解锁的功能才让作者产生出了奇妙的想法，用猫爪设置指纹密码。而之后因此引发的一系列趣事，也让网友们忍俊不禁，很难不注意到这款手机。

很明显这就是华为手机的一篇软文，但无论是从作者的叙事以及具体的内容来看，生动幽默、通俗真实，非常具有感染力和说服力，加上"有图有真相"，标题吸引人、事件有趣、猫咪可爱，文章所呈现出的个人风格也非常鲜明，让大多数人看过就能产生深刻的印象，同时注意到华为手机及其指纹解锁功能。

哈哈哈千万不要用猫爪设置手机解锁密码，悲催的一天

didi 2014-09-17 15:29:59

@白娘娘 和@八里神 出去玩，把猫寄养在我家。

一天晚上我在无聊的玩手机，猫跑过来，我突然想起，可不可以用猫的指纹设置手机的密码呢，因为我的手机是可以刷指纹解锁的那种，在手机的背面有一个刷指纹的地方。

而且设置不同的指纹能进入不同的界面，比如我用食指点一下，手机解锁后进入A界面，比如用中指点一下，手机解锁后进入B界面，可以防止熊孩子什么的。那如果猫的指纹来设置行不行呢？为了验证我的想法，于是我就……

我就……

事实证明是可以的

把猫爪子放上去1秒钟就能解锁了……然后我看到还能设置一个指纹密码用来支付，这个时候我又想，既然猫爪都能行，那用我的脚指纹应该也没问题吧？于是翘起自己的脚趾试了一下，那画面太恶心就不上图了...

图8-1 《千万不要用猫爪设置手机解锁密码》软文原文截图

我们可以注意到,华为的这篇软文成功在内容的丰富和真实上面,最大化地口语化进行讲述,穿插进没有滤镜和后期的图片,生活化气息非常浓厚;而其标题也非常具有悬念性,让人产生好奇,或是想知道怎么用猫爪设置密码,或是想知道为什么不能这样做,总之非常吸引人点进去观看;加入猫这种可爱、受到大众喜爱的宠物元素能够为文章增加很多好感,同时很好地将猫和手机结合在一起,创造出有意思的点子,让人注意到华为的这款产品,并且内容中的这一行为很容易模仿,让人产生消费的欲望和模仿的冲动。

文章在讲述用猫爪设置手机解锁密码后遇到的一系列囧事的同时,介绍了该手机的"刷指纹解锁、保密性高、手机不充电两天还有电"等功能。该微博转发、评论、点赞达26万,借助社交平台,传播效果极好。

知识准备

1. 软文营销的概念及意义

软文营销指企业通过策划在报纸、杂志、网络等宣传载体上刊登的可以提升企业品牌形象和知名度,或可以促进企业销售的一些宣传性、阐释性文章,包括特定的新闻报道、深度文章、付费短文广告、案例分析等。

软文炒作是生命力最强的一种广告形式,也是很有技巧性的广告形式。软文是相对于硬性广告而言,由企业的市场策划人员或广告公司的文案人员来负责撰写的"文字广告"。与硬广告相比,软文之所以叫作软文,精妙之处就在于一个"软"字,好似绵里藏针,收而不露,克敌于无形。等到你发现这是一篇软文的时候,你已经不小心掉入了被精心设计过的"软文广告"陷阱。它追求的是一种春风化雨、润物无声的传播效果。如果说硬广告是外家的少林功夫;那么软文则是绵里藏针、以柔克刚的武当拳法,软硬兼施、内外兼修,才是最有力的营销手段。

2. 软文营销的重要性

(1) 引流

软文最主要的是为网站引流,很多的团队都知道流量为王。只要有流量,就会产生效益。

(2) 黏稠度

分析一种流量的黏稠度有以下三点:活跃度;忠诚度;长久度。

(3) 成交率

软文可以提高成交率。软文容易拉近卖家和买家的距离,增加信任度、增进友谊度。

3. 软文营销的特点

(1) 软文具有隐蔽性

软文不同于网络广告,没有明显的广告目的,而是将要宣传的信息嵌入文字,从侧面进行描述,属于渗透性传播。其本质是商业广告,但以新闻资讯、评论、管理思想、企业文化等文字形式出现,让受众在潜移默化中受到感染。

(2) 内容丰富,形式多样,受众面广

软文由于文字资料的丰富性,传递的信息极其完整,并且不拘泥于文体,表现形式多样,从论坛发帖到博客文章、网络新闻,从娱乐专栏到人物专访,从电影到游戏……几乎遍布网络的每个角落,因此,大部分的网络用户都是其潜在消费者。

(3) 吸引力强,可接受度高

软文的宗旨是制造信任,它弱化或者规避了广告行为本来的强制性和灌输性,一般由专业的软文写作人员在分析目标消费群的消费心理、生活情趣的基础上,投其所好,用极具吸引力的标题来吸引网络用户,然后用具有亲和力或者诙谐、幽默的文字以讲故事等方式打动消费者,而且文章内容以用户感受为中心,处处为消费者着想,使读者易于接受,尤其是新闻类软文,从第三者的角度报道,消费者从关注新闻的角度去阅读,信任度高。

(4) 低成本,高效益

传统的硬广告受到版面限制,传播信息有限,投入风险大,成本较高。相比之下,软文营销具有高性价比的优势,信息量大,而且不受时间限制,可以在网站上永久存在。

4. 软文营销的作用

① 引起关注,具有很强的广告效应(直接效果);
② 传播价值观、公司文化,树立企业形象(直接效果);
③ 引导流行,带来群体效应;
④ 潜在受众流量的引入;
⑤ "病毒"式传播,口碑效应。

5. 软文营销的写作技巧

(1) 准备工作

调研:掌握真实的情况,提前做好软文的广告计划,选择好网络载体。

构思:确定软文的主题,同时还要考虑一个好的标题和组织好正文的结构;确定软文的落脚点;要善于利用新闻词汇,把想要表达的广告信息巧妙地融合进去。

(2) 标题

① 关注网络事件。
② 抓住客户心理。消费者感兴趣的话题,主要有四个方面:新闻热点、八卦、美女、情感。

（3）撰写方法

新闻式：所谓新闻式，就是以发布新闻的姿态，传递某种信息，比如"人类长生不老幻想，有可能成为现实"，以新闻事件的写法去写，让读者更有信服感。

悬念式：也可以叫设问式。核心是提出一个问题，然后围绕这个问题自问自答。例如，"人类可以长生不老？""什么使她重获新生？"等，通过设问引起话题和关注是这种方式的优势。但是必须掌握火候，首先提出的问题要有吸引力，答案要符合常识，不能作茧自缚、漏洞百出。

故事式：通过讲一个完整的故事带出产品，使产品的"光环效应"和"神秘性"给消费者心理造成强暗示，使销售成为必然。讲故事不是目的，故事背后的产品线索是文章的关键。听故事是人类最古老的知识接受方式，所以故事的知识性、趣味性、合理性是软文成功的关键。

情感式：情感一直是广告的一个重要媒介，软文的情感表达由于信息传达量大、针对性强，当然更可以叫人心灵相通。

恐吓式：恐吓式软文属于反情感式诉求，情感诉说美好，恐吓直击软肋。实际上恐吓形成的效果要比赞美和爱更具备记忆力，但是也往往会遭人诟病，所以一定要把握度，不要过火。

促销式：促销式软文常常跟进在上述几种软文见效时——"北京人抢购×××""×××，在香港卖疯了""一天断货三次，西单某厂家告急"……这样的软文或者是直接配合促销使用，或者就是使用"买托"造成产品的供不应求，通过"攀比心理""影响力效应"多种因素来促使人们产生购买欲。

6. 软文的文体

① 记叙文：平铺直叙，以讲故事的方式娓娓道来。
② 议论文：抛出论点，再去论证。
③ 说明文：以普及知识的形式，来向消费者介绍产品。
④ 边叙边议：这种文体是大部分软文经常运用的文体，这种文体方式也更能得到消费者的关注。
⑤ 其他文体：如果有文采比较好的，也可以尝试类似打油诗之类的文体，也会有不错的效果的。

7. 软文的传播推广

① 平常主要的推广方法：专栏；炒作；无形；平台宣传。
② 很多商家都会说，不知道怎么推广，但是只有去做了，才知道会不会好不好，包括有些商家会问，帖子里面能不能带上店铺的链接。这个在淘宝论坛上是不允许的，但是不代表在其他的网站不可以。而且不同类型选择不同的平台，营销类的可以选择"销售与市场"，新经济可以选择"艾瑞网"，综合类、娱乐、文化可以选择门户站，如新浪、搜狐、网易、腾讯。所以大家要去各个论坛、博客免费发布，多多尝试。

任务一 市场背景分析

1. 市场现状及发展趋势分析

(1) 市场现状分析

2017 年是全球智能手机市场的一个拐点，纵观全球格局，智能手机销量开始出现萎缩。国内市场 2017 年手机出货量达到 4.59 亿部，同比下降 4%，如图 8-2 所示。经过 10 多年高速发展，中国市场的手机渗透已经接近饱和，到 2016 年，中国的手机普及率已经超过 96 部/100 人。

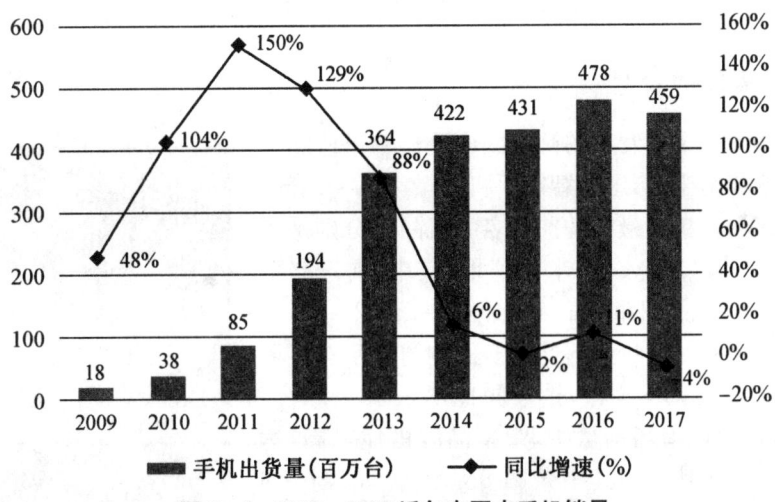

图 8-2 2009—2017 近年来国内手机销量

手机品牌方面，2017 年国内手机市场，国产手机依然占据主导，华为手机在中国市场累积销量为 1.025 5 亿部，整体销售份额约为 22.8%，继 2016 年后持续排名榜首。排在第二位的 OPPO 销量为 7 756 万部，第三位 vivo 为 7 223 万部，第四位苹果为 5 105 万部，第五位小米为 5 094 万部。相比 2016 年，这四家增幅均不大，约在 5% 至 8% 之间。

(2) 未来发展趋势

当前，我国国内手机销量接近饱和，但总体销售额依然稳定增长，主要原因是智能手机整体价格上涨导致。2017 年国内手机销售份额达到 1.23 亿美元，同比增长 3.9%。预计到 2020 年国内手机销售额依然会维持缓慢增长的趋势。

无论是在智能手机增长还是智能手机普及率方面，智能手机已经进入了存量市场。而在存量市场环境下，中国智能手机市场的未来机会点在于用户升级换机的需求，更具创新性的功能和设计成为产品制胜关键。

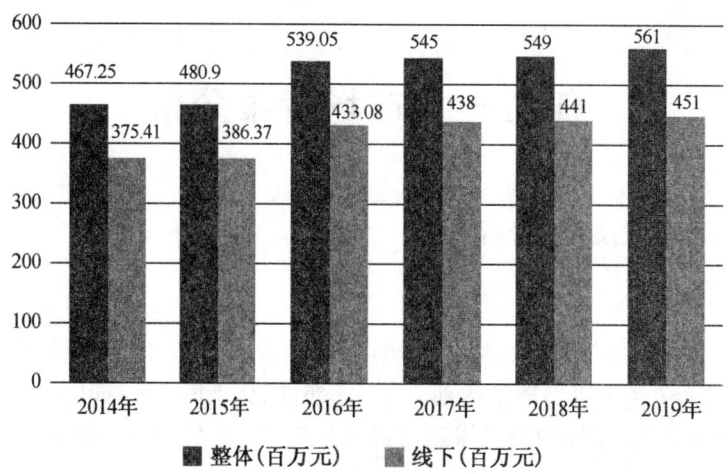

图 8-3 2014—2019 年中国手机市场销量规模走势

2. 竞争者分析

CINNO Research 发布的月度国内手机销量监测数据显示,2019 年上半年,国内智能手机销量为 1.9 亿部,同比降低 6.0%。销量最好的前五名手机品牌分别是华为(含荣耀)、OPPO、vivo、小米和苹果,其中,前三家手机销量占国内智能手机市场的 71.4%。

数据显示,2019 年华为(含荣耀)国内智能手机市场份额为 34.3%(见图 8-4),销量同比增长了 18.1%。在华为国内智能机市场销量中,荣耀品牌占比最高,达 46.2%,畅享系列其次。其中荣耀 8X、畅享 9e、畅享 9 Plus 是华为上半年的畅销机型,销量分别为 650 万部、520 万部、450 万部。P30 系列是华为 2019 年第二季度最受欢迎的机型。

华为、OPPO、vivo 等几大中国手机品牌商凭借极具创新的产品跻身全球一线品牌行列,这也意味着智能手机行业价格战基本结束,新的竞争格局已经形成。HOV(华为、OPPO、vivo)等国产品牌纷纷跻身于全球 TOP 10 厂商前列。

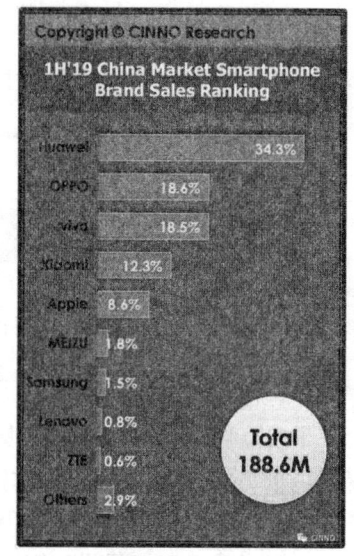

图 8-4 2019 年 1 季度国内手机品牌销量排行榜

国内主要手机品牌特征比较,如表 8-1 所示。

表 8-1 国内主要手机品牌特征比较

	苹果	小米	OPPO	华为
系统	iOS 操作系统	小米 MIUI 系统	安卓系统	EMUI 操作系统
包装	极简主义设计 颜色内敛而高雅, 注重体现立体美感	曲面屏设计 指纹解锁模块 异形全面屏设计	时尚轻薄 凝光腰线 微缝天线等设计	超清全面屏设计 色彩饱和度适中 可视角度大

续表

	苹果	小米	OPPO	华为
形象	高档 优雅 品牌	为发烧而生 实惠个性接地气 高配置低价位	时尚 动感 高品质 拍照手机	低价 时尚 青春活力 性能优越
广告	电视 媒体广告 微电影广告	网综冠名 不投电视综艺 邀明星代言人	邀请明星代言 冠名娱乐节目 微博营销	流量明星代言 冠名中国围棋甲级联赛
消费者	20~35岁 职场白领 高学历人士	25~35岁 易于接受新事物、喜欢尝新的发烧友	18~25岁 喜欢追求个性	18~30岁 学生群体 年轻的上班族

任务二 软文营销策划

1. 确定软文形式

到底什么样的软文形式呈现在网友面前会得到更多的点击呢？软文营销都包括哪些形式呢？

① 软文报道型：以媒体记者身份发出，具备官方和权威性，直接介绍企业实力、品牌形象。官方口吻报道，配合以官方媒体传播平台，能大大增强报道的真实性、权威性、不可辩驳性，从而有力提升了企业实力、正面形象，同时也增强了真实性、可信性。

② 用户体验型：以一般用户或者第三方的切身真实体验，传播品牌或者产品的优点、正面形象、企业实力、服务质量等。这种方法能悄无声息地对消费者和潜在客户产生良好关联或影响。

③ 故事讲述型：以讲故事的口吻，娓娓道来。能起到"随风潜入夜，润物细无声"的作用。

④ 专访、采访型：这类主要采用访谈录等，通过访谈可以深入各个方面宣传品牌信息。当然，必须所采访的对象达到了一定的高度才可以实施，否则就有"王婆卖瓜自卖自夸"的嫌疑。

⑤ 评论、批评型：以正面或者争议评论为主。当然，为了打击竞争对手，有时会采取负面评论。

⑥ 利用网络事件、民生热点型：目前网络热点软文报道层出不穷，只要拥有敏锐的洞悉能力，就能把其中一些拿为己用。前提是能找到热点和自身业务的关联性。这是制造事件营销的最好载体。

⑦ 网络热帖型：这个现在利用得比较多。网络上有很多帖子流传很广泛，具备非凡

的传播能力。在进行软文创作时,就可以利用这些网络热帖进行巧妙的加工,然后进行二次传播。这个加工强调要巧妙,不露任何蛛丝马迹,不能太牵强。比如"2020年搞笑版抠门省钱十大秘籍",诸如此类。

⑧ 傍大款型:这也是现今讨论最热门的话题,尽量把自己和行业内的巨头、领先企业相提并论,从而达到借势的目的。

⑨ 总结归纳型:对一些话题和问题进行归纳性总结,然后把自己巧妙地融合进去。比如"2019年十大……"之类。

2. 标题策划要点

信息时代是眼球经济,能不能在一瞬间吸引网民的目光,标题就尤为重要。衡量一个好标题的依据是:要突出关键词;具有很强的吸引力;短小简练易记;要具体不要太抽象。在传统媒体上,标题的设计一样很重要,现在是信息爆炸时代,不可能要求人们用太多时间去阅读我们的内容。很多报纸,卖的就是标题。

3. 内容编辑要点

(1) 软性广告的植入要巧妙

过分牵强和明显的软文广告会引起人们的负面感受。有一种做法很常见,比如推广一个网站,牵强地把网站名称和域名糅合到文章里,其实这是最蹩脚的做法,也达不到二次传播的效果。

(2) 利益与争议,引起好奇围观

任何软文都能吸引一部分的眼球,这是因为软文总能涉及某一部分人的利益和争议,不管是横向关联还是纵向关联。所有的事件都会吸引一部分或者大部分人的关注,也能达到通过网络"病毒"式传播的目的。比如最近热炒的"电动车纳入机动车管理"的软文,四川自行车协会就公开表示质疑。大部分人此前从没有人听说过这样的一个自行车协会,这个协会就借用事件的发生成功地为自己进行了营销宣传。这好比在中国,只要街头有几个人围在一起,很快就会有更多的人围观一样。因此,网络推广最喜欢借用争议和利益等社会事件、民生热点、争议话题进行软性推广。

(3) 题材和内容要新颖、奇特,具备软文性

奇特、新颖、具备强烈软文性的事物和事件总能吸引人们的过多关注。在策划软文时要注意这些特点,没有这些特点就达不到被动传播的效果。

4. 发布平台的选择

客户群决定营销载体,虽然同样是网络,中老年人关注的心血管疾病,网站青年人却大多没有兴趣。因此,寻找客户群最关注的一些网络区域,是有效投放的前提。

而根据一些常规统计,25~35岁人群关注的网络焦点区域一般集中于软文、财经、汽车、军事、体育、娱乐,以及一些热门的深度论坛、知名的门户网博客等。2018年中国网民各类互联网应用使用率排名前十分别是:即时通信、网络新闻、搜索引擎、网络视频、网上

支付、网络购物、网上音乐、地图查询、网络游戏和网络直播。

根据项目分析,我们可以将软文投放平台分为以下三类,如表8-2所示。

表8-2 投放平台分类

项目	简介	优势	资源介绍	建议
门户网站发稿	在新浪、搜狐、腾讯等大型门户网站发布企业信息,宣传企业品牌	因为网络虚拟性,企业网络营销中一个最大的问题就是缺乏信任度;利用门户网站优势,塑造企业良好形象,提升用户转化率	门户类:新浪、搜狐、腾讯、网易、TOM、雅虎、人民网、新华网、凤凰网	在企业网站开设"媒体报道"栏目,把媒体发布的软文截图、内容和链接发布在企业网站,或在企业软文中对源报道软文进行转载
论坛置顶加精	根据企业产品或服务特点,选择行业论坛或影响力大的论坛发帖推广,针对目标人群	目标人群集中,针对性强;提高企业品牌知名度,容易开展品牌口碑宣传,提高销售量;易于及时收集企业信息反馈,调整推广思路	新浪论坛、腾讯论坛、搜狐论坛、网易论坛、雅虎论坛、猫扑论坛、天涯社区、豆瓣社区	选择精准的论坛,如猫扑、豆瓣等
博客平台	根据企业产品或服务特点,选择影响力较大的博客平台	人群集中,具有一定的推广优势	新浪博客、腾讯QQ空间、搜狐博客等	在博客中导入链接,以及在企业网站中注明企业博客地址及链接

任务三 软文写作

软文广告和"硬广告"相比,就好比去菜市场买肉,遇到两家卖肉的同时向我们吆喝。一家说话中肯好听,还跟我们拉家常;另一家直接推销,像在逼迫我们买一样。软文广告就和第一家一样,站在顾客的角度看问题,和我们对等交流,不仅仅是买卖,还是交朋友的过程。好的软文广告,在宣传推广方面会达到润物细无声的效果,既传递了有用的信息,又温和地推荐了产品和服务,更像是分享而不是买卖。下面看看几则软文广告的经典案例。

1. 新闻式

什么样的软文是最好的软文?让读者感兴趣,同时又巧妙地将所要传达的信息传递给了读者,这种软文当属最佳软文。在诸多形式的软文中,最隐蔽、最常见的软文当属新闻式软文。它以类新闻的手法撰写软文,读者在读完后感觉就像看了一篇新闻,但是对其中宣传的产品、促销信息却有了深入了解。

在Vertu（威图、纬图）手机的新闻软文中，以"商人在机场弄丢68万元天价手机"为标题，从软文的标题中我们就可以看出这是一篇很有新闻性的软文，"68万元天价手机"，充满了新闻点，诱导着人们想去了解什么手机要68万元，怎么弄丢的，是否找回等。而在正文中，作者以导语、背景、正文、结尾等新闻体的方式将怎样的手机、怎么丢的、丢了后失主做了什么、如何找回等信息做了详细介绍，最后详细描述了该手机的特征，为何如此高价，引发受众对VERTU的关注与感慨。

2. 悬念式

中国传统相声中有个绝活，叫抖包袱，就是把最关键词的一个点先说出来，然后层层铺垫，慢慢解开，越解开，越有料，越吸引人。这点同样适用于软文创造过程中，我们把这种形式的软文称为"悬念式"，悬念式软文设下的提问必须要有吸引力，否则将不能引发读者的关注。

脑白金早期的宣传软文中，传播效果第二名的软文就是采用悬念式形式创作的，名叫《南京睡得香，沈阳咋办？》，也有叫《美国睡得香，中国咋办？》。从标题中我们就想知道美国为什么睡得香，中国又将会怎么办。在软文一开头，作者并没有直接解释美国为何睡得香，而是欲扬先抑，先说以"95年开始，美国人疯了！96年开始，日本人疯了！台湾人疯了！"，他们疯了的原因是抢购一种叫脑白金的产品，进而解释脑白金可以有助睡眠，同时表达了美国人睡眠有保障了，中国这么多失眠患者怎么办的担忧，引导有失眠症状的读者对产品的关注。

3. 故事式或者科普式

小时候，我们就喜欢听爸爸妈妈讲故事，大一点，认字了，我们开始自己看故事，故事也成为人们接受知识的一种方式。由于故事具有知识性、趣味性，甚至情节性，因此受到读者的喜欢。软文的创作中可以尝试以故事的形式来撰写软文。

本项目引导案例中华为手机的软文广告《千万不要用猫爪设置手机解锁密码》，就是讲述主人公用猫爪设置手机解锁密码后遇到的一系列囧事，十分有趣，具有可读性，同时介绍了该手机的"刷指纹解锁、保密性高、手机不充电两天还有电"等功能。该微博转发、评论、点赞达26万，借助社交平台，传播效果极好。

4. 情感式

都说国人是最重感情的，软文创作同样可以走情感路线，打情感牌，创作情感式的软文。情感式的软文由于信息传递量大、针对性强，可以使人心灵相通，容易打动人，容易走进消费者的内心，所以很多行业都特别喜欢"情感营销"，也是特别有成效的一种形式。

以德芙的《青春不终场，我们的故事未完待续》为例，以生动优美、略带煽情文字，讲述作者与一位男生从初中到大学相识、相伴、相惜的情感故事，具有感染力和可读性，甚至引发很多人的共鸣，德芙的植入更显得浑然天成。

5. 促销式

促销式软文是各行各业最喜欢用的软文形式,之所以促销式软文较常见,一个原因是比较好写,基本上接近硬广的形式;另一个原因是促销软文对于有购买需求的读者来说,通过价格、促销等方式刺激,更加易于成交。

再以脑白金为例,在其早期的宣传软文中,不乏这样的促销形式软文。一般都是在前面大量的新闻式软文、悬念式软文、科普式软文、情感式软文之后,推出促销软文,给消费者临门一脚,促进产品的销售。例如,《广州出现"脑白金热潮"的征兆》,就属于促销软文,通过广州市民争相抢购脑白金促使消费者产生购买欲。

任务四 软文发布

软文撰写完成后,需要对整篇文章做整体筛查,主要筛查文章的错别字、词语搭配错误、标点符号使用错误,页面整体效果、阅读流畅度等内容,以保证所发布文章的准确性。具体可考虑通过以下几项来筛查。

1. 标题修改

软文标题的修改,主要在于判断编写好的标题是否已将该软文的内容完全概括,是否准确表达,是否存在"标题党"的问题,标题和文章内容是否一致。若在自己的网站平台中,也可将分段落的小标题修改为加粗显示,更为强调其主旨内容,也便于搜索引擎收录。突出显示,也便于网友阅读。

2. 段落层次修改

从软文段落上看,判断段落结构是否已很清晰,现存的几个段落是否能够将内容概括性地描述完整,再看段落层次上顺序是否正确,是否是段落递进关系。

3. 语法错误修改

语法错误修改主要是在整篇软文内容中查看文中的词语表达是否有语法错误,这里的语法错误包含常见词语错用、常见异形词误用、常见数字用法错误、标点符号使用错误、词性误用、搭配不当、成分残缺、语序不当、结构歧义、句式误用、指代不明、冗杂、苟简、费解、虚词使用不当、数量表达不清等。

4. 错别字筛查

编写完整篇软文后要整篇筛查修改错别字,避免犯最基本的错误。一篇软文写得再好,但文中出现错别字,会降低其专业水平,降低读者再次阅读的兴趣。虽说出错在所难免,但尽量避免这种低级错误也是网络编辑责任心的体现。

在完成了软文整体检查后,就可以根据策划完成软文投放了。

消费者的定位决定了营销过程中广告风格的设计、广告渠道的选择方向,从而保证良好的用户体验以及高效的投放效果。针对消费者的兴趣和爱好制定的特定风格、创意并且投放在消费群体聚集区域的广告,将取得最佳的投放效果。而这种定向的、精确性的广告投放方式,相对于轰炸式高投放,具有更加高效、节约的优势。

因此,华为手机在广告设计方面尽量追求与25~35岁的消费者普遍关注的兴趣点贴合,尽量满足他们在消费理念、审美、品位、生活方式等方面的偏好。广告设计风格力求简洁明快,以突出产品的简约、舒适、轻松、自由的特色以及倡导的健康生活新方式。而无论从整体画面设计还是摄影上面都足以体现出产品的质感,满足这些用户对于品牌、品质的追求。

而在投放渠道上除了门户网站必需的覆盖式投放以提升知名度和影响力之外,更加侧重的应该是垂直类网站,以精确锁定消费者,进行定向投放,节约成本提高效率。比如这类人群关注度较高的迅雷看看、UUsee、优酷、汽车之家、天涯等一些财经、体育、军事、娱乐类网站和论坛。

5. 门户网站发布要点

(1) 选取关键词

在修改编辑好软文后,即可开始关键词的设置,关键词的内容即便于读者搜索的词语,读者可以轻松地在搜索引擎上通过这些关键词找到关于企业相关内容,同时在和门户管理人员沟通时,也能明确阐述文章重点。

(2) 编辑关键词

在门户网站发布中,选择好关键词后,即可开始编辑关键词,可以针对软文标题,进行拆分形成关键词。或对软文进行整体概要,增加软文内容关键词。这样是争取更多被用户检索出的概率。但是在编辑关键词时,切忌堆砌关键词,关键词数量一般不能超过10个。

(3) 选择链接文字

锚文本又称锚文本链接,是链接的一种形式,和超链接类似,超链接的代码是锚文本,把关键词做一个链接,指向别的网页。合理分布站内锚文本,会使搜索引擎蜘蛛更快速地爬行网站目录,这也是对搜索引擎友好的一种表现。

(4) 添加链接

在选择好要加的链接文字后,打开链接文字所要添加的链接地址(这里是指将该篇软文发布后所获取的软文页面地址),复制此链接地址,而后在选择好的链接文字上添加超链接,将链接地址粘贴上即可。此外,软文无非是发在站长门户论坛、博客、站长相关的网站社区。如果是自己企业博客,可以加多个连接。但投稿到各大站长门户论坛、其他的相关网站和社区的话,对于链接就要注意很多问题。有些网站论坛,会自动去掉我们的超链接甚至直接把链接删除。而有些地方会在审核文章的时候,人工去掉超链接,或是去掉链接一个不留。一些会留下网址的网站,基本上只会保留一个网址,超链接和相同的多余网址都会被去掉。这些应该都是出于网站论坛本身的规定,由不得站长自己的意愿。特别要强调的是,有些文章,链接太多,影响浏览,而网站的编辑和论坛的版主往往每天都要处理大量文章,对于链接过多、超链接泛滥的网站往往会采取直接删除的方式处理,所以站长在投稿时要切忌链接过多。

任务五　营销效果监控与评估

1. 营销效果

近年来,网络营销风生水起,几大电商行业巨头更是上演了一场视觉冲击,思想碰撞的盛会,华为借网络宣传之势,成功地对自己的品牌进行了宣传推广,提升了销售。提到华为,想起更多的是公交地铁网络上满天飞的广告语了,也是这朗朗上口的文案宣传策划,把一个默默无闻的网站推上了焦点位置,到现在风光无限,其强大、专业的网络推广工作功不可没。

2. 效果分析

华为的软文发布后,得到社会诸多反馈,其华为体既是最好的反馈之一,华为软文营销的发布是成功的,其成功之处可以归纳为以下几点:

① 软文话题争议性强。话题争议性强主要表现为会议讨论软文,引起众人的内心共鸣,引发思考。

② 思路清晰、内容紧凑。此次发布的所有软文篇幅适中,便于读者扫描式阅读。软文结构清晰,语句连贯、段落紧凑,浑然一体。足可见其撰写软文人员扎实的文字功底。

关键术语

软文营销　软文营销的特点　软文营销的定位

应知考核

1. 软文营销的实施步骤是什么?
2. 软文营销的制作技巧是什么?
3. 软文营销策划的一般过程是什么?

项目实训

(一)实训流程图

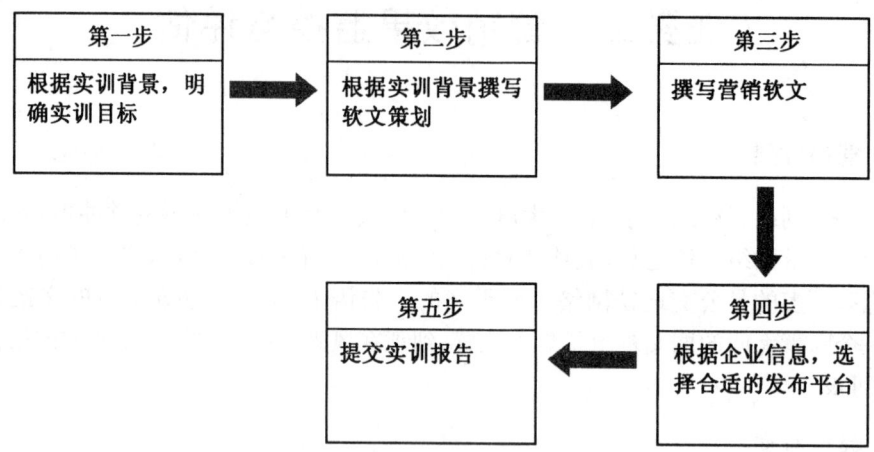

图8-5 软文营销实训流程图

(二)实训概述

以"中国银行:规划自己人生财务"作为此次软文营销的主要内容,通过市场背景分析、软文营销策划、软文写作、软文发布、营销效果监控与评估等一系列操作,把握软文营销的推广技巧,做出有效的软文营销监测和评估。

(三)实训素材

中国银行网络资料。

(四)实训内容

任务一 确定软文营销目标

以"中国银行:规划自己人生财务"为主题,对案例背景进行分析并完成表8-3。

表8-3 软文营销背景分析

营销主题	营销的品牌或核心要素
确定软文营销的原因	确定软文营销的实施原因
营销的主要目标	促进产品销售,提升品牌知名度,提高站点访问量等
软文创意及相关	相关资源来路等

任务二 策划软文营销方案

按照要求,详细说明软文的创意、策略、实现手段、要素与实施细则,并完成表 8-4。

表 8-4 软文营销方案策划表

软文营销受众	受众是谁
软文营销文案	用什么样的文章形式加以表现,其中涵盖诉求是什么,如何与产品形成紧密联系
软文营销创意	描述软文营销的大体构思
软文营销规格	若为视觉化表现,具体尺寸是多少,格式是什么,需要控制在多大的文件范畴内
软文营销投放位置	建议在百度、新浪、网易、腾讯等主流网站进行
软文营销投放时间	什么时间或者什么时候进行投放,给出理由
软文营销投放区域	广告是否有区域性的考虑,给出原因

任务三 软文写作

根据文案策划进行软文的撰写,并完成表 8-5。

表 8-5 软文撰写策划表

软文标题	
软文形式	
软文内容	

任务四 软文发布

根据分析不同平台的优缺点做针对性投放,并完成表 8-6。

表 8-6 软文发布平台选择与链接

发布平台	选择其原因	发布地址
新浪门户		
搜狐门户		
新浪博客		
豆瓣论坛		
……	……	……

项目九 跨境网络营销

知识目标

1. 掌握跨境网络营销的基本理念；
2. 了解跨境网络营销市场现状；
3. 能够进行跨境网络市场调研；
4. 掌握跨境网络营销工具。

技能目标

1. 能理解跨境网络营销的理念及基本原理；
2. 能根据特点进行跨境网络市场的调研；
3. 能利用跨境网络营销工具进行网络推广。

引导案例

第三届中国跨境电商网络营销大会

2017年(第三届)中国跨境电商网络营销大会于5月5日在广州中国大酒店盛大开幕(见图9-1)。1000余家电商企业代表、2000多位行业精英以及供应链、跨境平台、金融支付、物流海外仓、制造业主等上下游相关产业链的多位大咖受邀齐聚广州，共商跨境发展大计。

图9-1 第三届中国跨境电商网络营销大会主题

中国跨境电商网络营销大会,作为行业内最权威的运营技术分享交流盛会,以展望、转型、流量、品牌为主题,为与会来宾奉上一场集品牌营销、企业运营、产品运营、平台运营、行业展望为一体的饕餮大宴。

跨境电商市场逐渐趋于成熟,竞争愈发激烈,那种"屌丝"进"土豪"出的野蛮生长时期已经一去不复返了,各跨境电商平台的规则也逐渐完善。因此,如何提高流量、走品牌化道路、积极面对转型等已成为卖家在经营过程中必须要思考和解决的问题。

本届中国跨境电商网络营销大会,是亿恩网基于前两届大会的成功举办,利用7年的从业积累和经验,邀请了数十位行业大咖现场分享演讲,旨在为各位卖家解读在经营过程中遇到的各种疑惑和困扰,希望能够帮助卖家朋友们指明发展转型的方向、用对策略、方法以及及时转变固有的思维定式。

大会分为两个会场,分别为网络营销分会场和跨境综合分会场。网络营销分会场由中国数据分析第一人宋星现场分享了《转化优化的思路和实例》,知名海外营销专家曹光耀讲解了《如何利用Facebook等社交媒体营销低成本获得流量》,Bluedio CEO 杨嘉伟解读了《工厂转型、跨境电商与海外品牌运作》,希塔电商 CEO 李丰华分享了《跨境独立站3年痛苦迷失后的成功转型经验》;在跨境综合分会场,同样有各路大咖带来了不同主题的干货分享,包括印度Paytm中国区招商负责人Ajay Miglani分析"印度电商新机遇",行业大佬严旭东对美国线上线下的电商现状的分析和对沃尔玛政策的解读,NYIS联合创始人刘汝辰介绍关于"跨境电商在海外需要规避的法律风险与经验"及海鹰数据CEO王松涛分析"如何利用大数据开发新品",邓确平、郭仰青等大咖分享大神级亚马逊运营操作技能。

知识准备

1. 跨境网络营销概念

跨境电商是指电子商务应用过程中一种较为高级的形式,不同国家或地区的交易双方通过互联网以邮件或者快递等形式通关,将传统国际贸易中的展示、洽谈和成交环节数字化,实现产品进出口的新型贸易方式。按交互类型划分,跨境电商的主要模式可以分为B2B、B2C、C2C等若干种,其中B2C、C2C都是面向最终的消费者,因此又可统称为跨境网络零售;以经营主体划分,跨境电商分为平台型、自营型和混合型。

跨境电商网络营销是以国际互联网为基础,利用数字化的信息和网络媒体的交互性来辅助电商营销目标实现的一种新型市场营销方式。因此,跨境网络营销是以互联网为主要手段进行的营销活动。

2. 跨境电商市场规模

根据智库电子商务研究中心发布的《2018年度中国跨境电商市场数据监测报告》显示,2018年中国跨境电商交易规模达9万亿元,同比增长11.6%,如图9-2所示。在进出口结构上,2018年中国跨境电商的进出口结构上出口占比达到78.9%,进口比例21.1%。跨境电商交易结构中,出口依然占据主导地位,品牌出海成为近年来发展的主流趋势。在出口电商中,庞大的海外市场需求及外贸企业转型升级的发展等因素都助推行业快速发展,吸引更多的企业通过网络进行市场营销。

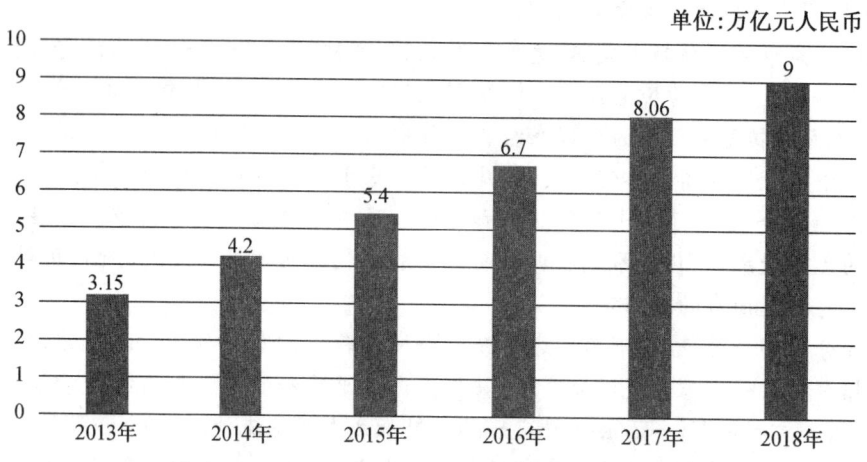

图9-2 2013—2018年中国跨境电商市场交易规模

报告显示,在跨境电商交易模式结构上,2018年中国跨境电商的交易模式跨境电商B2B交易占比达83.2%,跨境电商B2C交易占比16.8%。B2B模式在跨境电商模式占比中超八成,多年来一直是主导的商业模式。跨境电商B2B的商业模式在于去中间化,让品牌商和产品直接接触,通过用户来反作用于生产方和品牌方。越来越多的B2C跨境电商平台建立起来,跨过众多的中间环节直接连接工厂与消费者,以B2B2C的形式减少了交易环节,消除了信息不对称。B2C模式通过化整为零面向终端的销售模式比传统外贸等形式更为灵活。

2018年中国出口跨境电商卖家主要集中在广东省20.5%、浙江省17.2%、江苏省12.8%、上海市8.3%、福建省6.5%、北京市5.2%、山东省3.4%、河北省2.2%、其他23.9%,如图9-3所示。当前中国出口跨境电商卖家主要还是聚集在长三角和珠三角地区,尤其以广东、浙江、江苏最为集中。这些地区同时也是传统外贸最为发达的地区集聚地,有着良好的传统外贸基础。

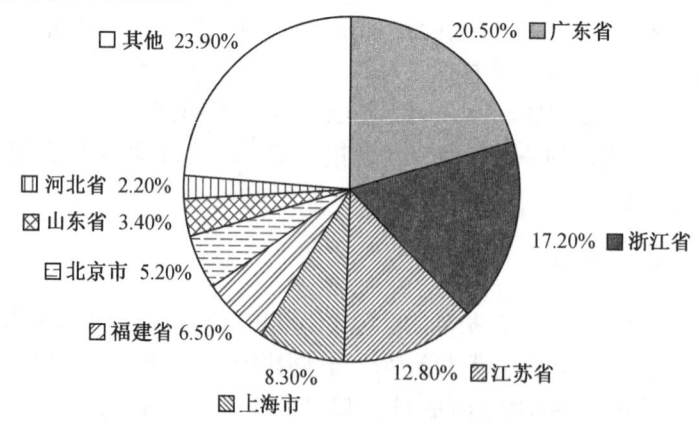

图9-3 2018年中国出口跨境电商卖家地域分布

2018年中国出口跨境电商主要国家和地区分布为：美国17.5%、法国13.2%、俄罗斯11.3%、英国8.4%、巴西5.6%、加拿大4.5%、德国3.7%、日本3.4%、韩国2.5%、印度2.4%、其他27.5%。从主要国家及地区分布来看，美国、法国等发达国家依然是中国出口电商主要的目的地。基础设施完善、较为成熟的网购环境和人群等因素都促使电子商务的发展程度较高。

在进口跨境电商整体市场梯队分布上，随着行业"马太效应"加剧，一些中小平台逐渐被淘汰出市场。据相关数据表明，我国进口跨境电商平台可以划分为"三个梯队"，如图9-4所示。第一梯队为"头部平台"，在进口跨境电商市场中处于"领先地位"，"寡头效应"初步显现，依次为网易考拉、海囤全球、天猫国际，具有规模大、营收高、人气旺、口碑好、实力强、现金流充沛，流量大、品牌多等特征。第二梯队为"准一线平台"，包括洋码头、唯品国际、小红书、聚美极速免税店。第三梯队为"二线平台"，包括蜜芽、贝贝、宝宝树、宝贝格子等平台，大多是母婴类产品平台。

图9-4 跨境进口电商整体市场分布

在进口电商用户规模上，截至2018年12月底，我国经常进行跨境网购的用户达8 850万人，同比增长34%。

3. 跨境电商网络营销发展趋势

(1) 跨境出口B2B品牌化之路将开启

当前绝大部分的跨境B2B企业都存在企业品牌建设不足的问题，仍然扮演的是国际品牌代工厂的角色。但跨境B2B品牌建设之路即将开启，越来越多的B2B平台及平台上的企业都开始注重品牌化建设，通过品牌溢价来提升公司产品及整体的价值。

(2) 跨境电商企业自建独立站趋势明显

从2018年开始，出口跨境电商领域就出现了跨境电商企业纷纷开始自建独立站，通过独立站的方式把产品及服务卖给消费者。主要原因在于平台因涌入大量卖家导致竞争激烈，卖家需寻找新的增长渠道，以及营销自动化升级带来的趋势。

(3) 向线下拓展

近年来，进口跨境电商纷纷在线下开实体店，网易考拉首家线下实体店"海淘爆品店"杭州开业，并接连在宁波、郑州等地纷纷"落地开花"，抢占新零售、新消费风口下"头口水"。天猫国际线下店也在杭州营业，小红书则把线上社区搬到了线下，而丰趣海淘"Wow哇噢"全球精选店在重庆开张，布局覆盖无人便利店、全球精选店、智能无人柜。旨在如何突破时间和空间的束缚，为消费者实现即买即用的购物体验。

(4) 下沉三五线城市

进口跨境电商的用户目前大部分在一、二线城市,在农村消费升级和新零售的大背景下,电商平台未来将逐步下沉到三五线城市。未来随着消费者购买力的增强,物流仓储等配套设施的完善,行业将在以提升客户消费体验等软实力为核心的基础上,进一步提高产品实时性和价格优势,助力跨境电商平台行业整体效益进一步提升。

任务一 跨境网络市场调研

在互联网技术迅速发展的今天,各种有形的、无形的产品琳琅满目,消费者的需求复杂多变,在网络营销这种新型营销模式的基础上,网络市场调研尤为重要。

1. 美国市场电子商务发展情况

2018年,美国电商市场平稳发展,市场总量达到3 500亿美元,每年增长均速保持在15%左右,在线零售的比例首次超过10%,并且处于逐步上升的状态。美国网络零售2019年预计为5 200亿美元,预计2027年美国在线零售额将突破1万亿美元。报告显示,2017年网络购物占到了美国零售总额的12%,网络购物销量占全美线下与线下总销售的比例会越来越大。

美国消费者更加热衷查阅测评。其中,74%的消费者会在网上查询产品评价,68%的消费者会浏览YouTube的测评视频,并且在耳机等细分类别,消费者更偏向同样是消费者的评论,而非专家的评论。美国电子商务分为三类:综合大电子商务平台,如亚马逊、eBay等;线下零售商的电子商务,沃尔玛是典型代表;品牌垂直电子商务,如品牌服装GAP、Forever21、H&M等品牌的电子商务渠道,以及苹果、维尔福等。

综上所述,美国消费者会从不同渠道获取产品信息、评价、折扣等信息,因此,对于品牌端来说需要深入了解用户需要,明确产品定位和调性,构建电商平台、自营站、社交媒体、搜索引擎和邮件营销等一系列相互配合的市场营销手段,形成流量互动、内容互补、评论互助的局面。通过美国"本土化"的传播途径,将各个平台整合在一起,利用数据收集和分析及时追踪消费者习惯,动态调整策略,从而应对消费者行为的变化。

(1) 亚马逊

亚马逊公司(Amazon,简称亚马逊),是美国最大的一家网络电子商务公司,位于华盛顿州的西雅图。亚马逊成立于1995年,是网络上最早开始经营电子商务的公司之一,一开始只经营网络的书籍销售业务,现在则扩及了范围相当广的其他产品,已成为全球商品品种最多的网上零售商和全球第二大互联网企业,公司名下包括了Alexa Internet、a9、lab126和互联网电影数据库(Internet Movie Database,IMDB)等子公司。

亚马逊及其他销售商为客户提供数百万种独特的全新、翻新及二手商品,如图书、影视、音乐和游戏、数码下载、电子和电脑、家居园艺用品、玩具、婴幼儿用品、食品、服饰、鞋类和珠宝、健康和个人护理用品、体育及户外用品、玩具、汽车及工业产品等。据统计,

2017年,有391 905个新卖家入驻亚马逊美国站点,但留存到现在的卖家比例还不到10%。超高的淘汰率主要因为对新手卖家层层筛选,不管是平台要求的二次审核、账户安全,还是业内盛行的刷单侵权等。

此外有数据表示,一年内入驻亚马逊美国站的所有新卖家中,只有不到30%的卖家曾经卖出产品,只有不到10%的卖家至今仍然在销售产品。导致这些卖家成长的原因是非常多的,比如资金链短缺、行业人才缺失、缺少推广资源、渠道资源,而任何一个小的因素都会影响这些卖家成长。

2004年8月亚马逊全资收购卓越网,使亚马逊全球领先的网上零售专长与卓越网深厚的中国市场经验相结合,进一步提升客户体验,并促进中国电子商务的成长。根据《Similar Web—2018年Q1最受美国消费者欢迎电商网站》的数据,亚马逊在美国最受欢迎的TOP 10网站中排名第一,该网站平均每月流量约17.8亿,所占流量份额达54.1%。

亚马逊官网界面如图9-5所示。

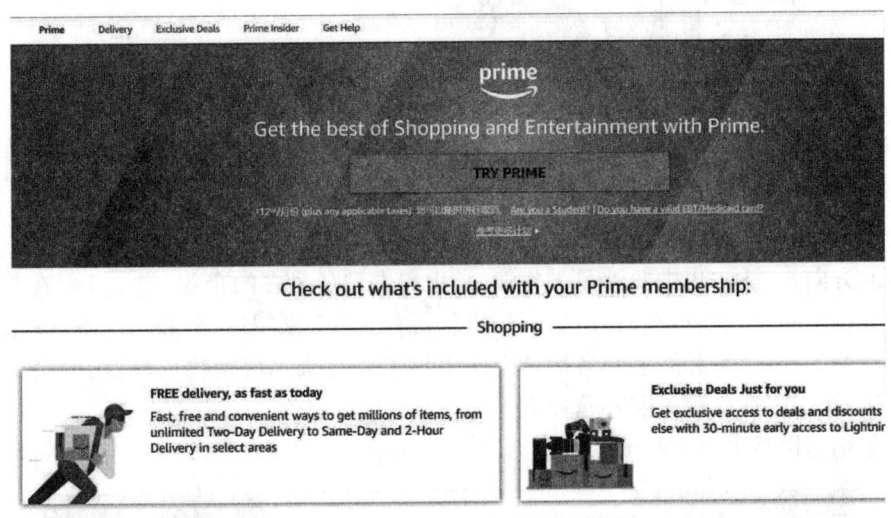

图9-5 亚马逊官网

(2) eBay

eBay(电子湾、亿贝、易贝)是一个可让全球民众上网买卖物品的线上拍卖及购物网站。eBay于1995年9月4日由Pierre Omidyar以Auctionweb的名称创立于加利福尼亚州圣荷西。人们可以在eBay上通过网络出售商品。2014年2月20日,eBay宣布收购3D虚拟试衣公司PhiSix。2017年6月6日,《2017年BrandZ最具价值全球品牌100强》公布,eBay名列第86位。2018年7月25日,eBay终止与长期支付伙伴PayPal的合作,宣布与后者的竞争对手苹果和Square达成新的伙伴关系。2018年12月20日,2018世界品牌500强排行榜发布,eBay位列47位。2019年10月,2019福布斯全球数字经济100强榜,eBay位列64位。

eBay官网首页,如图9-6所示。

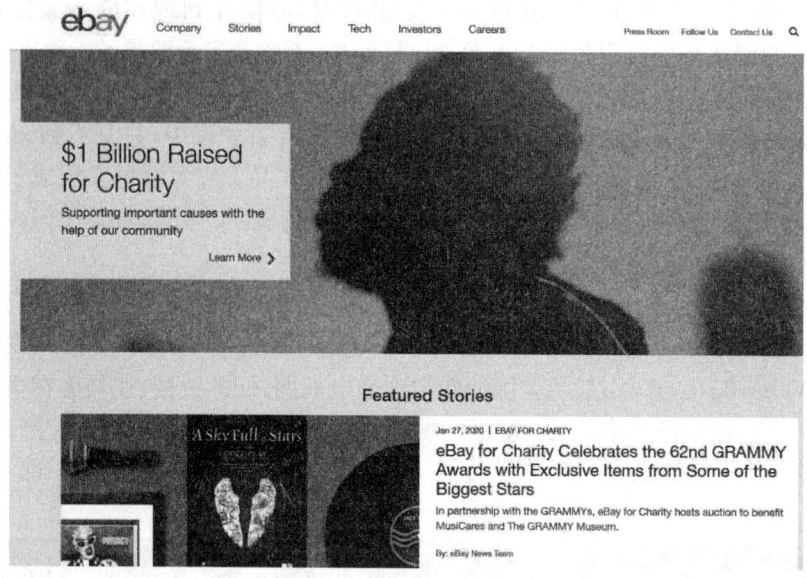

图 9-6　eBay 官网首页

(3) 沃尔玛

沃尔玛公司（WalMart Inc.），是一家美国的世界性连锁企业，以营业额计算为全球最大的公司，其控股人为沃尔顿家族。总部位于美国阿肯色州的本顿维尔（Bentonville，小石城西北方向）。沃尔玛主要涉足零售业，是世界上雇员最多的企业，连续 5 年在美国《财富》杂志世界 500 强企业中居首位。沃尔玛公司有 8 500 家门店，分布于全球 15 个国家。沃尔玛在美国 50 个州和波多黎各运营。沃尔玛主要有沃尔玛购物广场、山姆会员店、沃尔玛商店、沃尔玛社区店等四种营业方式。

沃尔玛官网首页，如图 9-7 所示。

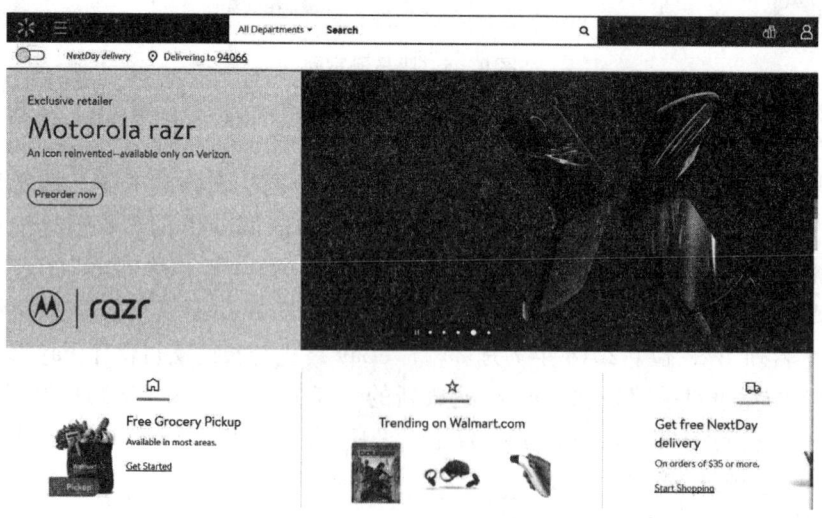

图 9-7　沃尔玛官网首页

2013年11月25日,任命国际业务部主管董明伦(Doug McMillon)接任杜克(Mike Duke)为沃尔玛总裁兼首席执行官,该任命从2014年2月1日起正式生效。2016年6月29日,沃尔玛表示将向美国所有消费者开放两日达免费送货服务。2019年7月22日,《财富》世界500强排行榜发布,沃尔玛百货有限公司位列第1位。2020年1月22日,名列2020年《财富》全球最受赞赏公司榜单第18位。

2. 跨境网络市场调研的内容

跨境网络市场调研与传统网络市场调研在调研手段上存在较大的差异,但是二者在调研内容上基本一致。市场调研的内容主要有以下3个部分:市场需求容量(The Market Needs)调研、可控因素(The Controllable Factor)调研和不可控制因素(The Uncontrollable Factor)调研。

(1) 市场需求容量调研

市场需求容量调研主要包括现有和潜在的需求容量;市场最大和最小需求容量;不同商品的需求特点和需求规模;不同市场空间的营销机会以及企业的和竞争对手的现有市场占有率等情况的调查分析。

(2) 可控因素调研

可控因素调研主要包括对产品、价格、销售渠道和促销方式等因素的调研。

① 产品调研。

产品调研包括有关产品性能、特征和顾客对产品的意见和要求的调研;产品寿命周期调研,以了解产品所处的寿命期的阶段;产品的包装、名牌等给顾客的印象的调研,以了解这些形式是否与消费者或用户的习俗相适应。

② 价格调研。

价格调研包括产品价格的需求弹性调研;竞争对手价格变化情况调研;新产品价格制定或老产品价格调整所产生的效果调研;选样实施价格优惠策略的时机和实施这一策略的效果调研。

③ 销售渠道调研。

它包括企业现有产品分销渠道状况;中间商在分销渠道中的作用及各自实力;用户对中间商尤其是代理商、零售商的印象等项内容的调研。

④ 促销方式调研。

主要是对人员推销、广告宣传、公共关系等促销方式的实施效果进行分析、对比。

(3) 不可控制因素调研

① 政治环境调研。

它包括对企业产品的主要用户所在国家或地区的政府现行政策、法令及政治形势的稳定程度等方面的调研。

② 经济发展状况调研。

主要是调查企业所面对的市场在宏观经济发展中将产生何种变化。

③ 社会文化因素调研。

调查一些对市场需求变动产生影响的社会文化因素，如文化程度、职业、宗教信仰及民风、社会道德与审美意识等方面的调研。

④ 技术发展状况与趋势调研。

主要是为了解与本企业生产有关的技术水平状况及趋势，同时还应把握社会相同产品生产企业的技术水平的提高情况。

⑤ 竞争对手调研。

主要包括竞争对手数量、竞争对手的市场占有率及变动趋势、竞争对手已经并将要采用的营销策略、潜在竞争对手情况等方面的调研。

3. 网络市场调研的基本方法

利用网络进行市场调查有两种方法：一种是直接进行的一手资料调查，即网上直接调查；另一种方法是利用互联网的媒体功能，在互联网上收集二手资料，即网上间接调查。

（1）网络市场直接调研

网络市场直接调研指的是为当前特定的目的在互联网上收集一手资料或原始信息的过程。直接调研的方法有四种：网上观察法、专题讨论法、在线问卷法和网上实验法。使用最多的是专题讨论法和在线问卷法。

① 网上观察法。

网上观察的实施主要是利用相关软件和人员记录登录网络浏览者的活动。相关软件能够记录登录网络浏览者浏览企业网页时所点击的内容，浏览的时间；在网上喜欢看什么商品网页；看商品时，先点击的是商品的价格、服务、外型还是其他人对商品的评价；是否有就相关商品和企业进行沟通的愿望等。

② 专题讨论法。

专题讨论法可通过 Usenet 新闻组、电子公告牌（BBS）或邮件列表讨论组进行。步骤如下：

a. 确定要调查的目标市场。

b. 识别目标市场中要加以调查的讨论组。

c. 确定可以讨论或准备讨论的具体话题。

d. 登录相应的讨论组，通过过滤系统发现有用的信息，或创建新话题，让大家讨论，从而获得有用的信息。

③ 在线问卷法。

在线问卷法即请求浏览其网站的每个人参与企业的各种调查。在线问卷法可以委托专业公司进行。调查问卷的基本结构一般包括三个部分，即标题及标题说明、调查内容（问题）和结束语。

a. 标题及标题说明是调查者向被调查者写的简短信，主要说明调查的目的、意义、选择方法以及填答说明等，一般放在问卷的开头。

b. 问卷的调查内容主要包括各类问题、问题的回答方式及其指导语，这是调查问卷的主体，也是问卷设计的主要内容。

问卷中的问答题，从形式上看，可分为开放式、封闭式和混合型三大类。封闭式问答题则既提问题,又给若干答案,被调查中只需在选中的答案中打"√"即可。开放式问答题只提问题,不给具体答案,要求被调查者根据自己的实际情况自由作答。混合型问答题,又称半封闭型问答题,是在采用封闭型问答题的同时,最后再附上一项开放式问题。至于指导语,也就是填答说明,用来指导被调查者填答问题的各种解释和说明。

c. 结束语一般放在问卷的最后面,对被调查者表示感谢,也可征询一下被调查者对问卷设计和问卷调查本身的看法和感受,要诚恳亲切。

④ 网上实验法。

网上实验法可以通过在网络中所投放的广告内容与形式进行实验。设计几种不同的广告内容和形式在网页或者新闻组上发布,也可以利用 E-mail 传递广告。广告的效果可以通过服务器端的访问统计软件随时监测,也可以利用查看客户的反馈信息量的大小来判断,还可借助专门的广告评估机构来评定。

(2) 网络市场间接调研的方法

网络市场间接调研指的是网上二手资料的收集。二手资料的来源有很多,如公共图书馆、大学图书馆、贸易协会、市场调查公司、广告代理公司、专业团体、企业情报室等。再加上众多综合型 ICP(互联网内容提供商)、专业型 ICP,以及成千上万个搜索引擎网站,使得互联网上二手资料的收集非常方便。

互联网上虽有海量的二手资料,但要找到自己需要的信息。首先,必须熟悉搜索引擎的使用;其次,要掌握专题型网络信息资源的分布。网上查找资料主要通过三种方法:利用搜索引擎;访问相关的网站,如各种专题性或综合性网站;利用相关的网上数据库。

① 利用搜索引擎查找资料。

提供一个搜索入口,根据搜索者提供的关键词,反馈出的搜索结果是与关键词相关的商机信息,比如供求信息、产品信息、企业信息以及行业动态信息,并且给予搜索者一定的信息分拣引导,以最终达到满足搜索者的实际需求。

② 访问相关网站收集资料。

如果知道某一专题的信息主要集中在某些网站,可直接访问这些网站,获得所需的资料。

③ 利用网上数据库查找资料。

网上数据库有付费和免费两种。在国外,市场调查用的数据库一般都是付费的。

任务二 选择跨境网络营销工具

1. 选品类网站工具

(1) 美国亚马逊网站

美国亚马逊网站是美国最大的电子商务网站,因此其销售排行榜、新品排行榜和飙升排行榜都是非常不错的选品网站,如图 9-8～图 9-10 所示。

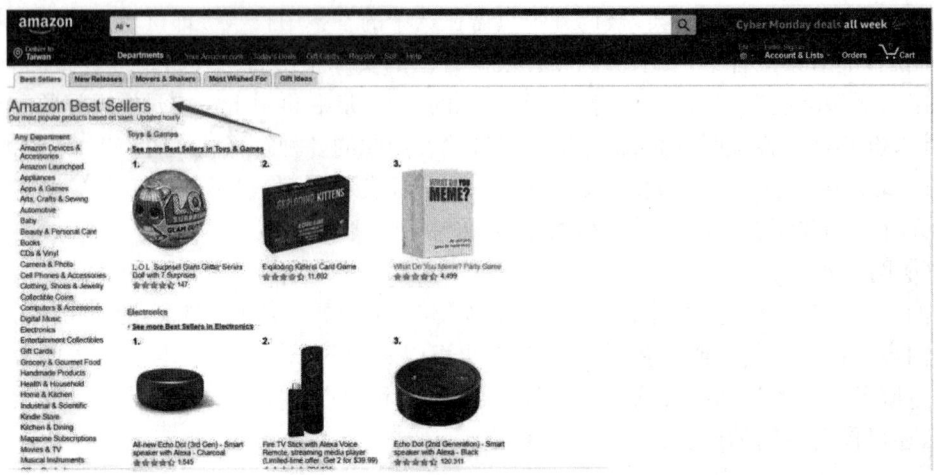

图9-8　美国亚马逊销售排行榜

图9-9　美国亚马逊新品销量排行榜

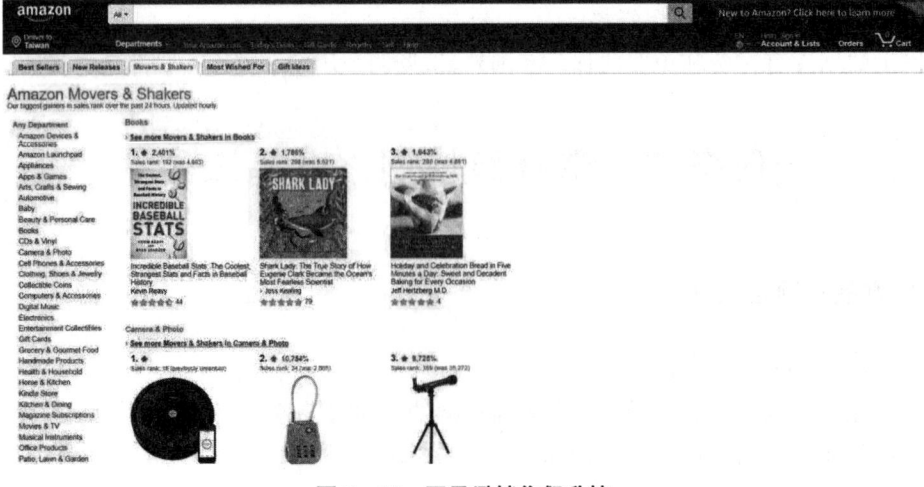

图9-10　亚马逊销售飙升榜

(2) Jungle Scout

Jungle Scout(简称 JS),是由 Greg Mercer 在 2015 年成立的一家网站,主要服务于全球亚马逊跨境电商企业和个人卖家,总部位于美国得克萨斯州,于 2018 年在中国深圳创办了分公司,为中国的亚马逊卖家提供服务,截至 2019 年 1 月,已为全球超过 20 万的亚马逊卖家提供付费服务。

Jungle Scout 的解决方案覆盖了卖家选品、竞品跟踪、市场趋势分析、关键词搜索及反查、Listing 优化、站外引流、邮件营销、店铺利润分析、PPC 广告优化、供应商搜索及管理等全解决方案,通过大数据找到极具潜力的亚马逊产品,全面、快速、高效、准确可靠。Jungle Scout 网站的独特优点是通过插件,在亚马逊搜索页、产品页以及卖家店铺页面等可以即时抓取产品的相关数据,只需一键点击,便可以看到每款产品的价格、预测月销量、评论数量、尺寸大小、FBA 费用和机会分析等信息。

Jungle Scout 网站首页和网站功能界面,如图 9-11、图 9-12 所示。

图 9-11 Jungle Scout 网站首页

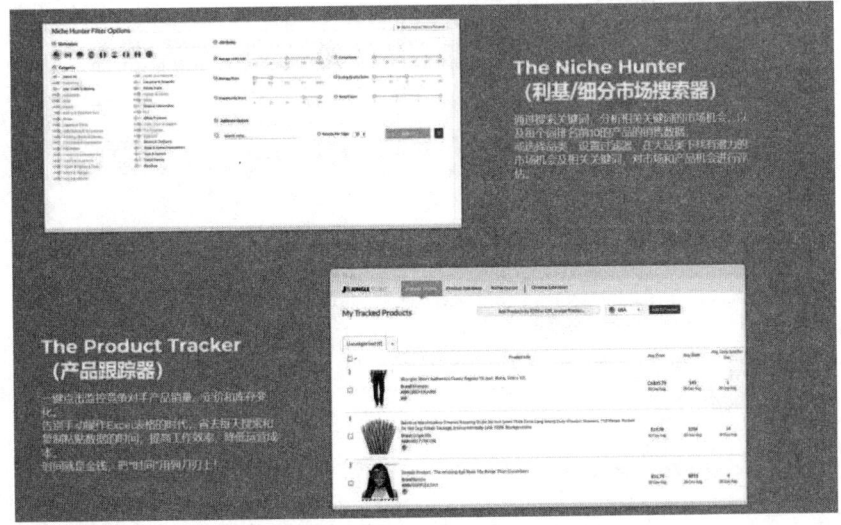

图 9-12 Jungle Scout 网站功能界面

除了软件工具和服务外,Jungle Scout 提供给亚马逊卖家和运营人员大量的免费学习资料和视频教程,包括《百万美金案例分析》《和大咖学选品》《和大咖学运营》《从 0 到 1 学会亚马逊 FBA》等系列内容,帮助新手卖家成为亚马逊销售专家。Jungle Scout 倡导数据化智能选品、打造精品店铺、通过运营技巧和策略来获得中国品牌跨境出海,是亚马逊跨境电商行业的领军品牌,影响全球超过 100 万亚马逊从业者。

(3) CamelCamelCamel

CamelCamelCamel 是一款针对亚马逊的价格跟踪的免费工具,可以设定产品的价格提醒,了解指定商品的历史价格走势,主要目的是给大部分的亚马逊买家使用,方便亚马逊买家们能够轻松地发现价格实惠的好商品,辅助用户进行购买决策。由于 CamelCamelCamel 有强大的价格跟踪功能、销售排名查询功能,免费而且简单易用,为广大的亚马逊卖家所热捧,辅助亚马逊卖家了解特定产品在亚马逊市场的竞争情况,给选品提供参考。

CamelCamelCamel 是一款可以查询到亚马逊指定商品的历史价格、库存情况、销售排名的跟踪软件。作为亚马逊卖家,特别是新手卖家,面对琳琅满目的产品,该如何选品,在没有有效办法判断一款产品是否应该进入亚马逊的时候,CamelCamelCamel 就能够很好地帮忙。CamelCamelCamel 能够帮我们纵观历史价格数据,给我们的决策做依据,通过历史数据的参考,降低高库存的风险。通过输入指定产品关键词或者 URL,可以看到这款产品的历史价格变化情况,可以很好地给用户做参考,给产品定价,通过历史价格,我们可以预估自己销售的价格和利润率,从而判断是否要以这个产品进入市场。

通过观察亚马逊和第三方卖家的历史库存情况,可以知道自己有哪些竞争对手。假如发现亚马逊一直在销售我们发现的这个产品,长期有库存,而且价格处于比较低的位置,最佳的做法就是重新挑选产品,避免这种直接的竞争。如果发现有一款产品亚马逊一直没有销售,同时第三方的库存量低,销售价格高,则表示这是一款很有潜力的产品,竞争比较弱,可以果断入场。

CamelCamelCamel 网站首页,如图 9-13 所示。

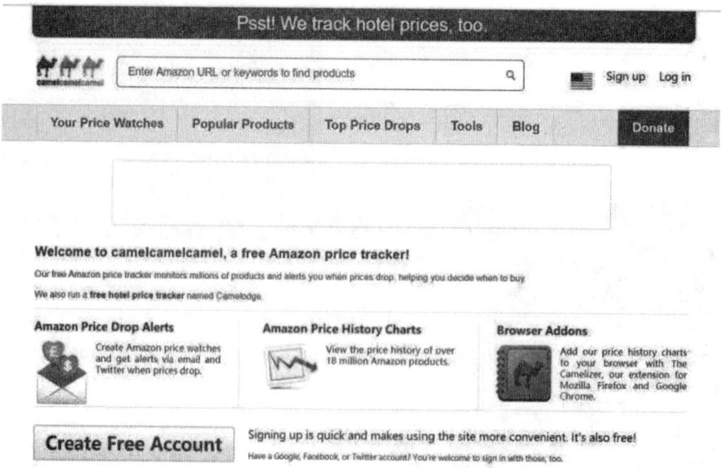

图 9-13 CamelCamelCamel 网站首页

(4) Marketplace Pulse

Marketplace Pulse 是一家电子商务情报公司,通过数据标记的专业知识帮助企业了解和发展电子商务市场,客户包括市场、金融技术(Fintech)、软件和零售服务公司。Marketplace Pulse 与电子商务幕后的公司合作,最常见的是提供数据 API。

Marketplace Pulse 收集的电子商务市场数据比世界上任何组织都多,其自有技术平台可以监控电子商务市场上的数百万个数据点,包括亚马逊、eBay、Etsy、沃尔玛、Wish 等,其软件解析非结构化和半结构化数据源,并以编程方式提取结构化数据的关键部分。Marketplace Pulse 从各个角度看待市场,收集有关品牌、产品、类别和卖家的数据。

Marketplace Pulse 网站首页,如图 9-14 所示。

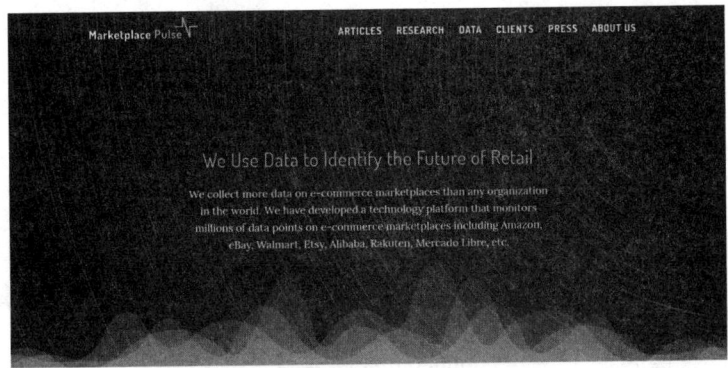

图 9-14 Marketplace Pulse 网站首页

2. 关键词工具

(1) MerchantWords

MerchantWords 主要是帮助卖家找到关键词和与一些热门相关的关键词语,从亚马逊搜索中收集了超过 10 亿个特有的搜索词。这些搜索词的参数可以给卖家提供一个较为全面的参考,知道哪些产品客户比较在意,也可以作为一个选品的参考。MerchantWords 是客户用于在线搜索产品的关键字集合。这些搜索在 Amazon 和 Walmart.com 等市场上进行,并通过一组复杂的计算机规则(称为算法)进行增强。

消费者每天都在寻找在线购买的产品,该活动产生了关于全球消费者需求的数据。所有这些搜索请求都需要立即进行分析,因此亚马逊等市场知道要显示的搜索结果。结果列表越好,亚马逊销售东西的概率就越高。

像亚马逊这样的公司总是在尝试新方法,在正确的时间将正确的产品放在合适的客户面前。这意味着对于某些竞争激烈的条款,搜索建议可能会按小时变化,自动填充是市场引导网站流量不可或缺的工具。

MerchantWords 利用计算机来挑选关键词的趋势和变化,构建了一张消费者想要购买的大量地图,以其研究结果来帮助精明的营销人员,关键字研究工具可以轻松地为产品带来更多流量,并找到新产品和营销机会。

利用 MerchantWords,可以通过北美、欧洲、澳大利亚和亚洲的买家搜索条件数据库,即时访问全球受众。专有算法使用人工智能来梳理广泛的数据库,计算每个搜索短语的排名,并产生估计的搜索量。全球范围内从亚马逊购物者搜索中收集了超过 10 亿个独特的搜索短语。这是对消费者需求和购物趋势的 10 亿见解。

MerchantWords 网站首页,如图 9-15 所示。

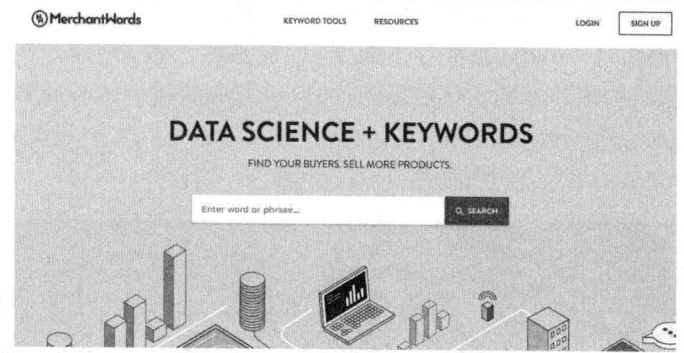

图 9-15 MerchantWords 网站首页

(2) SurTime

SurTime 是一款亚马逊关键词反查工具,它可以查询任意站点 ASIN 真实销量和订单转化关键词数据。SurTime 也是一款支持关键词一键筛选重组,快速复制符合 Amazon 规定的精确 Search Terms,同时也是拥有亚马逊全套解决方案的强大工具。

SurTime 是索诺环球旗下的跨境电商卖家生态系统,SurTime 网站包含的是索诺环球的业务内容,提供亚马逊全套解决方案。Surtime 起名的灵感来源于 Save Your Time,该工具开发团队希望 Surtime 可以立足于关键词这一模块,成为亚马逊卖家运营的得力助手,从而提高工作效率,节省时间。SurTime 主要功能有七个板块:开店运营阶段、账号注册审核、上架运营阶段、内部渠道资源、索诺·申诉救号、SurTime 功能列表、加入 SurTime 卖家圈。

SurTime 首页,如图 9-16 所示。

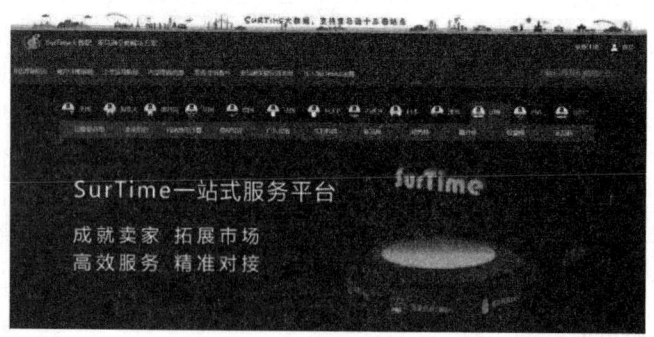

图 9-16 SurTime 首页

(3) KeywordTool

KeywordTool(在线谷歌关键词分析工具)是一款免费使用的挖掘谷歌关键词的工具,根据用户输入的关键词来完成自己的分析和筛选工作。用户只需要输入想要查找的关键词和谷歌所在地区就可以针对不同的地区查询相关的关键词,是针对谷歌关键词进行 SEO 的利器。

KeywordTool 提取谷歌对各类关键词的建议,并将其呈献给用户参考,最重要的是该工具可以帮助我们分析不同谷歌域名的各地区关键词。目前支持 194 个谷歌域名和 83 种语言,完全支持中文操作。

KeywordTool 首页,如图 9－17 所示。

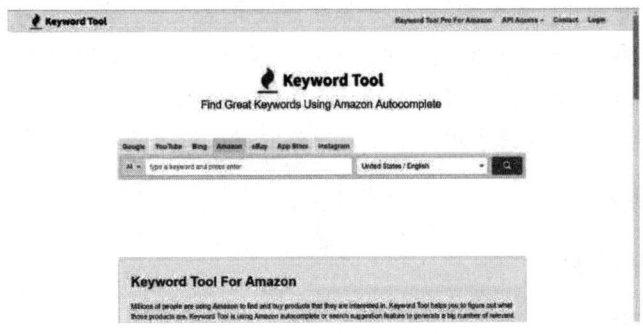

图 9－17　KeywordTool 首页

关键术语

跨境网络营销　跨境网络营销工具　跨境网络营销方法

应知考核

1. 跨境网络营销调研的步骤是什么?
2. 跨境网络营销选品网站有哪些?
3. 跨境网络营销关键词分析方法有哪些?

项目实训

(一)实训流程图

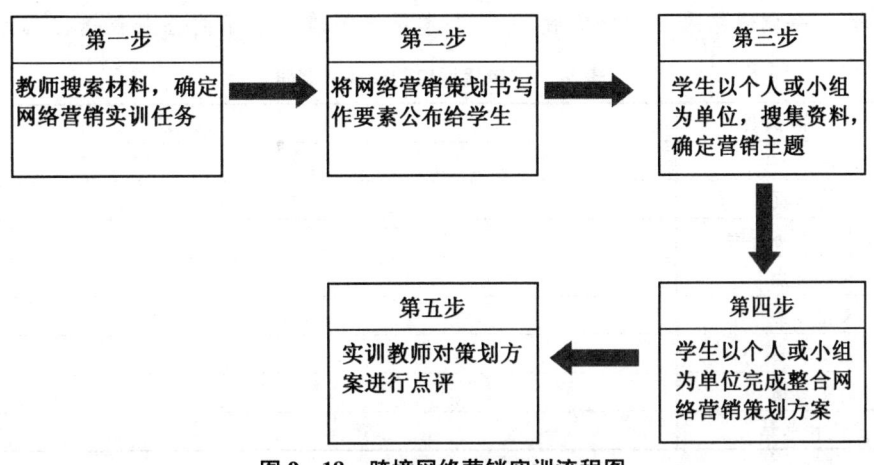

图 9－18　跨境网络营销实训流程图

(二) 实训概述

本实训为进行跨境网络市场调研。以小组为单位,在实训教师指导下,将教师指定的网站作为本实训的主要内容,收集资料信息和内容。

鑫米电子商务有限公司是国内一家多年从事贸易以及零售批发业务的跨境电子商务企业,主要经营数码电子类、美容类、宠物类、灯具类等与百姓生活息息相关的十五大类产品,产品远销德国、法国、英国、意大利、西班牙等欧洲及北美市场。经过几年的发展,该公司已经在德国、法国、英国、西班牙拥有上万平方米的仓库,成功建立起以中国物流为中心的全球物流一体化营运管理体系。该公司想了解目前经营的各大类产品在国际市场的有关情况,请帮助其完成跨境网络市场调研过程中相关任务的实施和跨境网络营销工具的选择。

(三) 实训素材

跨境网络营销网站。

(四) 实训目标

根据教师所提供的素材以小组为单位分析跨境网络营销调研目标、内容和工具的选择,为该公司制定一份跨境网络营销方案。

(五) 实训内容

任务一 认识跨境网络营销环境

组建5~6人的跨境网络市场调研团队,利用跨境网络市场调研的方法,选择一个美洲、欧洲、亚洲或者"一带一路"沿线国家进行跨境网络营销环境的调研,了解该国的市场概况、气候特点、文化风俗、主要节日、物流水平以及电子商务发展状况等相关信息。

步骤1:了解该国市场概况;
步骤2:了解该国气候特点、文化风俗、主要节日及消费习惯;
步骤3:了解该国物流水平及电子商务发展状况;
步骤4:将调研结果进行分析后,为将要发展该国跨境电子商务业务提出几点建议,撰写总结完成表9-1。

表9-1 跨境网络营销环境调研

小组名称/成员	
市场名称	
市场状况	
主要电子商务平台	
气候特点	
文化习俗	
主要节日	
消费习惯	
建议和总结	

任务二 跨境网络营销市场调研

步骤1:以小组为单位,在鑫米电子商务公司主营产品中,选择一个产品品类和一个海外市场,根据市场电子商务发展情况进行市场调研,完成表9-2。

表9-2 跨境网络市场调研内容

小组名称/成员:			
产品品类			
目标市场			
调研内容	对消费者的调研	现存市场规模	
		潜在市场规模	
		购买者的背景特征	
		购买者如何使用产品和服务	
		购买者品牌忠诚度	
	对产品及竞争对手的调研	产品的调研	
		竞争对手的调研	
	对营运情况的调研	广告投放效果	
		促销效果	
		定价策略效果	
	对市场客观环境的调研		

步骤2:完成后,将上述两个表单通过实训软件提交至实训教师。

任务三 制定跨境网络营销方案

在确定了鑫米公司的跨境网络市场调研内容之后,以小组为单位为该公司制作一个跨境网络营销方案,按步骤完成以下任务。

步骤1:确定跨境网络营销的问题及目标,每个团队分析、讨论明确营销推广的目标、实施内容、实施步骤,营销侧重点。

步骤2:选择一个跨境电子商务平台进行活动策划和宣传。

步骤3:选择相关的产品和内容。

步骤4:制订营销推广计划。确定营销需要的资源、类型和数量,选择相应的营销推广工具。

步骤5:提交报告,将此次方案写成报告,小组汇报交流。

项目十　网络营销策划方案

知识目标

1. 掌握网络品牌营销方案的策划流程；
2. 掌握网络产品营销方案的策划流程；
3. 掌握网络活动营销方案的策划流程。

技能目标

1. 能够为企业撰写网络品牌营销方案；
2. 能够为企业撰写网络产品营销方案；
3. 能够为企业撰写网络活动营销方案。

引导案例

卫龙辣条网络营销

对于80后、90后而言，辣条是无人不知无人不晓。2019年的卫龙，年销100亿包，营收超20亿。1999年，卫龙创始人刘卫平在河南开小作坊制作辣条。只有高中学历的他，野心勃勃，不满足小小的作坊，三年后，扩大成食品加工厂，2003年正式注册了"卫龙"商标。

当时的辣条市场遍地开花，辣条本身属于中低档食品，产品同质化程度高，顾客忠诚度低，刘卫平企图打造自己的辣条品牌，与其他辣条品牌形成差异化。

2005年，一家面筋厂被查出非法添加霉克星，辣条被打上"垃圾食品"标签。此时，刘卫平决心建立企业品牌形象，他决心引入先进的设备与技术，提质提价，进行市场品牌宣传，把一个全新的辣条企业品牌形象展示给消费者。

1. 重塑品牌，实现产品差异化

2010—2014年间，卫龙请了国内一线明星赵薇、杨幂等明星代言(见图10-1)，迅速在国内市场提升品牌知名度。同时，为迎合年轻人群，卫龙包装以铝箔、铝膜包装取代以往透明简装，让辣条产品一改廉价食品的形象。

2014年，卫龙再次修建了新厂房，并特意邀请摄影团队进入车间拍摄直播，整齐干净的环境让摄影师大为吃惊。车间图片(见图10-2)发布在微博瞬间引发网友围观，大大消除辣条是"三无产品"的误解。

图 10-1 产品的明星代言

图 10-2 卫龙微博公开工厂情况

2016年9月,苹果7正式上市。卫龙在苹果7上市阶段高度模仿苹果的页面设计(见图 10-3),借着苹果的热度,让众多消费者发现卫龙的包装原来已经如此高档,硬是让卫龙从传统廉价食品中跳脱出来,成为可以细看、细品的美食。

卫龙的辣条品牌形象一步步地改变,与其他辣条品牌逐渐拉开距离,实现了产品差异化,在国内休闲零食界异军突起。

2. 聆听消费者心声,优化品牌形象

2018年,临近端午,微博大V"全是吃货"在线@卫龙,提出想吃辣条粽子的心愿,众多网友纷纷支持并呼应。

次日,卫龙官方回应"一周后见"(见图 10-4)。一周后,卫龙发布的辣条粽子的消息,产品当天抢购一空。

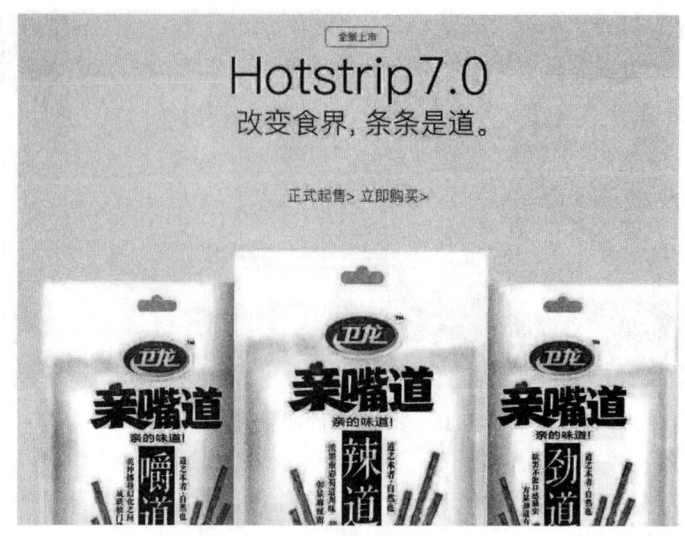

图 10-3 卫龙产品平面设计

图 10-4 卫龙产品微博营销

卫龙借大 V 发声,让消费者觉得品牌聆听了消费者的心声,拉近了品牌与消费者间的距离,另一方面拓展了品牌品类。卫龙深谙品牌靠一个单品是难以在市场形成核心竞争力的,想要在信息繁杂,选择多样的市场环境中占据消费者心智,除了创意,产品多元化也是实现品牌流量,客单转化的重要因素。

3. 跨界营销,赋予品牌新活力

2019 年 9 月开学季,卫龙联合晨光,稳稳抓住开学补作业热点,顺势推出一系列的"补作业套餐"海报(见图 10-5),把学生心理表述得淋漓尽致;卫龙天猫店同步上线校园玛丽苏页面,清奇的画风让消费者眼前一亮,同时唤醒消费者的校园记忆,建立品牌与消费者沟通的契机;除了天猫,双方官微以各自产品为赌注,粉丝加入互动,有梗的同时刺激了粉丝的转发,赚足了流量与关注。

图 10-5　卫龙联合晨光进行品牌营销

卫龙联合晨光的一系列操作,让人不得不佩服卫龙对消费者群体的仔细研究,洞察消费者心理,引发群体共鸣,不仅让品牌凸显其创新且有趣的形象,同时带动了产品营销。

知识准备

1. 品牌营销

品牌营销(Brand Marketing),是通过市场营销使客户形成对企业品牌和产品的认知过程,是企业要想不断获得和保持竞争优势,必须构建高品位的营销理念。

最高级的营销不是建立庞大的营销网络,而是利用品牌符号,把无形的营销网络铺建到社会公众心里,把产品输送到消费者心里,使消费者选择消费时认这个产品,投资商选择合作时认这个企业。

品牌营销的关键点在于为品牌找到一个具有差异化个性、能够深刻感染消费者内心的品牌核心价值,它让消费者明确、清晰地识别并记住品牌的利益点与个性,是驱动消费者认同、喜欢乃至爱上一个品牌的主要力量。

2. 品牌网络营销

对于传统企业来说,网络营销一般从建立网站开始,企业的品牌形象在建立网站之前就已经确立了。互联网将改变企业的经营方式,如今全球 500 强企业都建立了自己的网站主页,而且将近 90% 以上的企业采用网上招聘等方式,这说明网络已经不仅仅用于介绍公司概况、收发电子邮件,而是进入了深层次的应用,品牌营销是互联网对企业经营方式的重大变革。例如,在网上商店,既可以为企业扩展销售渠道提供便利的条件,又可以在电子商务平台上增加客户的信任度,将企业网站与网上商店相结合,塑造品牌。

对于网络企业来说,企业的品牌形象是从网站开始的,网站在一定程度上代表着企业的品牌。在电子商务和网络营销还没有在全球得到充分发展的时候,互联网作为新兴的虚拟市场,它的覆盖面只是世界市场的一部分,许多消费者还不能接受或使用网络沟通方式;许多发展中国家,特别是最不发达国家,现实的终端仍然是采用传统的营销渠道。因此,品牌培养与品牌营销应在传统、网络的基础上谋求发展,传统营销与网络营销也要在实践中逐步整合。

3. 品牌网络营销四大策略

品牌营销的策略包括品牌个性(Brand Personality)、品牌传播(Brand Communication)、品牌销售(Brand Sales)、品牌管理(Brand Management)。

① 品牌个性:简称 BP,包括品牌命名、包装设计、产品价格、品牌概念、品牌代言人、形象风格、品牌适用对象。

② 品牌传播:简称 BC,包括广告风格、传播对象、媒体策略、广告活动、公关活动、口碑形象、终端展示。在传播上,BM 与整合营销传播所不同的是,BM 的媒体可以是单一媒体,也可是几种媒体组合,完全根据市场需要决定。

③ 品牌销售:简称 BS,包括通路策略、人员推销、店员促销、广告促销、事件行销、优惠酬宾。

④ 品牌管理:简称 BM,包括队伍建设、营销制度、品牌维护、终端建设、士气激励、渠道管理、经销商管理。

4. 产品营销策略

产品是指能用于市场交换,并能满足人们某种需要和欲望的劳动成果,它包括实物、服务、场所、设施、思想和计策、体验等有形产品和无形产品。所谓产品营销策略,即指企业制定经营战略时,首先要明确企业能提供什么样的产品和服务去满足消费者的要求,也就是要解决产品策略问题。它是市场营销组合策略的基础,从一定意义上讲,企业成功与发展的关键在于产品满足消费者的需求程度以及产品策略正确与否。

企业在其产品营销战略确定后,在实施中所采取的一系列有关产品本身的具体营销策略,主要包括商标、品牌、包装、产品定位、产品组合、产品生命周期等方面的具体实施策略。企业的产品策略是其市场营销组合策略中的重要组成部分。

现代企业产品外延的不断拓展缘于消费者需求的复杂化和竞争的白热化。在产品的核心功能趋同的情况下,谁能更快、更多、更好地满足消费者的复杂利益整合的需要,谁就能拥有消费者,占有市场,取得竞争优势。不断地拓展产品的外延部分已成为现代企业产品竞争的焦点,消费者对产品的期望价值越来越多地包含了其所能提供的服务、企业人员的素质及企业整体形象的"综合价值"。目前发达国家企业的产品竞争多集中在附加产品层次,而发展中国家企业的产品竞争则主要集中在期望产品层次。若产品在核心利益上相同,但附加产品所提供的服务不同,则可能被消费者看成是两种不同的产品,因此也会造成两种截然不同的销售状况。美国著名管理学家李维特说过:"新的竞争不在于工厂里制造出来的产品,而在于工厂外能够给产品加上包装、服务、广告、咨询、融资、送货或顾客认为有价值的其他东西。"

5. 网络活动营销

活动营销(Marketing Activities),直译为"营销",是指企业通过介入重大的社会活动或整合有效的资源策划大型活动而迅速提高企业及其品牌知名度、美誉度和影响力,促进产品销售的一种营销方式。简单地说,活动营销是围绕活动而展开的营销,以活动为载体,使企业获得品牌的提升或是销量的增长。活动营销对于企业营销宣传,意义深远。

(1) 提升品牌的影响力

一个好的活动营销不仅能够吸引消费者的注意力,还能够传递出品牌的核心价值,进而提升品牌的影响力。那么,如何让品牌的核心价值为消费者所认同呢?关键就是要将品牌核心价值融入活动营销的主题里面,让消费者接触活动营销时,自然而然地受到品牌核心价值的感染,并引起消费者的情感共鸣,进而提升品牌的影响力。

(2) 提升消费者的忠诚度

活动营销是专为消费者互动参与打造的活动,活动对消费者的参与和大众的关注,产品和品牌形象深度影响了消费者,更能够提升消费者对品牌的美誉度,进而提升消费者的忠诚度。

(3) 吸引媒体的关注度

活动营销是近年来国内外十分流行的一种公关传播与市场推广手段,集新闻效应、广告效应、公共关系、形象传播、客户关系于一体,并为新产品推介、品牌展示创造机会,建立品牌识别和品牌定位,形成一种快速提升品牌知名度与美誉度的营销手段。通过网络,一个事件或者一个话题可以更轻松地进行传播和引起关注,成功的活动营销案例开始大量出现。

任务一　网络品牌营销方案

品牌营销的第一个步骤就是要收集与企业的品牌营销策划有关的各种信息资料。这些信息资料将成为进行系统分析与设计的重要依据,包括宏观经济形势、政策与法律环境、目标市场特性、消费者需求特点、市场需求走向、市场竞争状况和企业自身特点。综合来看,我们可以从以下几个方面入手。

1. 市场定位

市场定位是指根据竞争者现有产品在市场上所处的位置,针对消费者或用户对该种产品的某种特征、属性和核心利益的重视程度,强有力地塑造出此企业产品与众不同的、给人印象深刻、鲜明的个性或形象,并通过一套特定的市场营销组合把这种形象迅速、准确而又生动地传递给顾客,影响顾客对该产品的总体感觉。

市场定位并不是一件产品本身做些什么,而是我们在潜在消费者的心目中做些什么。市场定位的实质是使此企业与其他企业严格区分开来,使顾客明显感觉和认识到这种差别,从而在顾客心目中占有特殊的位置。市场定位的目的是使企业的产品和形象在目标顾客的心理上占据一个独特、有价值的位置。目前,在消费品越来越趋于同质化的情况下,企业要通过市场调查,根据消费者需求,开发出异质性品牌,不仅要突出主导品牌,又要不放弃对重要客户、重点市场的量身定做,走战略品牌之路。

2. 竞争分析

在进行详细的市场细分之后,了解目前市场同类产品及目前已有品牌的状况,从而进行竞争分析,可以从竞争者、价格优势、竞争策略等方面运用SWOT分析法分析。

SWOT分析,即基于内外部竞争环境和竞争条件下的态势分析,就是将与研究对象密切相关的各种主要内部优势、劣势和外部的机会和威胁等,通过调查列举出来,并依照矩阵形式排列,然后用系统分析的思想,把各种因素相互匹配起来加以分析,从中得出一系列相应的结论,而结论通常带有一定的决策性。

运用这种方法,可以对研究对象所处的情景进行全面、系统、准确的研究,从而根据研究结果制定相应的发展战略、计划以及对策等。

S(Strengths)是优势、W(Weaknesses)是劣势,O(Opportunities)是机会、T(Threats)是威胁。按照企业竞争战略的完整概念,战略应是一个企业"能够做的"(即组织的强项和弱项)和"可能做的"(即环境的机会和威胁)之间的有机组合。

用各种调查研究方法,分析出公司所处的各种环境因素,即外部环境因素和内部能力因素。外部环境因素包括机会因素和威胁因素,它们是外部环境对公司的发展直接有影响的有利和不利因素,属于客观因素;内部环境因素包括优势因素和弱点因素,它们是公司在其发展中自身存在的积极和消极因素,属主观因素。在调查分析这些因素时,不仅要考虑到历史与现状,而且更要考虑未来发展问题。

将调查得出的各种因素根据轻重缓急或影响程度等排序方式,构造SWOT矩阵。在此过程中,将那些对公司发展有直接的、重要的、大量的、迫切的、久远的影响因素优先排列出来,而将那些间接的、次要的、少许的、不急的、短暂的影响因素排列在后面。

在完成环境因素分析和SWOT矩阵的构造后,便可以制订出相应的行动计划。制订计划的基本思路是:发挥优势因素,克服弱点因素,利用机会因素,化解威胁因素;考虑过去,立足当前,着眼未来。运用系统分析的综合分析方法,将排列与考虑的各种环境因素相互匹配起来加以组合,得出一系列公司未来发展的可选择对策。

3. 品牌塑造

品牌塑造(Brand Building),是指给品牌以某种定位并为此付诸行动的过程或活动。品牌塑造是一个系统长期的工程,品牌知名度、美誉度和忠诚度是品牌塑造的核心内容。大企业可以凭借雄厚的财力、物力通过炒作、广告轰炸、大规模的公益和赞助等方式循序渐进地进行品牌塑造,通过建立品牌优势来刺激和吸引消费者的购买冲动。

品牌塑造是从以上品牌的众多元素及现实消费情况着眼,结合品牌标准化体系的过程:不健康、健康、健将一个逐步渐进的过程。特别提出企业品牌塑造注意的几个关键点。

(1) 高品质

质量直接关系到企业的生死。产品的高质量是竞争者手中的王牌,同时也是竞争对手较难模仿的竞争利器,因为它是凭借企业整体系统管理能力来保障的,比任何形式的促销手段更能让顾客信服。从另一个角度来说,高品质不但为消费者带来品牌价值,而且能带来较大的使用附加值。

(2) 别具一格

每个知名品牌都是高质量的代名词,但也有各自的独特性。正是这种不同造就了各种各样的知名品牌。它们各自的社会资源及独特的成长经历都能转化为自身企业的秘密武器或企业的核心竞争力。如同全世界80多亿人口,要找到两个面孔一模一样的人极难,找到两个面孔加成长经历一模一样的人更是不可能的事情。

(3) 领先策略

永远保持某个领域的领先地位,是许多知名品牌成名的法宝。例如,靠先行者之利的"百年老店",代表企业如可口可乐,其有着深厚的文化底蕴,品牌价值高居全球榜首,其生命周期长、辐射范围广的品牌。

(4) 整体营销力

企业除了整体的综合竞争力之外,绝大部分比拼的是整体营销能力,也是一种最原始、最直接的竞争方式,并且是一个此消彼长的过程。这同时也是个"一箭双雕"的过程,营销做得好,既可增加企业市场份额,提升利润、增强企业的竞争力及抗风险能力;又可挤压竞争对手的市场生存空间,培养顾客的忠诚度,提升品牌知名度。

任务二　网络产品营销方案

产品从投入市场到最终退出市场的全过程称为产品的生命周期,由需求与技术的生产周期所决定。它是产品或商品在市场运动中的经济寿命,即在市场流通过程中,由于消费者的需求变化以及影响市场的其他因素所造成的商品由盛转衰的周期。产品的生命周期主要是由消费者的消费方式、消费水平、消费结构和消费心理的变化所决定的,一般分为导入(进入)期、成长期、成熟期(饱和期)、衰退(衰落)期四个阶段。关于产品的营销策略,可以从以下几个方面考虑。

1. 明确企业的任务与愿景

在撰写网络营销策划方案的时候,第一步就需要明确企业的任务与愿景。企业的任务与愿景起到指导性的作用,在明确这两点之后,企业的所有决策行为与经营活动就有了一个明确的方向,而在进行网络营销策划方案编撰的时候,也就有了一个总体性的纲领。

2. 明确网络营销目标

企业的任务和愿景是界定企业基本目标的,而企业开展网络营销的时候,计划与目标的制订,都需要以这一基本目标作为指导。营销目标则是营销活动具体需要实现的某种结果,在进行合理的营销目标的表述的时候,需要对具体的营销目的进行表述,比如,"同比上年利润增长10％""品牌知名度提升2倍"等,并且,还要求在规定的时间内完成这一目标。

3. SWOT 分析

SWOT分析是一种战略策划工具,能够帮助企业管理层以一种批评的眼光去审时度势,进而能够正确评估企业完成其基本任务的可能性与现实性。同时,还能够帮助企业去设置一个正确且合理的网络营销目标,制订一个能够充分利用网络营销机会与实现网络营销目标的、具体的、科学的计划。

4. 网络营销组合策略

在网络营销策划方案之中,营销组合策略属于主体的部分,主要包含了四个部分,也就是我们常说的4P策略,分别是网络产品策略、网络价格策略、网络渠道策略以及网络促销策略。这四个组合策略的设计是非常之重要的,因为直接关系到网络营销的成败。因此,企业需要根据实际情况,设计科学、合理且有效的网络营销组合策略。

任务三　网络活动营销方案

1. 网络活动营销步骤

(1) 广泛收集特定消费者数据信息,建立数据库

通过各种渠道收集消费者信息,包括消费者姓名、年龄、家庭住址、联系电话、家庭收入、健康状况等,建立消费者档案数据库,并对这些数据进行分析整理,把消费者根据需求状况分类,确定目标消费人群。

(2) 活动营销的组织实施

确定活动的时间、地点后,针对目标消费人群发出邀请。活动营销主要以服务为主,以健康保健理念的宣传,免费的健康咨询、诊断以及消费者喜闻乐见的文娱活动来吸引目标人群参加;通过专家的推荐,使用消费者对产品良好效果的现身说法以及业务员"一对一"的沟通,来促成销售。

(3) 跟踪服务

对购买的客户进行售后跟踪服务,指导使用,并对使用前后的效果进行比较,形成良好的口碑宣传。对未购买的客户进行继续跟踪,通过一对一的沟通,消除其顾虑,促成销售。

2. 网络活动营销优势

网络活动营销不但是集广告、促销、公关、推广等一体的营销手段,也是建立在品牌营

销、关系营销、数据营销的基础之上的全新营销模式,相对于单纯的媒体传播和广告来说,活动营销至少具有以下两大优势。

(1) 变被动为主动

在消费者看来,单纯的媒体传播和广告都是被动地接受,而公关活动更多的是吸引目标受众主动参与,通过体验更多了解产品和品牌信息。

所以,活动营销的传播达到率更高,效果更好,更有利于企业将产品信息和品牌信息传递给目标受众,并最终达到促进销售的目的。

(2) 零距离接触消费者

单纯的新闻传播和广告都需要载体(电视、报纸、路牌广告等)实现企业与消费者之间的对接,而活动营销则是直接与消费者沟通。

任务四　网络营销方案实例

本任务以卫龙网络营销方案为例。

1. 行业概况

在国内的休闲辣味食品行业中,卫龙辣条一直以其优质的卫生条件和独特的口味独领风骚,成为国内休闲辣味食品中的佼佼者。

2. 广告产品分析

(1) 产品特性分析

麻辣爽口的味道,劲爽有嚼劲的零食。

(2) 卫龙辣条品牌形象分析

卫龙利用营销策略中的明星效应,从 2010 年开始,陆续邀请赵薇与杨幂等明星代言,这些明星的热度、人气和超高的影响力,使卫龙的品牌竞争力提升到了一个新的高度。旗下拥有"亲嘴系列"和"卫龙系列",形成了一种极具竞争力的,通过产品组合加强销售的良性循环、建成稳定的"多马驾车,并驾齐驱"的营销模式。在 2010 年,卫龙在中国食品质量报和各地方卫视等近十多个省级地方卫视以及几大门户网站进行了大量的广告投放,吹响了全面开发市场的冲锋号。

(3) 卫龙辣条定位分析

卫龙辣条的市场定位是基于其麻辣爽口的味道和劲爽有嚼劲的口感非常讨年轻人尤其是小孩子的喜欢。卫龙辣条好吃不贵,便宜实惠,是真正的味美价廉。

3. 广告策划项目调查分析与环境分析

(1) 目标消费者调查分析

主要以爱好辣味休闲食品的年轻人为主。

(2) 宏观环境分析

在辣条刚出现的十年里,整个行业如同一方无人修整的杂草一样,野蛮生长,一直处于缺乏统一的、明确的食品生产安全卫生标准的低门槛的状态。大多数辣条都是在乡间小作坊里进行加工,缺乏必要的生产监督监管和规范的经营管理。经过一定的包装后,辣条就开始发往各地中小学附近的杂货铺,经常被爆出各种生产丑闻和食品安全事故,卫生问题也一度为人们所诟病,成为国家食品监管"重地"。在这种艰难的时期,为拿掉"垃圾食品"的标签,卫龙集团开始改造全自动化的生产车间,严格把关生产过程,提升食品质量。在此之后,卫龙又进一步细化细分市场,推出各种全新产品,以迎合新一代消费者的需要。2014年,卫龙已经成为辣条界无可争议的"霸主",实力和地位已很难被超越。辣条已正式进入"卫龙帝国"的统治时代。

(3) 微观环境分析

① 竞争对手分析。

目前,卫龙辣条并没有极具竞争力的竞争对手。

② 消费者分析。

其麻辣爽口的味道和劲爽有嚼劲的口感非常讨年轻人尤其是小孩子的喜欢。

③ 企业内部经营环境分析。

制定长远正确的目标进行合理营销,并且积极参加公益,企业才能得到长远的发展。如果企业以多样化的产品种类和明星代言打响品牌知名度的推广战略,并在取得一定的成绩后积极投身公益慈善事业,尽力回报社会,知恩图报,那么在企业大举向具有千亿容量的辣味零食市场进军后,凭借着消费者对其品牌的好感和良好的企业形象,必定会掀起一股休闲新品的消费巨浪。

4. STP 战略分析和目标受众分析

(1) STP 战略分析

① 市场细分。

地理环境因素:市场多集中在人口稠密地区,多分布在住宅区和学校附近。人口统计因素:年龄。市场主体:青少年。性别:男,女。职业:学生为主。消费者心理因素:追求味美价廉。购买动机:休闲娱乐,闲暇零食。行为因素:人们对于美食的追求。

② 目标市场选择。

近年来,卫龙辣条逐渐走向了国际市场,卫生标准越来越高。越来越多的学生党为追寻童年的味道,依旧会选择最爱的卫龙辣条,同时外国友人也对卫龙辣条的口味称赞不已。有其自己绝对的优势,占据着辣条市场的霸主地位,故应采取无差异性市场策略实施。

③ 市场定位。

卫龙辣条一直致力于以自己的口味、口碑、民族化为特色,来巩固辣条市场的霸主地位,即应选择巩固市场定位和首席定位策略。

(2) 目标受众分析

以小孩子和青少年群体为突破口。

5. 网络广告广告主题与创意

(1) 平台广告主题

进一步扩大自己的知名度,进一步打入国际市场,让全世界感受来自东方的"邪恶"美食新势力。

(2) 广告创意

创意来源于最近大热的张家辉和陈小春等代言的网页游戏"贪玩蓝月"的广告。

6. 网络广告设计与表现手法

(1) 广告设计

① 平面图。

首先,图片背景可以选择在家里或者让人感到舒适放松的环境下,然后代言人和代言的新产品同屏出现。代言人面对产品,以一种热切渴望的姿态,向产品张开双臂,象征着新产品令人着迷的魅力,可以极大程度地表现产品的吸引力、魅力,并且发挥代言人的影响力。

② 音频。

可以借鉴最近大热的网页游戏"贪玩蓝月"的广告词形式。"大噶好,我系渣渣辉,卫龙辣条,节系里没有尝过的全新味道,挤需体验三根,里造会干我一样,爱像这包辣条。"

(2) 广告表现手法

突出特征法:突出表现卫龙辣条的品牌影响力和卫龙辣条的卫生条件和独特口味。

7. 广告媒介选择策略

(1) 广告媒介选择

主要运用互联网上的网页和电视。

(2) 广告媒介发布时间选择

上网高峰的时间段发布,会达到较好的效果。

关键术语

品牌营销　产品营销　活动营销

应知考核

1. 网络品牌营销的步骤是什么?
2. 网络产品营销的阶段有哪些?
3. 网络活动营销的优势是什么?

项目实训

(一) 实训流程图

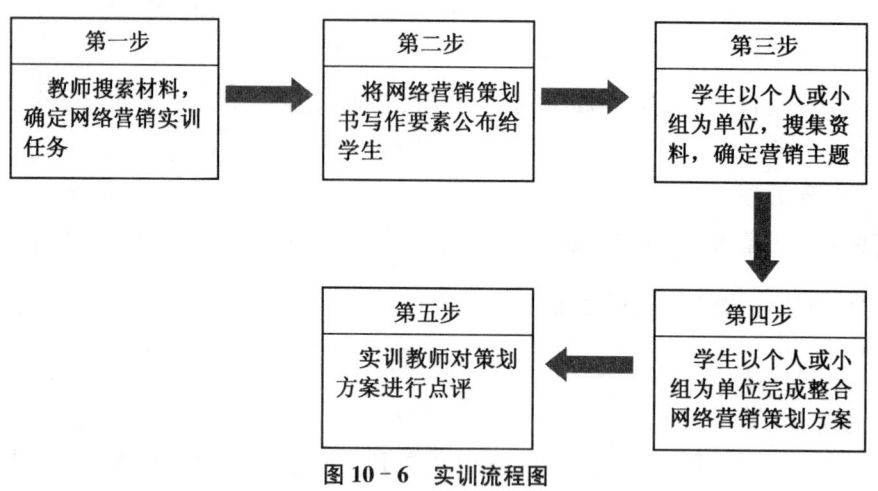

图 10-6 实训流程图

(二) 实训概述

本实训为撰写营销方案,关于产品、品牌和活动的营销方案,方案是一个以销售为目的的计划,指在市场销售和服务之前,为了达到预期的销售目标而进行的各种销售促进活动的整体性策划。营销方案是企业经营活动的一项重要内容,成功的营销方案,有助于企业的竞争和发展。在学习网络营销方法之后,我们要能够撰写出合格的营销方案。

(三) 实训素材

网络资料,各类营销策划书。

(四) 实训目标

根据小组收集的素材,选择产品、品牌和活动中的一个方面,以小组为单位分析制定相关产品的网络营销方案。

(五) 实训内容

任务一 撰写网络品牌营销方案

选择某一行业的某一产品,按照网络品牌营销方案的策划步骤,制定出该产品的网络品牌营销方案,要求完成如下任务:

① 步骤详细,策划一个完整的方案;
② 准确进行目标市场分析和竞争者分析;
③ 利用网络营销工具和手段对产品进行品牌塑造;

④ 策划后,从品牌前景、预测的销售利润等方面对方案进行评价。

任务二　撰写网络产品营销方案

选择某一行业的某一产品,按照网络产品营销方案的策划步骤,制定一份网络产品营销方案,要求包括以下方面内容:

① 运用选品工具选品;
② 对产品进行细致的行业分析及市场分析;
③ 进行产品市场定位和市场细分;
④ 避免侵犯知识产权;
⑤ 步骤详细,策划一个完整的方案。

任务三　撰写网络活动营销方案

选择某一行业的某一产品,选择一个活动日,制定出这一活动的具体营销方案,撰写一份网络活动营销方案,按照网络品牌营销方案的策划步骤,制定出该产品的网络品牌营销方案,要求完成如下任务:

① 选择合适的活动日,并说明原因和活动特点;
② 选择与活动相关的产品和内容;
③ 采用合适的网络营销工具进行活动营销;
④ 策划后,从预测的销售利润等方面对方案进行评价;
⑤ 步骤详细,策划一个完整的方案。

参考文献

[1] 冯英健. 网络营销基础与实践[M]. 北京:清华大学出版社,2016.
[2] 李东贤. 网络营销实务:工具与方法[M]. 北京:中国人民大学出版社,2020.
[3] 顾明. 网络营销实务[M]. 北京:中国财政经济出版社,2015.
[4] 菲律普·科特勒. 营销管理[M]. 上海:上海人民出版社,2003.
[5] 黄睿. 网络营销基础与创业实践[M]. 北京:人民邮电出版社,2016.
[6] 王玮. 网络营销[M]. 北京:中国人民大学出版社,2020.
[7] 金静梅. 网络营销:概念、工具、方法、实战[M]. 北京:北京理工大学出版社,2019.
[8] 刘宇涵. 网络营销实务[M]. 北京:机械工业出版社,2015.
[9] 陈德人. 网络营销与策划:理论、案例与实训[M]. 北京:人民邮电出版社,2019.
[10] 姜旭平. 网络营销[M]. 北京:中国人民大学出版社,2012.
[11] 李成钢. 网络营销基础与实践[M]. 北京:中国纺织出版社,2016.
[12] 刘芸. 网络营销与策划(第2版)[M]. 北京:清华大学出版社,2014.